本书是河南省哲学社会科学青年项目"新时代高校网络思想政治教育话语权建构研究"（2023BKS003）；河南省教育厅一般项目"'三全育人'视角下高校学风建设路径研究"（24B880006）的成果

新时代高校网络思想政治教育话语权研究

RESEARCH ON THE DISCOURSE POWER OF IDEOLOGICAL AND POLITICAL EDUCATION IN THE NETWORK OF COLLEGES AND UNIVERSITIES IN THE NEW ERA

李宜泽 ◎ 著

经济管理出版社
ECONOMY & MANAGEMENT PUBLISHING HOUSE

图书在版编目（CIP）数据

新时代高校网络思想政治教育话语权研究 ／ 李宜泽
著. -- 北京 ：经济管理出版社，2024. -- ISBN 978-7
-5096-9812-9

Ⅰ．G641-39

中国国家版本馆 CIP 数据核字第 2024P1S699 号

组稿编辑：杜　菲
责任编辑：杜　菲
责任印制：许　艳
责任校对：蔡晓臻

出版发行：经济管理出版社
　　　　　（北京市海淀区北蜂窝 8 号中雅大厦 A 座 11 层　100038）
网　　址：www. E-mp. com. cn
电　　话：(010) 51915602
印　　刷：唐山昊达印刷有限公司
经　　销：新华书店
开　　本：720mm×1000mm/16
印　　张：15. 25
字　　数：235 千字
版　　次：2024 年 6 月第 1 版　　2024 年 6 月第 1 次印刷
书　　号：ISBN 978-7-5096-9812-9
定　　价：88. 00 元

目 录

第一章

绪　论

思想政治工作是党的优良传统、鲜明特色和突出政治优势，是一切工作的生命线。高校既是宣传马克思主义主流意识形态和社会主义核心价值观最为活跃的前沿主阵地和主战场，也是培养德才兼备的社会主义事业建设者和接班人的重要基地，肩负着涵养时代新人的历史重任和重要使命。党的十九大报告中明确提出："中国特色社会主义进入了新时代，这是我国发展新的历史方位。"① 经过长期努力，新时代网络已成为影响力强、覆盖面广的"第四媒体"，网络思想政治教育可以突破传统思想政治教育工作时间、空间的限制，处于全天候、全方位的状态，为高校思想政治（以下简称思政）教育工作的高质量发展带来了新的发展机遇。我国高校是中国特色社会主义高校，要坚持党性原则，牢牢把握党对高校思政教育工作的主导权、领导权，而高校网络思政教育话语权是高校开展思政教育工作的内在核心，是高校增强马克思主义理论传播力、思想引导力、政治引领力的集中体现，是高校在新时代开展各项工作的基本出发点和主要着力点，事关高校意识形态和政治理想信念教育工作开展的深度、事关高校落实"立德树人"和"三全育人"根本任务的高度、事关高校坚持社会主义办学方向的广度。由此可见，在新时代背景下，新媒体、新技术的飞速发展为巩固高校网络思政教育话语权带来了新机遇、新要求、新挑战、新问题。如何运用新媒体、新技术增强高校网络思政教育话语权的时代感、吸

---

① 《习近平谈治国理政》第三卷，北京：外文出版社 2020 年版，第 8 页。

引力，如何运用大学生喜闻乐见的方式拓展高校网络思政教育话语权的新内容、新途径，进而牢牢把握高校网络思政教育话语权，增强高校网络思政教育话语权的生命力、影响力迫在眉睫。

第一节 研究背景与意义

一、研究背景

中国特色社会主义进入新时代，中国发展随之迈入新的历史征程，我国经济、政治、文化、科技、生态文明等方面的发展都取得了突出成就，正处于从"富起来"向"强起来"目标迈进的新的历史方位，高校网络思政教育话语权也进入从"强"向"精"目标迈进的新的发展阶段。在网络化生存的新时代背景下，线上与线下深度交融的"第五空间"已成为高校大学生沟通交流的主要场域，这为高校网络思政教育话语权的构建丰富了话语资源、拓展了话语空间、创新了话语沟通新范式，为新时代高校网络思政教育话语权研究奠定了坚定的基础。但新时代大数据信息技术的飞速发展也导致网络信息的去中心化、网络环境的复杂化、大学生网民的多元化，对高校网络思政教育话语权带来了前所未有的挑战。在新形势下深入研究高校网络思政教育话语权的本质内涵、发展现状、提升对策，是应对新时代网络社会化发展新特征、新要求、新任务的迫切需要；是加强党和国家对高校网络思政教育工作领导权的内在要求；是建设具有持久生命力和强大引领力的马克思主义主流意识形态的核心要义；是遵循思政教育学科发展规律、深化学科理论研究的有效途径。因此，厘清高校网络思政教育话语权研究的现实背景、政策背景、学科背景，才能明确研究方向、明晰研究思路、明了研究价值。

（一）现实背景

明者因时而变、随事而制，新时代高校网络思政教育话语权建构要因时而变、因势而新、因时而进。研究新时代高校网络思政教育话语权的现实背景有利于有效应对当前网络化发展、大学生思想变化对高校网络思政教育话语权带来的现实问题，提出更加具有针对性、可操作性的对策。

首先，新时代高校网络思政教育话语权的研究是对网络信息技术的飞速发展与迅速普及的及时回应。网络化发展是新时代最鲜明的特征、最强的主旋律。自1994年我国正式接入互联网以来，网络信息技术的迭代革新推动我国发展进入"互联网时代"、"人工智能时代"、"智慧互联网时代"，网络社会化和社会网络化已经成为一种社会常态。根据中国互联网络信息中心第50次《中国互联网络发展状况统计报告》显示，截至2022年6月，我国网民规模为10.51亿，互联网普及率达74.4%。从年龄结构分布排序来看，10~19岁年龄段高达13.5%人，20~29岁年龄段更是高达17.2%（见图1-1和图1-2）。

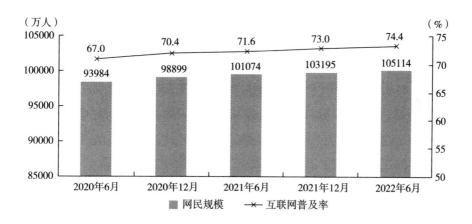

图1-1　我国网民规模和互联网普及率

资料来源：CNNIC中国互联网络发展状况统计调查，2022年6月。

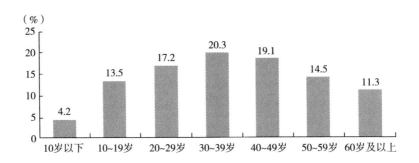

图 1-2 中国网民年龄结构

资料来源：CNNIC 中国互联网络发展状况统计调查，2022 年 6 月。

　　大学生思维活跃且勇于尝试新鲜事物，自然成为触网最早、用网较多的群体，网络逐渐成为大学生表达思想观念、分享情感体验的主阵地，"三微一端"成为新时代大学生日常生活、学习、交流的重要工具。可见，网络信息技术的日新月异持续为新时代高校网络思政教育话语权的内容创新、方式更新、模式革新提供源源不断的力量，不断拓展新时代高校网络思政教育话语权的理论研究和实践分析边界，成为新时代高校网络思政教育话语权建设的主要驱动力。"数字化生存"在为新时代高校开展思政教育提供助益的同时，也对牢牢把握新时代高校网络思政教育话语权带来了新挑战、新问题。基于此，研究新时代高校网络思政教育话语权应深入网络信息技术的飞速发展与迅速普及的现实中，思考并掌握在网络化生存的新时代背景下，高校网络思政教育话语权"为何而为""何以可为"的现实问题。

　　其次，新时代高校网络思政教育话语权的研究是对高校网络思政育人活动实效性、认同感等现实问题的有效解答。从本质上看，新时代高校网络思政教育话语权的育人活动实效性的强弱取决于高校网络思政教育话语权的话语内容和话语方式被大学生从内心深处接受、认可、内化的程度。当代大学生的物质和精神需要的不断增长直接造成大学生思想认知、价值观念、行为习惯的不断变化，呈现复杂多元的局面，这些变化会随着高校网络思政教育话语实践活动的持续开展更深层次地影响高校思政育人的效果。主要表现在：一是网络空间是各种社会思潮相互交织、相互争夺的主要场域。西方资本主义国家凭借自身的经济、军事、科技、网络优势，以渐进式或灌输式向我国大学生传播历史虚无主义、"普世价值"、自由主义等错误西方社会思潮，企图将我国大学生的思想认知、价值观念"西化"，这些行为和举动不利于马克思主义中国化最新成果根植于大学生的内心，在一定程度上降低了高校网络思政教育话语权的实效性。二是现阶段我国正经历社会转型。复杂多样的社会形态急速变化，网络空间中一些未经筛选、过滤的"负能量"言论借助网络话语"外衣"在大学生网民群体中大肆传播，以此误导网络舆论走向，降低了高校大学生对马克思主义主流意识形态和社会主义核心价值观的认同感、获得感。三是网络空间具有显著的开放性、自由性、共享性特征。这些特征虽然使得网络空间在凝聚人心、汇聚力量方面具有强大效用，但是也为各种贬低中国形象、诋毁我国政治制度的有害言论保留空间，容易导致马克思主义在网络空间出现"失声""失语"的窘境。基于此，新时代高校网络思政教育话语权研究要深入到高校网络思政教育话语育人实践活动的时、度、效的现实中，深刻分析高校网络思政教育话语在大学生群体中的认同感和获得感不强的深层次原因，进而突破窘境，满足高校大学生网络化生存的需要，有效增强高校网络思政教育话语权的影响力、生命力，这已成为新时代高校网络思政教育话语权研究亟须解决的现实问题。

最后，新时代高校网络思政教育话语权研究是对新时代高校网络意识形态发展态势的主动反应。当前，网络空间的开放性、自由性、虚拟性特征凸显，党和国家高度重视网络意识形态工作，将网络意识形态和加强党的执政能力结合起来，牢牢把握网络意识形态工作的领导权、话语权、管理权，大力推进社会主义主流意识形态建设，强调对网络意识形态领域存在的不同地带采取有针对性的斗争策略。在网络信息化快速发展、经济一体化持续深化的新时代，我们正处于世界百年未有之大变局，"两个一百年"历史交汇期的新的历史方位，面临复杂多变的国内外形势，高校网络意识形态领域既存在正面、积极的正能量，也存在负面、消极的负能量，且各种意识形态相互交织，进一步增加了高校网络意识形态工作的难度。

基于此，新时代高校网络思政教育话语权研究要深入到新时代高校网络意识形态发展的现实状况中，传播网络正能量，批判错误意识形态，提高马克思主义主流意识形态的理论阐释力、现实解释力，有助于破解高校网络意识形态领域存在的现实难题，防止马克思主义被边缘化、丑化、标签化，这已成为新时代高校网络思政教育话语权亟待解决的重大现实问题。

（二）政策背景

从整体上看，党和国家从宏观层面上围绕高校网络思政教育话语权建设制定的一系列政策方针构成了话语权研究的政策背景。近年来，特别是进入新时代以来，党和国家高度重视高校网络思政教育话语权建设工作，强调新时代务必牢牢掌握高校网络思政教育话语权、领导权，打好高校网络舆论宣传主动战。习近平总书记在会议讲话中多次提出要将高校网络思政教育话语权作为高校思政教育工作的"重中之重"，同时围绕新时代高校网络思政教育话语权工作提出了一系列的重要论断，打开了新时代高校网络思政教育话语权研究的新篇章。

为提升高校网络思政教育工作的话语权、影响力，相关部门先后出台了一系列的相关政策文件。2000年，教育部印发的《关于加强高等学校思想政治教育进网络工作的若干意见》指出，针对高校思政教育工作出现的新问题、新情况，高校要增强对网络思政教育迫切性、重要性的认识，高度重视对网络思政教育工作的整体规划和部署，用先进的马克思主义去占领高校网络舆论阵地，这是我国第一份有关高校网络思政教育工作的纲领性文件。2015年，中共中央办公厅、国务院办公厅印发的《关于进一步加强和改进新形势下高校宣传思想工作的意见》，重点强调了要重视高校校园网络舆论主阵地的重要作用，加强高校网络宣传阵地的建设和管理，掌握高校网络思政教育工作的领导权、话语权，营造健康有序的网络舆论环境。2016年在全国高校思想政治工作会议指出，高校大学生正处于"灌浆期"，思想认知、价值观念、行为习惯尚未完全形成，容易受到外界不良因素的干扰与误导。高校思政教育是高校开展其他一切工作的生命线，事关高校培养什么人、怎样培养人、为谁培养人的根本性问题，因此，高校党委要牢牢把握高校思政教育工作的领导权、主导权，运用新媒体、新技术推动高校思想政治教育工作的传统优势和网络优势有效融合，增强高校思想政治工作的时代感、感染力。2017 年出台的《关于加强和改进新形势下高校思想政治工作的意见》强调，高校思想政治工作要不断创新理念思路、教育内容、方式手段，加强主题教育网站、互动社区等高校网络思政教育平台建设，运用大学生喜闻乐见的方式开展思政教育。党的十九大报告明确提出，要掌握网络意识形态的领导权、话语权，加强网络内容建设，完善网络治理体系，营造风清气正的网络生态环境。2018 年，全国教育大会进一步强调，要加强各级党委、高校党组织对高校思政教育工作的领导权，将思政教育工作做到个人、做在日常。2020 年 4 月印发的《关于加快构建高校思想政治工作体系的意见》指出，要高度重视高校思政教育工作，加强易班网、思政类公众号等校园新媒体网络平台建设，发展高素质的高校思政教育工作队伍。

由此可见，党和国家高度重视高校网络思政教育话语权的建设工作，对推进高校网络空间治理和网络思政教育话语权的发展作出了一系列战略规划，为新时代高校网络思政教育话语权的建设指明了发展方向、明确了具体目标、厘清了提升路径。基于此，新时代高校网络思政教育话语权研究要深入政策现实中，不断深化对高校网络思政教育话语权的政策性认识，深刻理解、落实党和国家对新时代高校网络思政教育话语权提出的最新政策方针，这已成为新时代高校网络思政教育话语权亟须解决的重大时代课题。

（三）学科背景

当前高校网络思政教育话语权的研究取得了丰富的理论成果和实践成效。近年来，学术界高度重视高校网络思政教育学科的理论和实践研究的重难点，从不同角度、不同维度对网络思政教育学科体系进行了阐释和创新，然而从整体来看，现阶段高校网络思政教育学科理论体系的研究仍然存在思维定式、解题低效的问题。

1. 思维定式问题

这主要是指对新时代高校网络思政教育话语权的理论研究受传统思政

教育理论体系研究范式的影响，形成一种惯性思维方式，面对新时代高校网络思政教育实践中出现的新情况、新问题，仍采用以前的思维模式和研究视域对高校网络思政教育话语权进行浅层次的分析。高校网络思政教育话语权理论研究的最初驱动力是有效应对在网络化时代背景下，高校如何有效开展思政教育工作、如何教育和引导大学生、如何建好高校网络意识形态领域等一系列现实问题，注重向外探索高校网络思政教育话语权育人活动的实践规律和实际效果，尤其重视探讨为何开展高校网络思政教育话语权实践活动、如何开展高校网络思政教育话语权实践活动，却相对忽视向内探讨高校网络思政教育话语权是什么、高校网络思政教育话语权基本范畴等这些基础性理论问题。可见，随着网络社会化和社会网络化的不断发展，扩大了网络思政教育话语权理论性研究的问题域（唐登蕓，2022），传统研究范式已不适用于新时代背景下高校网络思政教育话语权的理论研究。同时，整理、分析学者关于高校网络思政教育理论体系的研究发现，高校网络思政教育话语权理论研究整体上沿用传统思政教育学科的研究方法、研究思路，导致高校网络思政教育话语权理论研究缺乏与时俱进的创新性和时代性，容易陷入套路化、滞后化的窘境，制约了高校网络思政教育话语权理论研究的发展。

2. 解题低效问题

回顾高校网络思政教育话语权的发展历程，自 1994 年我国正式接入互联网以来，高校网络思政教育话语权一直都是学术界研究的热点和焦点，虽然形成了丰富的研究成果，但高校网络思政教育话语权的相关理论研究仍存在解题低效的现实问题。就理论研究而言，现阶段高校网络思政教育话语权的相关理论研究与网络化发展进程、大学生网民成长成才需求依然存在一定的脱节，高校网络思政教育话语权的构建滞后于新时代发展的新变化、新目标、新要求，高校网络思政教育话语权的理论研究仍有很大的进步空间。就具体实践而言，现阶段高校网络思政教育话语权理论研究存在的不足制约着学者科学思维能力、逻辑思维能力、创新思维能力的提升，影响高校网络思政教育话语权理论的进一步创新、深化，导致出现大量重复低效的研究内容，这些冗杂的研究又反过来限制了高校网络思政教育话语权理论研究的创新发展。简言之，高校网络思政教育话语权的相关理论研究仍没有精准切中问题要害，还需要有效解答网络化生存的新时代背景下高校网络思政教育话语权构建所面临的重大学科问题。

基于此，新时代高校网络思政教育话语权研究要深入学科现实中，坚持以现实为指向、以问题为导向，深化高校网络思政教育话语权的理论思考和科学实践，才能有效回应新时代高校网络思政教育话语权的发展现状、存在问题，推动高校网络思政教育话语权理论的创新发展。

二、研究意义

新时代高校网络思政教育话语权是通过网络话语传播来实现对大学生的思想引领、价值塑造、行为规范的网络实践活动。高校大学生是伴随网络化成长起来的，网络空间已经成为大学生表达思想、分享感悟的主阵地，这对高校网络思政教育话语权的发展提出了新挑战、新要求。因此，立足于新的历史发展阶段，研究新时代高校网络思政教育话语权，具有重要的理论意义和现实价值。

（一）理论意义

长期以来，学术界对高校网络思政教育话语权的相关研究一直存在重现象轻本质、重实践轻理论的问题，缺乏全面、系统的理论认识。本书旨在从学科理论体系中挖掘新时代高校网络思政教育话语权研究的理论价值，从理论层面把握高校网络思政教育话语权的基本范畴、推进范式转化、创新高校网络思政教育话语理论体系，进而深刻阐释高校网络思政教育话语权的理论意义。

1. 有助于对高校网络思政教育话语权基本范畴的认识

高校网络思政教育的基本范畴是高校网络思政教育学科理论体系的本质属性、内在要求，在高校网络思政教育学科体系研究中占据核心位置，是高校网络思政教育学科体系的立基之本。目前，高校网络思政教育的基本范畴已经大体上明确，将教育主体和教育客体、教育思想和教育行为、教育引导和教育管理、教育评价和教育调控作为其最本质、最深刻、最稳定的基本范畴（唐亚阳，2016）。学术界有关高校网络思政教育话语权基本范畴的理论阐释主要围绕话语权的概括性分析、话语权呈现方法、育人实效性等方面展开论述，聚焦高校网络思政教育话语权本身"为何物""由何来""怎么办"的理论研究相对较少，因此，通过对高校网络思政教育话语权的理论研究，有益于丰富现阶段学术界对高校网络思政教育话语权基本范畴的理论研究，为高校网络思政教育学科体系的创新发展提供有益价值。

2. 有助于推进新时代高校网络思政教育话语权研究的范式转化

每个学科体系研究成员共有的思想认知、价值标准、理论素养等，导致每个学科体系都有自己独特、鲜明的组织结构、研究方法、思维方式，这个特征就是由学科成员共有的研究范式所决定的（曾令华和尹馨宇，2019）。要想使话语权的理论研究具有创新性、前瞻性、引领性，必须与时俱进地转变高校网络思政教育理论研究的范式。正如托马斯·库恩（2012）所强调的，要想一个学科体系理论研究形成的范式无效，必须在新的研究实践中不断转化研究范式，使新范式处于主导地位。本书立足于新时代这一历史发展方位，顺应学科体系的发展方向，将网络信息技术的飞速发展与高校大学生实际需求、政治立场和人文情怀、微观思维和宏观视域结合起来，与时俱进的创新高校网络思政教育话语权的研究视域和研究维度，为探索转化高校网络思政教育话语权理论体系的研究范式提供发展空间，进而增强高校网络思政教育学科理论体系的科学性。

3. 有助于丰富高校网络思政教育话语体系

高校网络思政教育话语权是高校网络思政教育话语体系的重要构成部分，处于高校网络思政教育话语体系的核心位置，而话语体系的创新发展又是高校网络思政教育话语权研究的前提和基础（张国祚，2013）。研究新时代高校网络思政教育话语权，不仅可以丰富高校网络思政教育话语内容和话语呈现方式，还可以提升高校网络思政教育话语的实际育人效果，丰富具有中国特色、中国风格的话语体系，进而在网络空间抢占思想传播、舆论引导的制高点。

综上所述，在新时代高校网络思政教育话语权的理论研究中，本书强调以马克思主义的基本立场、观点为根本出发点，着眼于新时代的新形势、新变化、新要求，厘清多样化、多元化网络话语之间的关联与区别，系统研究高校网络思政教育话语权的具体内涵、要素、特征，创新话语表达方式，突破话语体系创新发展的桎梏，增强高校网络思政教育话语的说服力、影响力、辐射力，有助于推动高校网络思政教育话语体系研究的科学化和系统化发展。

（二）现实意义

学术界关于新时代高校网络思政教育话语权的研究并不是纯思辨性的理论分析，更重要的是解决现阶段高校网络思政教育话语权实效性不足、影响力不强等现实问题。本书在网络化生存的新时代背景下，分析高校网络思政教育话语权的本质内涵、生成逻辑、发展现状、提升路径，对于巩固马克思主义在高校网络意识形态领域中的指导地位，增强高校网络思政教育的实效性和针对性具有重要的实践价值。

1. 有利于巩固马克思主义在高校网络意识形态中的指导地位

高校是新时代意识形态工作的前沿主阵地和主战场，承担着为我国发展培养德才兼备的时代新人的历史使命和时代责任。在新时代，网络个体化、网络全球化快速发展，高校网络意识形态领域的碰撞、争斗日益激烈，西方资本主义国家凭借自身的经济、科技、信息优势，利用各种网络话语大力传播西方话语体系，积极散布马克思主义过时论、马克思主义终结化等网络谣言和虚假信息，诋毁、否定马克思主义主流意识形态的核心地位，进而对我国高校进行意识形态渗透和西方错误思想文化侵蚀，这在一定程度上冲击了马克思主义在高校网络意识形态领域中的指导地位。同时，新时代大学生是伴随着网络迅速发展成长起来的，他们的思想认知、价值观念具有多元化、个性化、复杂化特征，这一特征在网络空间被迅速放大，在一定程度上削弱了高校网络思政教育话语权的影响力、号召力，降低了大学生对马克思主义主流意识形态的政治认同、思想认同。由此可见，新时代高校网络思政教育话语权研究意义重大，是弘扬新时代下马克思主义中国化最新成果的重要途径，是将网络这一最大"变量"转变为巩固马克思主义主流意识形态指导地位的最大"增量"的重要保障。

2. 有利于增强新时代高校网络思政教育工作的实效性

在新时代改革创新思想政治理论课，应不断提升其理论性、思想性、针对性，增强高校思政教育的实效性、精准性、创新性。高校网络思政教育不是单纯的理论灌输、过程控制、话语供给，重要的是要实现由高校网络思政教育理论体系到大学生思想价值体系的接受、认同、内化（李合亮，2020）。在网络信息爆炸式发展的新时代，高校网络思政教育工作实效性的评价标准取决于大学生对网络思政教育话语的接受度、认可度、获得感。掌握高校网络思政教育话语权的目的是帮助大学生将马克思主义主流意识形态和社会主义核心价值观的思想观念、价值标准、行为规范内化为自己的思想认知和理念信仰。因此，高校网络思政教育在哪实践、面向谁展开、以哪种方式传播、传播什么内容、怎样检验成果，是高校网络思政教育实效性的逻辑起点。

由此可见，研究高校网络思政教育话语权的问题，将如何提升网络思政教育话语权作为研究重点，有助于增强高校网络思政育人的实效性，针对新时代的新境遇和大学生的内在需求、用网特点，提升高校网络思政教育话语权的亲和力、平等性、针对性，有利于在高校网络思政教育话语实践中发现难题、解决问题，提出更加具有针对性、可操作性的对策建议，增强高校网络思政教育话语权的实效性。

第二节　国内外研究综述

随着网络信息技术的飞速发展和时代变迁，高校网络思政教育话语权的研究内容逐渐丰富、研究范围逐渐扩展，各国学者对高校网络思政教育话语权的研究取得了一定的成果。本节主要从国内研究现状、国外研究现状、研究述评三个方面对现阶段关于高校网络思政教育话语权的相关研究进行总结概括，准确把握高校网络思政教育话语权的研究方向，挖掘本书进一步探索的空间。

一、国内研究现状

近年来，随着新媒体平台的快速发展，网络已成为高校师生进行思想交流、价值碰撞、日常交往的主要场域。在学术界，"网络思政教育话语权""高校网络思政教育话语权"的研究日渐成为新的学术增长点和关注点，学者们从不同学科、不同角度、不同维度对"网络思政教育话语权""高校网络思政教育话语权"展开了系统性、全面性的研究。国内学者关于高校网络思政教育话语权的相关研究主要围绕如下两个方面展开，一是从宏观层面来看，主要集中在对马克思主义意识形态话语权、中国特色社会主义话语权、社会主义核心价值观话语权等方面的研究；二是从微观层面来看，主要聚焦在对高校网络意识形态话语权、大学生网络思政教育话语权、高校网络思政教育话语权发展现状等方面的研究，这些研究成果为本书研究提供可借鉴的成果和理论依据。下面主要从现状概要、内容解读两个方面梳理现阶段高校网络思政教育话语权的研究现状。

（一）现状概要

话语权在高校网络思政教育实践中处于关键位置，发挥着基础性、全局性作用，是一个常讲常新的问题。在网络社会化和社会网络化持续推进的新时代，学术界越发重视"高校网络思政教育话语权"的相关研究，我国学者不断扩展高校网络思政教育话语权的研究深度、研究广度，现阶段与"高校网络思政教育话语权"密切相关的研究成果一直呈上升趋势，积累了丰富的研究成果，为研究新时代高校网络思政教育话语权的生成逻辑、现实境遇、提升路径提供了丰富的资源。具体而言，本书主要从学术著作、高层次基金项目、学术研究论文三个方面进行详细的归纳、阐释。

在学术著作方面，新时代高校网络思政教育话语权的涉及内容较多、表达方式多样、影响范围较广，虽然其研究侧重点、研究视域稍有不同，但是，涵盖"网络""新媒体""高校网络意识形态""高校网络思政教育""高校网络思政教育话语权"等关键词，且与新时代高校网络思政教育话语权研究相关的学术成果，对本书研究都具有一定的参考和借鉴意义。根据国家知网检索结果分析可知，截至 2022 年 12 月，与"高校网络思政教育话语权"研究相关联的学术著作，主要包括直接围绕高校网络思政教育话语权的著作研究、与高校网络思政教育话语权紧密关联的学术著作研究两种类型：一是直接围绕高校网络思政教育话语权展开探究的著作，如张巧利的《新媒体环境下高校思想政治教育改革研究》，齐琳娜的《网络舆情环境下高校思想政治教育话语权研究》，郑凯文的《高校思想政治教育网络话语权建构研究》；二是与高校网络思政教育话语权紧密关联的著作，如申文杰的《高校意识形态工作领导权、话语权研究》，张东亮的《互联网背景下的思想政治教育话语权研究》等。

在高层次基金项目方面，截至 2022 年底，在国家社科基金网以"意识形态话语权"为关键词检索查询，可查到 25 项立项成果，如张国启主持的"网络舆论工作格局中意识形态话语权研究"，刘娜主持的"自媒体时代意识形态话语权建构机制研究"，黄蜺主持的"新媒体环境下马克思主义意识形态话语权研究"等。

在学术研究论文方面，如图 1-3、图 1-4 所示，从纵向来看，近年来，关于"高校网络思政教育话语权""网络思政教育话语权""思政教育话语权"的研究文献一直呈上升趋势，特别是 2015 年之后，上升趋势明显加快，2019 年达到最高点，正逐渐成为新的学术增长点和关注点。但是，关于"新时代高校网络思政教育话语权""高校网络思政教育话语权"的研究从总体上而言稍显不足，这一状况与网络已成为高校思政教育工作的前沿主阵地的现实背景不相符。由此可见，现阶段学术界关于"新时代高校网络思政教育话语权"的研究尚处于不断探索阶段，较少有直接围绕"新时代高校网络思政教育话语权"展开的系统性、针对性、深刻性的高质量研究成果，这为本书研究聚焦新时代高校网络思政教育话语权的研究主题，精准发力、深度挖掘并创新研究内容、研究方法提供了广阔的研究空间，同时也是研究所面临的重点和难点。

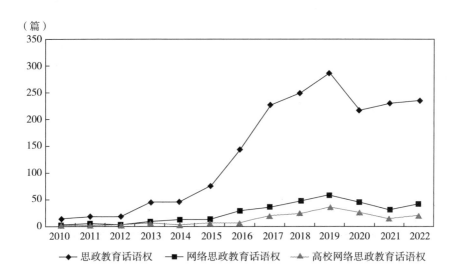

图1-3　以"话语权"等为关键词的历年文献检索分布

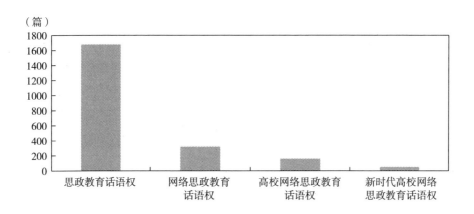

图1-4　2022年12月以"话语权"等为关键词搜索到相关文献的数量对比

（二）内容解读

通过整理、归纳发现，国内学者关于高校网络思政教育话语权的研究主要包括高校网络思政教育话语权的内涵特征、构成要素、生成逻辑、发展现状、提升对策等方面。具体可归纳如下：

1. 关于高校网络思政教育话语权概念内涵的研究

我国学者立足于不同研究视角和研究维度，对高校网络思政教育话语权概念内涵的阐释稍有差异，并没有形成统一认识。具体而言，主要有以下几种观点：一是从高校网络思政教育话语权主客体的角度探讨高校网络思政教育话语权的概念内涵。王鹏（2018）指出，高校网络思政教育话语权是高校思政教育工作者在网络空间的话语权利、话语权力的结合体，更加注重其话语主导权、领导权的发挥。丁凯和宋林泽（2018）认为，高校网络思政教育话语权是大学生自由表达自身观点、看法、意见的资格和权利。魏荣和戚玉兰（2017）则强调，高校网络思政教育话语权是高校网络思政教育话语主体引导网络舆论的表达力、控制力、引导力和大学生在网络话语场域自由言说权、参与权的结合体。二是从高校网络思政教育话语权的构成来探讨高校网络思政教育话语权的概念内涵。陈雄军和苏景荣（2016）认为，高校网络思政教育话语权是指导网络实践行为的政治权力、文化权力和推动高校网络意识形态向既定目标、方向发展的权力的统一体。李丽（2019）强调，网络思政教育话语权本质上是一种思想引导权、价值塑造权、话语引导权。闫树和李良栋（2021）则认为，高校网络思政教育话语权是网络话语权利、话语权力、话语权属、话语权威的统一体。三是从高校网络思政教育话语权和高校网络思政教育之间的关系探讨高校网络思政教育话语权的概念内涵。李丽和李艳（2018）认为，高校网络思政教育话语权是高校思政教育话语主体利用网络信息技术、网络传播平台将社会权力关系延伸至网络空间。李积伟（2020）认为，网络思政教育话语权是指将社会制度、社会知识中的话语关系延伸至网络空间的全过程，进而影响网络思政教育活动。由此可见，国内学者们关于高校网络思政教育话语权概念内涵的解读存在差异性，亟待进一步厘清其本质内涵、主要特征，本书立足于新时代面临的新形势、新要求，明确区分思政教育话语权和高校网络思政教育话语权的概念本质、内容结构，深刻阐释了新时代下高校网络思政教育话语权"是什么"的基本问题，夯实了研究的理论基础。

2. 关于高校网络思政教育话语权构成要素的研究

现阶段，我国学术界关于高校网络思政教育话语权构成要素的研究相对较少，尚未达成共识。学术界关于高校网络思政教育话语权构成要素的观点主要有以下三种：一是高校网络思政教育话语权的构成要素是一系列的"话语元素"。这种观点主要是根据高校网络思政教育话语权内部的话语元素及其相关关系来探讨其构成要素。例如，丁科（2017）认为，高校网络思政教育话语权是由话语主体、话语客体、话语内容三个要素构成。二是高校网络思政教育话语权的构成要素是一系列的"力"。这种观点主要是根据高校网络思政教育话语权承担的角色定位和肩负的责任来探讨其构成要素。例如，李超民（2019）认为，网络思政教育话语权是由话语主体的说服力、话语客体的接受度、话语方式的创新力、话语内容的感染力、话语环境的优化力、话语传播的覆盖度六个要素构成。三是高校网络思政教育话语权的构成要素是一系列的"权"。这种观点主要是根据高校网络思政教育话语权拥有的各种权利来研究其构成要素的。例如，李江静等（2017）将话语主体的言说权、话语主体的设置权、话语平台的使用权作为高校网络意识形态话语权的组成要素。鉴于此，本书结合新兴网络技术的发展规律、大学生网民的成长规律、思政教育工作的价值原则，深入高校网络思政教育话语权的内在功能结构，聚焦于"权"，剖析高校网络思政教育话语权的构成要素，将各构成要素整合为有机的统一体，避免研究出现偏颇与片面性。

3. 关于高校网络思政教育话语权生成逻辑的研究

高校网络思政教育话语权不是生而就存在的，而是遵循一定的生成规律，处于不间断的动态生成变化过程中。现阶段我国学者们对高校网络思政教育话语权生成逻辑的研究成果相对薄弱，而且立足于不同的研究视角、分析方法，学术界关于高校网络思政教育话语权生成过程的认识千差万别，归纳起来主要可以分为以下四种观点：一是研究高校网络思政教育话语权"从无到有"的生成过程。例如，许占鲁（2018）认为，确保高校网络思政教育话语内容具有认同性、高校网络思政教育话语权力关系和对抗策略具有平衡性，高校网络思政教育话语权才能有效生成。二是研究高校网络思政教育话语权"从有到优"的持续生成过程。例如，魏晓文和李晓虹（2014）认为，高校网络思政教育话语权的生成包括高校网络思政教育工作者设置合理的网络话语议题、发表真理性的话语内容、选择多样的网络传播渠道、大力构建社会主义共同理想信念、积极构建高校网络思政教育主体话语的全过程。三是研究高校网络思政教育话语权"从优到精"的持续完善过程。例如，李超民（2019）认为，通过增强网络思政教育话语主体的领导力和权威性、满足话语客体的思想价值需求、确保网络思政教育话语内容的真实性和有效性、创新网络思政教育话语的表达方式、扩展网络思政教育话语传播的精确性和覆盖面、优化网络思政话语环境等，进而不断完善网络思政教育话语权。四是全面研究高校网络思政教育话语权生成的各个阶段。例如，李丽（2019）指出，网络思政教育话语权的生成是由网络思政教育话语主客体网上互动、话语主客体网上思想价值博弈、话语主体主导、话语客体内化四个阶段构成。郑元景和周亚辉（2019）则强调，网络思政教育话语权的生成和领导阶级意识紧密相关，主要经历网络思政教育主体话语生成、网络思政教育话语内容传递、网络思政教育话语客体内化和外化三个生成阶段，是一种"新旧更迭"的不断循环过程。可见，现阶段关于高校网络思政教育话语权生成过程的研究具有一定的局域性、片面性，深刻把握高校网络思政教育话语权的动态生成过程具体包括厘清应遵循的内在生成原则是什么、影响其顺利生成的核心因素是什么等问题，这是当前和今后进一步研究的关键与核心。

4. 关于高校网络思政教育话语权发展现状的研究

每个正向事物的发展都遵循螺旋式曲折上升的发展规律，我国学者关于高校网络思政教育话语权现状的研究主要围绕高校网络思政教育话语权发展面临的机遇和挑战两个方面展开。

（1）关于高校网络思政教育话语权面临的发展机遇，一是时代变迁引领的社会发展推动了高校网络思政教育话语权的提升。例如，王鹏（2018）认为，社会网络化和教育网络化的持续发展为高校网络思政教育话语权的发展带来了新的发展机遇，高校网络思政教育工作者在网络空间创新网络思政教育话语体系，引领网络舆论走向，占领网络舆论阵地。二是新兴网络信息技术的发展为高校网络思政教育话语权的发展带来了有利条件。例如，胡玉宁和薛云云（2017）强调，融媒体技术的日新月异造就了高校网络思政教育话语权持续发展的全新优势，网络话语文本的创新丰富了高校网络思政教育话语体系，网络媒介的多样性拓展了高校网络思政教育话语权表达、传播的空间场域，打破了传统高校思政教育话语权传播媒介的传播限制和话语壁垒。

（2）关于高校网络思政教育话语权发展面临的现实困境，一是从高校网络思政教育话语权主客体的角度来看，在网络空间，高校网络思政教育工作者的网络信息优势、话语权威性和主导性降低，大学生的话语失范、话语滥用频发，阻碍了高校网络思政教育话语权的良性发展。例如，方伟（2020）强调，部分高校网络思政教育工作者的理论素养、网络媒介素养不高，大学生的网络话语责任意识不强，弱化了高校网络思政教育话语权的主导力、号召力。二是从高校网络思政教育话语内容的角度来看，现阶段高校网络思政教育话语内容体系存在"话语脱钩"等问题，导致高校网络思政教育话语权的发展和大学生需求、时代发展要求错位，使高校网络思政教育话语权的提升陷入困境。例如，李钰和袁勋（2019）指出，当前高校网络思政教育话语内容体系建设不足，使其在多元的网络文化中失去"为人"的初心和坚守。李娟（2021）认为，当前高校网络思政教育话语内容存在理论阐释力和实践解释力不足、话语整合力不够、对错误话语内容的批判力不强等问题。三是从高校网络思政教育话语权表达方式的角度来看，当前网络话语表达方式的多样化、多元化、泛娱乐化，与现阶段高校网络思政教育话语权表达方式的单一枯燥形成鲜明对比，致使高校网络思政教育话语内容难以吸引大学生的关注力，降低了高校网络思政教育话语权的实效性。例如，张东亮（2020）指出，多样化、多元化的网络表达方式降低了高校网络思政教育话语内容的凝聚力、号召力，导致话语权育人实践效果不强。四是从高校网络思政教育话语平台建设的角度来看，网络空间的虚拟性、隐匿性、自由性特征凸显，高校对网络思政教育平台建设的重视力度不足，导致网络话语平台建设效果欠佳，削弱了高校网络思政教育话语权的影响力、生命力。例如，蔡薇（2019）指出，高校对网络思政教育平台建设的重视力度不够，加之高校网络思政教育平台的管理体制不合理，对高校网络思政教育话语权的发展带来诸多问题。五是从外部环境的角度来看，外界环境复杂多变产生了一系列新问题、新矛盾直接或间接地阻碍了高校网络思政教育话语权的发展。例如，王蒙雅（2022）提出，网络技术推动了社交虚拟化，削弱了高校思政教育者的主体性、消解了大学生的能动性、降低了话语表达的道德规范，西方社会思潮的传播挤压了网络思政话语空间，导致高校网络思政教育话语权的发展陷入困境。可见，现有研究成果对高校网络思政教育话语权发展现状的分析重现实困境、轻建设成效、弱实证分析，对现状的宏观把握不足，这些不足与问题恰好为本书深入探究提供了广阔空间。本书立足于新时代，通过实证分析，结合实际情况，探讨在网络与现实深度融合的新时代下高校网络思政教育话语权建设取得的成效、面临的困境及其问题归因，从而对高校网络思政教育话语权的建设现状进行更深层次的审视，增强理论研究成果的实践性和有效性。

5. 关于高校网络思政教育话语权提升路径的研究

高校网络思政教育话语权研究的根本落脚点是分析与解决现阶段存在的问题，因此，如何采取有效应对措施，提升高校网络思政教育话语权实效性成为一个重要的研究课题，这也是本书研究的最终落脚点。本书主要从以下三个方面进行概括：一是从宏观角度来看，有些学者注重从宏观高度来探究推动高校网络思政教育话语权整体转向的路径。例如，丁梅君和徐建军（2019）强调，要建立网络思政教育话语权效评价指标体系，占领网络意识形态主阵地、坚定中国特色社会主义的思想共识和价值共识、共建共享网络空间，进而增强网络思政教育话语权的整体权效。二是从微观角度来看，有些学者侧重从优化高校网络思政教育话语权内部各构成要素来探讨提升高校网络思政教育话语权整体权效的对策。例如，蒋春燕和孙琪（2021）着力于强化以大学生为中心的教育理念、完善以问题为导向的高校网络思政教育话语体系、转换以现实为抓手的高校网络思政教育话语表达方式来增强新时代高校网络思政教育话语权的实效性。陈佳湘和赵文静（2022）则指出，应立足于时代发展新特点、新要求，提升高校网络思政教育话语主体的网络媒介素养、培养大学生网络意见领袖、转换高校网络思政教育话语表达、优化高校网络话语平台，进而筑牢高校师生的思想根基。三是从内外联动的角度来看，有些学者着重从内外两个层面来推动高校网络思政教育话语权提质增效。例如，周春晓（2018）认为，于内要推动高校网络思政教育话语方式转型、丰富高校网络思政教育话语内容、加强高校网络思政教育平台建设和管理，于外应完善高校网络舆情监管和应急机制、加强相关政策法律建设，营造风清气正的网络环境，通过内外协同联动来提升高校网络思政教育话语权的实效性。仲昭慧（2021）认为，可以通过对内提升高校网络思政教育话语主体的网络思维能力、丰富高校网络思政教育话语内容体系，对外构建网络空间治理机制、完善高校网络文化等，牢牢掌握并提升高校网络思政教育话语权。以上不难发现，学者们对高校网络思政教育话语权提升路径的研究多从局域化视角出发，缺乏问题意识与针对性，针对这一不足，本书立足于实际建构中存在的问题，强化问题意识，提出具有可操作性、可行性的提升对策，不断增强理论与实践的协同联动，丰富新时代高校网络思政教育话语权研究的实践应用价值。

二、国外研究现状

国外虽然没有设立专门的思想政治教育学科，但是国外学者立足于传播学、教育学、管理学、社会学等视角，围绕"话语""话语权""意识形态话语权""网络话语权"等展开了一些研究，形成了一定的研究成果，对本书研究具有重要的借鉴意义。

（一）关于"话语"和"话语权"的研究

国外学者对于"话语""话语权"的研究起步较早，且在不同时代、不同切入视角对"话语""话语权"的阐释侧重点不尽相同，形成了丰富的研究成果。

1. 关于"话语"的研究

深刻理解"话语"是掌握"话语权"的基础。国外对"话语"的研究最早可追溯到古希腊时期柏拉图、亚里士多德等学者关于修辞学和诗学的研究，柏拉图在《柏拉图全集（第二卷）·克拉底鲁篇》著作中探讨了语言的本质、功能、作用，阐释了语言的变迁和意识形态的变化之间的本质关系，亚里士多德进一步分析了语言的形式逻辑，阐明了语言的语形学、语用学，但这些研究是零散的，尚未形成统一的理论体系。直到19世纪中叶，瑞士语言学家索绪尔从语言构成材料的角度对语言明确区分了"语言"与"言语"，强调"语言"是一种具有传承性、交际性、价值性、政治性的符号系统，是人们说写的工具和中介，内在包含着约定俗成的社会规则，索绪尔（2008）关于语言理论的提出奠定了对"话语"后续系统化研究的基础。20世纪五六十年代，国外学者开始从动态的角度对"话语"展开更深入的阐释。德里达（2000）对话语的重要意义进行了本体性的论述，指出一切事物都是话语。施特劳斯（2009）认为，话语虽然具有语言的某种特性，但又明确不同于语言，是超越语言的一种存在。冯·戴伊克（1993）则强调，话语是社会交往的一种形式和中介，在分析话语文体、叙事、语法的同时，要全面了解话语的政治、社会、文化的功能和作用。自此，话语作为一种承载着人们利益斗争、权力博弈的社会行为，被学者们广泛运用于语言学、哲学、社会学、传播学等学科的理论研究中。

2. 关于"话语权"的研究

西方学者倾向于从权力的视角来阐释话语权。在早期，西方学者一般从语言学、传播学的角度来分析"话语权"，很少探讨话语和权力之间的联系。福柯（2003）将话语和权力有效结合起来，在阐释"话语即权力"的论断中，首次提出话语权的概念，认为从本质属性来看，作为一种统治权，话语权掌握在统治阶级手中，权力控制着话语实践，话语实践实现再生产权力，然而话语和权力二者之间具有流动性，话语并非一味服务和巩固权力，话语有时也会削弱甚至批判权力。冯·戴依克（1993）指出，作为一种社会交往形式，话语具有社会、政治、文化的本质属性，内在蕴含着权力关系，本质上是权势主体直接或间接指导大众知识、价值观、态度、意识形态的形成和发展，能够直接体现某一个阶级、集团的社会地位。

（二）关于"网络话语权"的研究

国外学术界高度重视网络的话语权效应，关于话语权的研究逐渐深入到网络空间维度。李普曼（2018）提出了"拟态环境"的观点，认为网络话语权产生于网络空间，是时代发展的产物，并随着时代的发展而不断变化，通过控制人的思维来影响其日常行为和认知思维。诺尔曼·费尔克拉夫（2003）立足于网络发展提出了"媒介话语"概念，认为网络话语是媒介话语的主要组成部分，社会意识形态、社会关系是网络话语的核心内容。波斯特（2014）则指出，作为一种文化形态，网络媒介能够构造我们的交往方式、行动自觉、思维方式，改变了人们对外界的感知模式、价值偏向，重新界定言说主体的身份、地位及其关系。可见，网络媒介承载着统治阶级的意识形态，借助掌握网络话语符号建构人们的社会认知。休梅克（2007）提出的"信息把关人"理论进一步揭示了网络媒介的人为控制性，指出统治阶级在网络中设置了各种把关人，筛选网络信息的首要标准就是符合体系层面的要求，传播的网络话语信息在统治阶级意识形态、文化价值标准的控制下，引导着甚至决定着人们"想什么""怎么想"。

三、研究评述

综上所述，当前学术界已逐渐意识到高校网络思政教育话语权研究的重要性、必要性、紧迫性，关于高校网络思政教育话语权的研究增长较快，已然成为顺应网络社会化发展、维护高校网络意识形态安全、促进大学生全面成长成才的要义之一。然而综合来看，与思政教育话语权研究相比，现阶段关于高校网络思政教育话语权的相关研究仍处于初步探索阶段，大多围绕高校网络思政教育话语权的局域性、浅层次、表面化论题展开，直接针对高校网络思政教育话语权的研究成果质量有待检验、分析视角有待革新、研究思维有待创新，缺乏综合性、实用性、系统性的研究成果。具体而言，现阶段关于高校网络思政教育话语权研究的不足主要表现在如下几个方面：

首先，当前研究大多受传统思政教育研究范式的限制，立足于新时代网络化迅速发展新型思维的研究有待加强。中国特色社会主义进入新时代以来，高校网络思政教育话语权面临着众多新问题，需要突破传统思政教育研究范式的约束，运用创新思维对新时代高校网络思政教育话语权进行更深入、更细致的研究，而学者们针对这一论题的研究稍显不足。归纳、整理现阶段的研究成果可以看出，当前研究大多沿用传统思政教育研究范式，缺乏以切合大学生思维方式、新型网络思维来研究网络思政教育话语权的本质内涵、功能特征、生成逻辑等内容，较少从新时代网络社会化出现的新形势和新情况与高校网络思政教育的育人实效性相结合的视角来探讨新时代高校网络思政教育话语权的现状，缺乏以全局性、前瞻性的眼光来分析新时代高校网络思政教育话语权的提升路径。由此可见，当前学者们对高校网络思政教育话语权的研究存在一定的不足，而所出现的这些问题、欠缺的研究内容为本书创新研究思路、深化内容研究提供了宽阔的空间。

其次，当前研究大多围绕局域性、微观性论题展开，针对新时代高校网络思政教育话语权进行的系统化、全局化的研究欠缺。当前学者们侧重从网络新技术、新手段飞速发展的视角来研究高校网络思政教育话语权的相关内容，注重分析高校网络思政教育话语权内部各构成要素及其之间的关系、网络信息化对高校网络思政教育育人实效性的影响、高校网络思政教育话语权面临的机遇和挑战等，这些研究具有很好的理论和实践价值，然而，我们也应清晰地意识到，当前学者们大多从自身经验出发，从微观或局域性视角，将高校网络思政教育话语权分解为不相关的点、线、面，导致研究具有一定的片面性、局限性，急需从宏观理论层面出发，从全局性、系统性的视角将高校网络思政教育话语权的内容、要素、过程等整合为统一体进行研究。这为本书立足于宏观和微观相结合的视角，从整体性、全局性视角分析新时代高校网络思政教育话语权的各内部构成要素、生成阶段提供了研究空间。

最后，当前研究大多注重分析间接的浅层次表面问题，针对高校网络思政教育话语权提升内容的直接的深层次问题研究不足。当前关于高校网络思政教育话语权提升的相关研究大多是简略论述高校网络思政教育话语权的发展现状、提升策略，很少针对这一问题展开深入分析。当前学者们对高校网络思政教育话语权发展面临的问题现象、提升路径进行了一般性描述，也有一小部分学者尝试利用某一地区的实证数据来分析高校网络思政教育话语权构建的现实效果。然而，我们应当意识到，当前学者们对高校网络思政教育话语权构建现实效果的实证研究大多是局部性的数理分析，没有从理论和实践协同联动的视角，深刻剖析当前高校网络思政教育话语权构建存在的深层次问题，因此提出的对策无法从根本上增强高校网络思政教育话语权的实效性。为此，本书采用理论与实证相结合的研究方法，从各个层面分析新时代高校网络思政教育话语权建构所面临的实际问题，以便更好地提出具有针对性、可操作性的提升对策。

总而言之，当前学者们对高校网络思政教育话语权的相关研究依然处于初步探索阶段，对高校网络思政教育话语权各内部构成要素之间的逻辑关系、本质特征、生成原则、发展现状等问题缺乏深入探讨，同时立足于大学生的实际需求，剖析新时代高校网络思政教育话语权的生成逻辑，提出具有针对性的提升策略也有待完善。新时代高校网络思政教育话语权相关研究的现状表明了加强研究的必要性、迫切性，为本书研究指明了方向、提供了空间。

第三节 研究的思路、方法及重难点

一、研究的思路和方法

（一）研究思路

本书立足于新时代网络虚拟话语场域，运用辩证唯物主义和历史唯物主义研究方法，从理论和实践两个层面分析新时代高校网络思政教育话语权"为何物""由何来""何以发展""以何发展"等理论性、发展性问题。从宏观和微观相结合的角度构建新时代高校网络思政教育话语权的研究框架，一是以新时代网络化、大学生网民的发展和需求为切入点，以当前相关研究成果为索引，科学厘清新时代高校网络思政教育话语权的概念内涵与特征等基础性内容，奠定研究的基础。二是全面探析马克思主义经典作家、中国共产党人、西方学者的相关理论论述中与高校网络思政教育话语权相关的理论内涵；将马克思主义中国化的最新理论成果作为研究的立基之本，进而系统阐释高校网络思政教育话语权的生成过程和生成原则，动态把握影响高校网络思政教育话语权的因素。三是在新时代网络化发展的实践背景下，利用实证研究，深刻解析高校网络思政教育话语权的现状，包括取得的成效、存在的问题，分析问题原因，便于下一步提出针对性的解决对策。四是立足于内外两个视角，从宏观和微观两个层面提出具有针对性、可操作性的提升对策，助力高校网络思政教育话语权的创新发展。

基于上述思路，本书的具体内容布局如下：第一章是绪论，着重分析研究背景、研究意义，归纳梳理当前国内外关于高校网络思政教育话语权的相关学术成果，把握当前研究动态，明确研究内容、研究方法以及创新之处，为后文展开具体研究奠定坚实的基础。第二章是新时代高校网络思想政治教育话语权研究的基本内容，阐释新时代高校网络思政教育话语权的概念内涵、构成要素、特征功能等基础性问题，从静态构成视角把握新时代高校网络思政教育话语权的全貌，树牢研究之根。第三章是新时代高校网络思想政治教育话语权的生成逻辑，通过辨析新时代高校网络思政教育话语权生成过程和生成原则，明晰高校网络思政教育话语权生成的影响因素。第四章是新时代高校网络思想政治教育话语权的现实境遇，通过问卷调研，利用列联表、卡方检验，定量分析新时代高校网络思政教育话语权取得的成效与现实困境，剖析问题成因，便于下一步找出针对性强的解决对策。第五章是新时代高校网络思想政治教育话语权的提升对策。这是研究的最终落脚点，依循高校网络思政教育话语权研究的原则和目标，以提升整体、优化结构、改进内容为层次，提出具有针对性、实践性的高校网络思政教育话语权的提升对策。

（二）研究方法

本书始终坚持立足于思政教育和多学科交叉分析方法，实现历史与逻辑、宏观与微观、推理与演绎、理论与实践的有机统一。具体运用了以下五种研究方法：

1. 文献研究法

梳理总结国内外现存文献资料，从中找准本书的研究视角、研究思路，提炼出研究创新点和侧重点。通过全面收集、归纳整合、梳理分析高校网络思政教育话语权、高校网络意识形态话语权、高校宣传思想工作、网络社会治理、网络话语权等与新时代高校网络思政教育话语权相关的专著、期刊和基金项目，结合新时代网络社会化发展以及高校大学生网民的新需求，针对高校网络思政教育话语权发展过程中出现的新情况、新问题、新变化，展开对比性分析、批判性整合，全面深刻研究新时代高校网络思政教育话语权的相关内容。

2. 系统研究法

网络话语环境复杂多变，新时代高校网络思政教育话语权的研究是一个复杂系统工程，应遵循系统性、整体性、科学性原则，通过系统研究法，展开多视角、多维度的分析。首先，高校网络思政教育话语权属于思政教育、网络空间治理系统中的一个分支，外部环境变化对其产生的作用是明确的，因此，科学系统性的研究方法是探究高校网络思政教育话语权问题的内在要求。其次，高校网络思政教育话语权是高校网络思政教育系统的主要构成要素，分析高校网络思政教育话语权要把握高校网络思政教育系统中各个要素的本质属性、价值功能。最后，高校网络思政教育话语权自身也是一个整体系统，是由各个构成要素发挥合力构成的，可见，系统研究法在本书研究中值得重视。

3. 比较研究法

虽然马克思主义相关理论、西方话语权相关理论对本书研究都有一定的借鉴意义，但在研究高校网络思政教育话语权的过程中应坚定马克思主义立场，坚守"内本外用"，坚持中国价值、中国立场、中国情怀，秉承"求同存异"的原则，横向掌握国内外相关理论资源的异同，纵向把握思政教育话语权相关理论基础的演绎变化，在对比分析中发现研究的不足之处，确定本书研究的理论基础，明确研究指向、研究思路，有效避免在研究进程中出现思想干扰、价值混乱。

4. 多学科研究方法

本书内容涉及教育学、管理学、传播学、心理学、社会学、政治学等多学科的相关知识，在网络化生存的新时代，这些不同学科知识为高校网络思政教育话语权问题的研究提供了更开阔的学术视野、更丰富的学术资源。因此，本书运用多学科联动的研究方法，从宏观和微观相结合的视角，对新时代高校网络思政教育话语权展开多维度、多层次的研究。

5. 实证分析法

与传统一般规范性分析相比，实证分析法运用大量的实践数据，更能全面、客观地探究高校网络思政教育话语权取得的成效、存在的问题。一方面，在网络匿名条件下，高校大学生更倾向于真实、客观地表达自身思维认知、价值观念，得出的网络问卷调研数据更能真实、直观地解析现阶段高校网络思政教育话语权的实效性。另一方面，着眼于当前高校网络思政教育话语权的建构现实，依托丰富的实践数据，通过定量分析，有助于明确高校网络思政教育话语权建构的成效、存在的问题，有利于总结高校网络思政教育话语权的发展趋势、提升规律，为探析新时代高校网络思政教育话语权的提升路径奠定实践基础。

二、研究的重难点

本书立足于新时代这一新的历史方位背景下，提出在网络社会新发展的关键阶段，应聚焦于高校网络思政教育学科理论和实践研究持续深化的重要时期。可见，关于新时代高校网络思政教育话语权的研究有助于高校网络思政教育学科理论体系的深化和创新、有助于新时代马克思主义主流意识形态指导地位的巩固和发展、有助于网络强国战略思想的响应和实践。深刻探析新时代高校网络思政教育话语权发展过程中的重点难点，提出具有针对性、可操作性的增强高校网络思政教育话语权效的对策是研究的根本方向、基本要求，因此，本书的重难点主要体现在以下三个方面：

（一）新时代高校网络思政教育话语权的内部构成要素与其生成逻辑问题

高校网络思政教育话语内容能否被大学生从内心深处接受、认同、内化、践行；高校网络思政教育话语权能否和大学生网民全面发展、网络强国战略等工作协同共进；高校网络思政教育本身能否被大学生选择、认可，一直都是高校网络思政教育理论和实践研究的重点、难点问题，即如何增强高校网络思政教育的有效性、准确性问题。而要有效解答这些问题，就需要加强对高校网络思政教育话语权的研究，特别是揭示高校网络思政教育话语权区别于其他话语权的本质内涵，研究高校网络思政教育话语权的构成要素、特征功能，才能全面掌握高校网络思政教育话语权的内涵特征、生成逻辑、实际效用。

（二）新时代高校网络思政教育话语权的现实境遇

立足于新的历史发展阶段，高校大学生自我发展的实际需求正在发生巨大而深刻的变化，这种历史性的社会变化必然会对高校网络思政教育话语权的实践产生一定的影响，不仅产生了高校网络思政教育话语内容和表达方式的创新、高校网络思政教育话语平台的丰富等有利影响，还带来了高校网络思政教育话语主体权威性弱化、高校网络思政教育话语内容的去中心化等各种挑战。唯有从理论和实践两个层面深刻、全面把握高校网络思政教育话语权的现状，揭示新时代高校网络思政教育话语权面临的机遇和挑战，才能真正掌握提升新时代高校网络思政教育话语权的时代价值、现实意义，从而更好地推动新时代高校网络思政教育话语权的发展。

（三）提升新时代高校网络思政教育话语权的对策

学术界关于高校网络思政教育话语权实效性的有关问题是常讲常新、常论常需的焦点和热点，探讨新时代高校网络思政教育话语权提升的对策也是本书研究的最终落脚点和重点难点问题。在总结凝练以往学者研究成果的基础上，遵循新时代高校网络思政教育话语权的发展逻辑，高度重视新时代大学生网民的特点，深入到高校网络思政教育话语权运行的灌输、对话、说理、认可等各个环节中，对高校网络思政教育话语权的本质内涵、生成逻辑、现实境遇形成综合性、全面性认知，进而提出具有针对性、科学性、合理性的提升高校网络思政教育话语权实效性的对策建议，从而提升高校网络育人的实效性。

第四节　研究可能的创新点和不足之处

一、研究可能的创新点

（一）选题视角具有一定的创新性

从整体上看，当前学术界关于思想政治教育工作的研究成果较为丰富，而针对高校网络思想政治教育话语权的研究成果较少，且大多数沿用了传统思政教育话语权的研究范式，仅从单一视角、单一维度针对局域性问题展开分析，较少有针对新时代高校网络思政教育话语权展开的多视角、多维度、多层次研究，本书在此基础上进行深度挖掘，具有一定新意，同时尝试立足于新时代这一新的历史方位，将高校思想政治教育与网络话语权相结合，将高校网络思政教育话语权作为研究视角，将高校网络思政教育话语平台作为研究载体，深刻剖析高校网络思政教育话语权的特质、现状，探讨在瞬息万变的网络空间提升高校网络思政教育话语权的对策，体现了一定的创新性。

（二）研究内容具有一定的创新性

归纳、整理、总结高校网络思政教育话语权现有文献材料不难发现，学者们对高校网络思政教育话语权的研究大多集中在概念阐释、重要性分析、话语效果研究等方面，较少涉及构成要素、特质功能、生成逻辑、提升对策等内容。本书在借鉴国内外学者们研究成果的基础上，对高校网络思政教育话语权的研究内容加以创新，立足于新时代网络化生存的背景，从静态视角探析高校网络思政教育话语权的构成要素、特质功能，从动态视角探析高校网络思政教育话语权的生成逻辑，并从理论与实证相结合的视角，阐析了新时代高校网络思政教育话语权的现实状况，系统性、整体性地分析了新时代高校网络思政教育话语权面临的机遇和挑战，针对现存问题，提出具有可行性、现实性的提升对策，体现了一定的创新性。

（三）研究方法具有一定的创新性

当前学术界对高校网络思政教育话语权的相关研究大多停留在简单的理论分析层面，鲜少出现针对高校网络思政教育话语权提升问题展开的实证调查研究，本书在解析高校网络思政教育话语权现实境遇时所使用的研究方法有着一定的新意。本书从实证层面阐析当前高校网络思政教育话语权取得的成效、面临的困境，分析存在困境的成因，将高校网络思政教育话语权的理论分析与实践分析融入高校网络思政教育话语权的现状研究中，形成了"知行合一、动静相宜"的研究方法，有助于学术研究成果的进一步完善，体现了一定的创新性。

二、研究的不足之处

本书虽然针对新时代高校网络思政教育话语权展开专门研究，也确立了比较清晰的研究思路，但是由于在资料收集、知识储备和理论水平等方面存在不足之处，导致对这一重要课题的研究还不全面，有待今后的不断完善。

一方面，高校大学生群体比较庞大，不同性别、不同地域、不同年级、不同专业、不同生源地等因素可能对高校网络思政教育话语权现状产生一定的影响。本书虽然试图尽可能多地收集样本数据来提升实证内容的合理性，但由于人力、物力等资源的限制，没法做到面面俱到，导致问卷调查的范围有限，使得对于高校网络思政教育话语权的现实境遇把握不全面，有待进一步完善。希望在以后的学习生活中，收集更多的数据资料来补充和完善相关研究。

另一方面，由于新时代高校网络思想政治教育话语权的研究涉及教育学、政治学、传播学、社会学等多个学科领域的知识，这就要求不仅要掌握本学科的专业知识，还要熟知其他学科的相关理论。然而，由于笔者自身对其他学科的相关理论没有经过系统的学习，受知识储备和经验所限，对高校网络思政教育话语权的研究仍然存在不足。在日后的学习和工作中，会尽自己最大的努力来提升自己，希望能为新时代高校网络思想教育话语权的研究与实践工作贡献自己的力量。

第二章

新时代高校网络思想政治教育话语权的基本内容

新时代强调以更广视野、更新思维、更高站位来把握高校网络思政教育话语权的相关问题，本章聚焦新时代的新发展、新情况、新要求，深刻阐释高校网络思政教育话语权的基本内容，厘析其核心概念内涵，厘清其内部构成要素，总结话语权在新时代背景下的主要特征，真正回答新时代高校网络思政教育话语权"是什么"的基本问题，为后续研究奠定坚实的基础。

第一节　核心概念界定

开展科学研究的前提在于揭示研究对象的本质，而辨别研究对象本质的根本在于科学界定概念，因此，科学界定新时代高校网络思政教育话语权的核心概念是研究新时代高校网络思政教育话语权的基础和前提。具体而言，本节主要辨析关于话语和话语权、新时代、思政教育话语权、网络思政教育、高校网络思政教育话语权的概念内涵，在对比分析中揭示新时代高校网络思政教育话语权的内在构成要素和本质特征。

一、话语和话语权

（一）话语

话语是话语权的实现载体，明确界定话语的基本概念是掌握话语权本质内涵的基础，从而在高校网络思政教育领域进一步阐明其话语权的概念特征，为深刻阐释高校网络思政教育话语权的概念内涵、表现特征提供重要指引。"话语"一词起源于语言学，逐渐在哲学、社会学、心理学、传播学等学科中得到应用和发展，在不同的学科领域，话语被阐释为言语行为、社会实践、信息、权力控制、传播媒介等，表现出一种丰富多彩的话语形态。

国内外学术界对话语的概念内涵尚未形成统一认识，但学者们立足于不同学科领域、不同研究视角，全面剖析了话语的基本内容、主要特征。梳理、总结不同学科领域对话语概念的阐释，具体包括以下几种观点：一是就语言学释义而言，话语通常是用来实现某一交际目的的语言单位，具有文本语言、肢体语言两种表现形式。大致分为结构话语权和功能话语权，以哈里斯为代表的结构主义语言学家重点分析了话语的内部结构，认为话语是由连续的句子所组成的话语段落（萨尔法蒂，2006）；以詹姆斯·保罗·吉（2011）为代表的功能主义语言学家重点阐析了话语的宏观结构、交际功能，认为话语是表达语言、交流、实践的语形、语境、语义的统一体。二是就哲学释义而言，话语是一种现实生活存在的意识，具有精神性、实践性特征，并揭示了话语的起源、本质、功能、作用。三是就社会学释义而言，社会学家倾向于将话语和人联系在一起，认为话语具有动态、开放特征。宏观社会学重点研究话语与整个社会结构的相互关系，强调话语在人类社会发展过程中长期存在的历史；微观社会学主要考察话语与个人的相互对应或依赖关系。四是就心理学释义而言，心理学家们强调"言由心生"，认为话语是语言和心理共同作用的结果，关注话语和思维之间的关系，思维发挥主导作用，但话语不是完全被动的，能够对人的思维方式产生一定的影响。五是就传播学释义而言，强调话语不仅是传播媒介，还是传播对象，传播是为了使传播者、接受者之间实现思想、观点、信息、知识的共享。

概括来看，学者们对话语基本内涵的阐释主要可从狭义、广义两个层面进行。狭义的话语概念，即语言学释义。当话语走入生动多样的社会实践生活中，被用于哲学、传播学、社会学、心理学等跨学科研究时，其内涵和外延不断扩展，形成了广义的话语概念，即话语是表现思想、观点、看法的载体和实践方式，是主体间相互沟通交往的言语行为（郭湛和桑明旭，2016），是思想和语言的结合体。从话语形式来看，广义的话语突破了狭义的语句、语段等呈现方式，不仅包含言语成品，还包含话语实践形式。从话语构成来看，广义的话语既包括语言材料，也包括思想、观点、语境等非语言材料，话语构成具有综合性、概括性特征。从话语内容来看，话语内容丰富，不同的人对话语进行表达、传播、实践的程度不同。从话语功能来看，广义的话语功能不仅具有狭义话语的交际、表达功能，同时具有因语言功能产生的其他社会功能。

与狭义的话语概念相比，广义的话语概念具有鲜明的交往性、实践性、社会性、价值性特征。具体而言，一是交往性特征。在人类历史的发展进程中，话语是最主要的交际媒介，反映着彼此之间的人际交往关系。话语是由传播者以语言为中介面向接受者提出的，与接受者进行语言表达、思想交流的过程。二是实践性特征。话语来源于人类的社会实践活动，是人类社会实践活动过程中必不可少的参与因素，而且话语活动本身也可以将主观思想和客观事物联系起来，是主观见之于客观的实践性活动。三是社会性特征。在社会交往中，话语冲破语言运用的束缚，作为社会精神文化、思想观念进行表达、互动交流的社会交往活动，从狭义的言语转变为主动反映社会、影响社会的交往方式。四是价值性特征。话语是话语主体自身思想、观念、看法、态度的外在表现，也是实现其思想、话语传播的需要和目的，具有一定的价值性。

综上所述，本书的研究对象为新时代高校网络思政教育话语权，必然要深刻分析话语蕴含的人际交往关系、社会关系、社会实践性等内容。因此，本书所指的话语是指其广义层面意义，即承载着特定的思想观念、价值追求、意识形态目的，影响人、社会及其关系形成和发展的具体性实践交往活动，不仅包含言语，还包含话语关系、话语实践、话语功能等，推动着人与社会的全面发展。

（二）话语权

话语承载着话语主体的思想，通过具有引导性的交往实践活动作用于话语客体，从而实现思想共识、价值共识，可见，运用话语的过程就不可避免涉及话语权概念。西方学者着重从"权力"视角来阐释话语权，认为作为权力的外显形式，话语权是一种思维符号、交往手段。福柯在论证"话语即权力"观点的过程中，将话语和权力有效结合起来，首次提出了话语权这一全新概念（李智，2017）。随着话语实践的发展，话语权的思想内涵不断丰富，学术界关于话语权的概念界定尚未达成共识，主要有以下三种观点：

具体而言，一是将话语权界定为一种话语权利，认为话语权是受法律保护的享有自由言说、表达的一项基本人权，体现了人的主体性，象征了社会公民的身份。拉菲德强调，每个人都享有自由表达对各种言论、看法的权利，这是不可剥夺、不可转让的（徐耀魁，1998）；李金水（2009）指出，话语权是由国家制度保障的权利，每个社会个体都享有自由表达自身思想、观念、态度、看法的权利。我国《宪法》明确规定，每个社会公民平等享有使用语言、文字表达自身思想、表明自身利益、交流沟通意见、捍卫辩论价值等的资格和权利，可见，话语权利具有平等性、独立性等特征，是人的主体存在价值的具体体现。二是将话语权界定为一种话语权力，认为话语权是控制他人思想、行为的现实强制力量或支配力量，具有控制舆论走向、社会方向的权力。汉斯·摩根索（2006）认为，话语权是支配他人思想和行为的一种控制力。从权力的视角来看，话语权产生的本质是特定社会个体通过话语实践对他人产生了一定的控制力、影响力。权力对社会发展是善是恶，关键在于谁掌握权力以及如何运用权力，代表人民群众最根本利益的先进思想观念、科学社会规范占据主导地位，且合理运用话语权力，就会引导社会主流意识形态、社会舆论朝着正确的方向发展，形成良好的社会风尚，推动社会的健康可持续发展；反之则不利于社会的良性发展。三是话语权是话语权力、话语权利、话语能力的综合体。谁牢牢把握了话语权，谁就能树立体现个人魅力的话语权威，进而引领社会舆论的走向、引领社会思想潮流的方向（谢群和徐建军，2018）。在特定的社会环境中，话语主体运用自己的话语权利、话语权力，通过话语表达来增强自身话语力量、主导话语客体的思想和行为，控制话语主客体间的关系，实现话语主体的思想和意识。因此，话语权总体上是话语权力、话语权利、话语能力的结合体。

综上所述，话语权是话语权利、话语权力的统一体，只有将二者有效结合起来，才能正确、合理行使话语权。话语权利和话语权力相互依存、相互影响，共同诠释了话语权的内涵，话语权利是话语权力发挥作用的基础，话语权力是话语权利实行的效果和影响。

二、新时代

时代是根据特定历史发展进程中某个时期政治、经济、科技等方面的鲜明特征来划分的坐标。不同时代、不同阶段决定了高校网络思政教育话语权具有不同的话语内涵、本质特征、表现形式、发展状况，因此，分析新时代高校网络思政教育话语权应先清晰界定新时代的概念内涵，根植于新时代这一新的历史发展方位。本书所指的新时代具有特定内涵，特指在党的十九大报告中明确提出的"经过长期努力，中国特色社会主义进入了新时代"。

立足于新的历史发展阶段面临的新形势、新情况、新问题，习近平总书记多次在各种会议、讲座中提及新时代，从背景、目标、内容、方法等层面对新时代进行了全面论述，逐渐形成了一系列具有先进性、价值性、科学性的关于新时代的重要论述。与以往时代相比，新时代论述的"新"具有鲜明的时代背景、时代特征、时代使命。具体而言，本书主要从以下几个方面阐析新时代的概念内涵。

（一）新时代的时空坐标界定

某一历史阶段中，任何事物的产生、发展都具有时间的持续性、空间的广延性。可见，新时代是中国与其他国家在互动交往中，中国特色社会主义发展的时间持续性和空间广延性的结果（任新民，2019）。就时间维度而言，科学界定新时代的概念，首先需要明确新时代的时间起点。新时代的时间起点并不是一个精确的时间点，而是一个具有连续性的时间段，以党的十八大为起点，以党的十八届一中全会为关键，在党的十九大上正式确立（刘建军，2017）。由于进入新时代的时间起点和进入新时代的依据二者之间存在因果关系，只有政治、经济、科技、文化具有不同于以往时代足够充分的鲜明特征、时代课题，我国发展才能进入新的历史方位。可见，新时代是多种因素长期共同作用的结果，是在中国特色社会主义经过长期量的积累，实现阶段性质的飞跃的基础上到来的；是在中国人民经过长期努力，获取历史性成果的前提下到来的。通常情况下，我们大致将历史进程中备受瞩目的标志性重大事件当作重要历史运动的里程碑。党的十八大以来，社会主义现代化建设取得了开创性的历史性成果、改革开放取得了全方位的历史性成就、党和国家的事业发展取得了根本性的历史性变革、中国在国际舞台上的作用发挥取得了深层次的历史性成效，中华民族实现了从站起来到富起来再到强起来的阶段性巨大飞跃，具有开创性意义，中国特色社会主义发展开启了新时代新征程（郭国祥和熊强，2018）。由此可见，党的十八大是新时代的时间起点。2017年，在党的第十九次全国代表大会上，习近平总书记明确提出，我国发展迈入了新的历史方位，即中国特色社会主义进入了新时代，因此，党的十九大是新时代正式确立的时间点。就空间维度而言，新时代不是别的什么时代，而是中国特色社会主义新时代。可见，新时代不是指全球所有国家的发展都进入了新时代，而是具体针对中国发展阶段的科学判断，不能忽略新时代的历史过程性，也不能将新时代放在其他别的主题上，防止新时代出现泛化的问题。

（二）新时代的发展阶段界定

对新时代的概念界定除了要明确界定其时空坐标，还需要科学把握其在历史发展阶段中的方位。一方面，新时代是最接近中华民族伟大复兴的时代。纵观中国社会发展历史，我国取得过举世瞩目的伟大成就，然而在近代社会中，中国处于半殖民地半封建社会，发展落后于西方国家。中国各阶级积极探索争取民族独立、实现国家富强的道路，中国共产党人带领广大人民群众建立了中华人民共和国，取得了中国社会主义革命的胜利，中国人民站起来了。自改革开放以来，中国特色社会主义不断加速发展，中国经济快速腾飞，人民群众的生活水平明显提升，中国人民富起来了。党的十八大以来，党和国家高度重视提升中国特色社会主义的发展质量，推进"五位一体""四个全面"的布局发展，党和国家事业发展取得辉煌的历史性成就，我国的综合国力已位居世界前列，中国人民强大起来了。另一方面，新时代是新时期的历史飞跃。新时期，1978~2012年，我国人均GDP从385元增长到39874元，中国人民群众的收入水平显著提升，我国社会发展的主要矛盾变为社会供需之间的主要矛盾。就供给侧而言，制约我国社会发展的主要因素变为城乡之间、各区域之间的不平衡发展问题；就需求侧而言，人民群众更加重视追求良好的生态环境、完善的医疗健康服务、丰富的精神文化、公正的公平正义等。社会主要矛盾的变化是时代变化的重要驱动力，事关社会发展阶段的变化，新矛盾一定导致社会发展新时代的到来。新时代我国社会的主要矛盾发生了变化，新时代更加注重追求更高层次的获得感、幸福感、认同感。可见，新时代作为中国特色社会主义发展的新阶段，获得了人民群众的一致认同，是新时期追求富强的历史跃升时代。

（三）新时代的新使命界定

在新的历史发展阶段，中国共产党肩负着实现中华民族伟大复兴的历史使命。要想实现这一伟大梦想，势必需要伟大斗争、伟大工程、伟大事业的深化。具体而言，一是进行伟大的斗争。站在新的历史起点，不仅要在客观上与危害人民群众根本利益的行为、破坏我国安全稳定的行为做斗争，还要在主观上和消极懈怠、不思进取的错误思想做斗争，进而不断提高创新思维、奋斗精神，为完成伟大梦想提供不竭动力。二是建设伟大的工程。作为代表最广大人民群众根本利益的马克思主义政党，中国共产党必然具有坚强的领导力和强大的执政力，能够自觉抵抗新时代出现的各种挑战、困难。三是推进伟大的事业。中国共产党立足于中国实际情况，制定实施了符合中国国情、顺应中国发展趋势的中国特色社会主义制度，这是经过我国数十年实践检验的科学、系统、合理的制度体系。面对新时代出现的新问题、新矛盾，必须坚定中国特色社会主义制度，团结人民群众，凝聚共识、汇聚力量；必须推动改革创新发展，不断求新求变，打破利益固化的束缚，增强创新思维能力；必须全面依法治国，正确认识、处理好发展和法治的关系，加强中国特色社会主义法治建设，展示中国道路、中国方案的强大魅力，从而形成全国协同联动、齐心合力的发展大格局。

由此可见，新时代高校网络思政教育话语权的研究是在新时代的大背景下开展的，因此，科学界定新时代的概念内涵，深入研究新时代面临的新形势、新课题、新问题、新使命具有重要意义。深刻审视高校网络思政教育话语权发展的新的历史方位，将高校网络思政教育话语权根植于中国特色社会主义发展的新阶段中，能够更加完整地掌握新时代高校网络思政教育话语权的本质内涵、主要特征，全面把握新时代高校网络思政教育话语权的现实状况，科学制定新时代高校网络思政教育话语权的提升对策。

三、思想政治教育话语权

思想政治教育是做人的思想工作的话语实践活动，这就不可避免地涉及思想政治教育话语权的概念内涵，掌握思政教育话语权有利于强化话语主体的思想认同，巩固自身的思想引领力、价值主导力。界定思政教育话语权不仅需要明确思想政治教育话语权的学科属性和本质特征，还要明晰其内在的社会意识形态、话语关系及其权力关系。立足于思想政治教育学科的特殊性、研究角度和研究重点的差异性，当前学术界对思政教育话语权的内涵界定尚未完全形成共识，总体来看，主要有以下几种观点：一是将思政教育话语权界定为各种"权"的组合。例如，侯勇（2016）认为，思政教育话语权实质上是理论话语引领权、工作话语控制权、学科话语主导权的组合体；李艳（2016）则强调，思政教育话语权是思想引领权、教育领导权、精神塑造权的统一体。二是将思政教育话语权界定为各种"力"的组合。例如，邱仁富（2015）指出，思政教育话语权是话语主体在思政教育领域对他人产生的主导力、影响力和说服力，是我们坚持社会主义方向的权力、能力。三是将思政教育话语权界定为思政教育话语权力、话语权利等的统一体。例如，赵癸平（2016）认为，作为话语权的一种特殊形式，思政教育话语权是话语主体通过创造和运用承载自身政治观念、价值观点的思政教育话语，引领、支配话语受众的思想、价值与行为，是话语权利、话语权力、话语能力的统一体。

通过梳理、分析现阶段学术界关于思政教育话语权内涵的界定，厘清思政教育话语权"由谁说""说服谁""服务谁"等本质性问题，从一般意义上看，思政教育话语权是指代表一定阶级、群体利益和诉求的思政教育话语主体通过创造、表达、传播承载自身思想观点、道德规范的话语，产生符合一定阶级需要的现实引领力和影响力，主导、支配人们的思想和行为，本质上是话语权利和话语权力的统一体。具体到中国的发展实践，思政教育话语权必须坚持党的领导，坚持马克思主义的指导，主要是指在思政教育实践中，有资格、有能力的思政教育主体利用自己的话语权力、话语权利，通过有组织、有计划的一系列话语实践活动，将蕴含马克思主义主流意识形态、社会主义主流价值观的话语体系内容发布、传播至其他社会成员，主导、规范社会成员的思想和行为，实现国家意识形态向个人意识的转变，从而加强马克思主义对人民群众的主导权、领导权，增强社会主义核心价值观对社会发展的号召力、影响力、凝聚力，体现了思政教育话语权利、话语权力、话语权威、话语能力的统一。

具体而言，首先，思政教育话语权是一种话语权利。在法律、道德的约束下，思政教育话语主体和客体都平等享有表达观念、看法、要求的资格和权利，思政教育话语主体凭借自己的知识储备、社会地位、角色安排等优势，生产和传播切合最广大人民群众利益需要、思想诉求的思政教育话语体系，引导社会舆论的走向。思政教育话语客体根据自身的知识水平、价值诉求等实际状况，自由选择接受认可的话语内容，拒绝甚至批判不认可的话语内容。因此，尊重思政教育话语权主客体的话语权利是开展平等交流、互动沟通、自由开放的思政教育话语实践的基础和前提。因此，思政教育话语权利只是明确了思政教育话语主客体能够"自由言说"的可能和资格，在具体的实践过程中，思政教育话语权利的实现程度受到很多因素的影响，思政教育话语权力的控制、支配就显得举足轻重。其次，思政教育话语权是一种话语权力。思想政治教育话语权力强调的是一种主导力、影响力，主要是指思政教育话语主体有能力、有计划、有目的的用马克思主义的政治观念、价值取向等思政教育话语体系来说服、主导社会成员思想和行为的一种控制力、影响力。在思政教育话语实践中，话语主客体都具有合法发表观点、看法的资格和自由，但个人的发声有大有小、效果有强有弱，这种差异性导致话语主客体处于不同的话语权力位置，话语主体位于主导、支配的优势地位，话语客体位于从属、受支配的劣势地位。再次，思政教育话语权是一种话语权威。话语权威主要是指思政教育话语主体创造、传播的话语体系经过长时间的实践检验，契合最广大人民群众的根本利益、社会生产力的发展需要，思政教育话语客体对话语主体从内心深处产生信服感，自觉重塑自身的价值取向、行为习惯。可见，话语权威体现着受教育者对教育者的依从关系。话语权威来源于由制度赋予、角色安排的教育者权威身份的保证，教育者拥有更丰富的话语资源、更完善的知识结构、更坚定的政治立场，在话语权力关系中处于优势地位，促使受教育者自觉对其产生依赖和信服，同时，话语权威不断巩固着思政教育话语主体的主导地位，使马克思主义意识形态得到更深入的贯彻。最后，思政教育话语权是一种话语能力。这主要是指思政教育话语主体所具备的整合话语资源、把握话语机会、传播话语方法等的能力、技巧。话语能力是话语主体最主要的交往方式，是其发挥主导性、主体性的基础，很大程度上决定着话语权的育人效果以及持久性。囿于思想观念、知识结构、人生经历，每个思政教育话语主体的话语能力稍有差异，导致在思政教育实践中产生不同的育人效果，深刻改变着思政教育话语权的力量格局。

思政教育话语权不仅具有一般话语权的特点，还具有自身独特的鲜明特征，这是思政教育话语权区别于其他话语权的根本属性、判断标准。一是政治性。与其他学科领域相比，思政教育话语权的目的是培养、提升符合中国共产党要求的思想政治素养，具有明显的意识形态性、政治性，要服务于国家意识形态的建设发展。二是引领性。思政教育话语权在进行基本描绘、阐释的前提下，更加注重对社会成员思想引领、价值引领、行为引领。三是时代性。虽然思政教育话语权承载的马克思主义主流意识形态和社会主义主流价值观具有真理性、彻底性，但是思政教育话语权的话语内容、表达方式应时刻进行与时俱进的创新，进而保持先进性、时代性、科学性。

四、网络思想政治教育和高校网络思想政治教育话语权

（一）网络思想政治教育

要想科学把握新时代高校网络思政教育话语权的概念内涵、构成要素、主要特征，首先就要科学界定网络思政教育的概念，在基本层面上明确高校网络思政教育话语权的范围和层次。网络思政教育不是网络和思政教育的简单叠加，而是以网络信息技术为核心的网络化和思政教育的深度融合，具有典型的网络特征，网络拓展了思政教育的场域和空间，推动了思政教育的创新和深化。可见，网络思政教育不仅具有传统思政教育的目的性，而且也具有一定的自由性和交互性，通过有效运用网络来创新思政教育工作的本质内涵和主要内容，这是思政教育适应新时代网络社会迅速发展的客观要求和必然选择。立足于思政教育学科的特殊性、研究角度和研究重点的差异性，学术界对网络思政教育的内涵界定主要有以下两种观点。

从狭义层面来看，有的学者将网络作为思政教育的新型传播媒介和传播载体，以传播学和思想宣传为理论基础，运用网络这一载体开展思想政

治教育，强调网络对思政教育的重要性，是一种新型的思政教育方式。有的学者认为，网络思政教育主要是指一定阶级、政党、团体利用网络，将自身的观念、看法、要求有计划、有目的地传播至社会受众，促使社会受众形成符合自身阶级发展需要的思想观念和道德规范而开展的活动，这些观点阐明了网络思政教育的教育主体、教育目标、教育内容、教育方式等要素。韦吉锋（2003）强调，网络思政教育的活动场域为网络空间，具有双向互动性、虚拟实践性，因此要抓住网络的传播规律，利用网络对网民施加影响，积极开展网络信息素养教育，进一步明确网络思政教育与传统思政教育二者之间的差异性。

从广义层面来看，随着网络信息技术的发展和网络思政教育理论的创新，网络的社会价值、文化价值功能不断深化，学者们逐渐意识到不能局限于狭义的网络思政教育概念，应从广义层面来阐释网络思政教育。张再兴（2005）认为，网络思政教育主要是指网络化环境下的思政教育，是全新的思政教育理念、教育模式、教育体系，与传统思政教育相比，网络思政教育的理念、机制、内容、方式都发生了创新和深化，是思政教育体系的全面构建，这些观点和看法极大地提升了网络思政教育的系统性、独立性。徐建军（2010）进一步提出，网络思政教育本质上是当前网络时代的思政教育，是网络思政教育的新阶段，进一步提升了网络思政教育的定位。可以看出，这里所指的网络化环境已经超越了微观意义上的网络虚拟活动，是宏观意义上的网络社会环境。

综上所述，网络思政教育的概念内涵不是既定不变的，是随着网络信息技术的发展、网络思政教育实践的深入，与时俱进的不断创新和深化的过程。归纳、提炼狭义层面与广义层面上网络思政教育概念界定的核心思想，借鉴并融合有关学者的合理论述，本书认为，网络思政教育是指个人或群体充分掌握网络社会的运行规律和发展趋势，运用网络互动沟通方式，有目的、有计划地对网民的政治观念、思想认知、价值取向施加影响，使网民形成符合社会发展需要和个人健康发展的思想政治观念、道德规范的教育实践活动。

（二）高校网络思想政治教育话语权

作为思政教育实践的前沿主战场和主阵地，高校肩负着培育能堪当民族复兴大任的时代新人的历史使命，如何开展行之有效的思政教育工作，是落实立德树人根本任务的重点和难点。随着网络信息化、智能化的不断发展，网络已然成为高校思政教育的新场域，高校网络思政教育话语权的概念内涵也随之不断丰富，明晰高校网络思政教育话语权的内涵，对探索新时代高校网络思政教育话语权的本质特征、生成逻辑、现实境遇至关重要。从前面的分析不难看出，现阶段学术界从不同角度出发，对高校网络思政教育话语权概念的界定尚未达成一致。立足于新时代高校网络思政育人的实践，结合前文对话语、话语权、网络思政教育的内涵界定，高校网络思政教育话语权主要是指，在网络虚拟话语场域中，高校思政教育者凭借国家制度赋予的优势地位、教育职业给予的角色安排、丰富的人生阅历和专业知识，遵循网络技术逻辑和思政教育实践规律，把握大学生的实际需求和成长特征，在网络空间创造、传播承载马克思主义主流意识形态和社会主义主流价值观的网络思政教育话语，进而控制、引领大学生的思想和行为，科学控制、引导校园网络舆论走向，实现马克思主义主流意识形态走进高校、走进大学生头脑、走进网络。由此可见，高校网络思政教育话语权是高校网络思政教育话语权利、话语权力、话语权威、话语能力、话语权效的统一体，本质上是马克思主义主流意识形态话语在网络空间的思想引导权、价值引领权、行为塑造权，具有意识形态权力、网络权力的双重性质。

具体而言，本书尝试从以下几个方面来概括高校网络思政教育话语权的概念内涵：首先，明确高校网络思政教育话语权是马克思主义话语权与中国特色社会主义话语权的统一体，本质上是高校网络思政教育的话语主导权，具有清晰的限定性和边界感。新时代信息技术赋权的网络空间具有鲜明的开放自由性，然而这种开放、自由实际上依然捍卫着马克思主义价值观念和规则这一"领土"（王延隆和范宏民，2021）。高校网络思政教育话语权牢牢坚持马克思主义的指导地位，以掌握和弘扬马克思主义对高校网络思政教育的领导权、话语权为主旨，始终保持马克思主义的鲜亮底色和特色优势。可见，我国高校思政教育话语不是什么别的话语，而是传播马克思主义中国化时代化最新理论成果的话语，是弘扬社会主义核心价值观的话语，是宣传党和国家最新方针政策宣传的话语。简言之，我国高校网络思政教育话语权是马克思主义理论话语权与中国特色社会主义话语权的有效统一体。

其次，高校网络思政教育话语权生成、运行的话语场域是网络空间。作为高校网络思政教育话语权的传播载体、工具，网络空间是高校网络思政教育话语权构建的时代语境和现实背景。随着网络社会化和社会网络化的不断加深，大学生的日常生活、交往、工作都离不开互联网，各种意识形态话语在网络空间相互交织、相互碰撞，网络空间已经成为高校思政教育话语权构建的主要场域，而高校思政教育者和大学生的网络实践活动最终依然要回归现实，高校网络思政教育话语博弈也会转向现实社会环境。因此，要高度重视网络空间作为高校网络思政教育话语权的主阵地作用，发挥高校网络思政教育话语权在现实社会实践中的作用，形成线上线下协同联动的新格局。

再次，高校网络思政教育话语权的内涵主要包括高校网络思政教育话语权利、话语权力、话语权威、话语能力、话语权效五个方面。其一，高校网络思政教育话语权是一种平等自由的话语表达权利，这是高校网络思政教育者和大学生作为网络话语主体应拥有的权利和资格。在网络话语场域，人人都有"麦克风"，人人都是宣传员，高校网络思政教育者和高校大学生都拥有自由表达自身观点、看法、立场的话语权利和资格，不会因为高校师生网民的身份地位、年龄、知识等差异而改变。就高校网络思政教育者而言，他们的网络话语权利主要表现为能够在网络空间自由创造、传播、推广承载马克思主义主流意识形态的一系列主张和要求。就高校大学生而言，他们的网络话语权利主要表现在可以通过各种网络平台对社会焦点、校园热点自由表达意见、观点，对高校网络思政教育者传播的主张、观点自由表示认同、提出疑惑、发表评论的权利。其二，高校网络思政教育话语权是一种具有引导性、控制性、影响性的话语权力。高校网络思政教育工作者作为高校网络思政教育实践活动的组织者、引导者，凭借自身先进的网络技术运用能力、完善的知识结构、较强的政治理论素养等方面的优势，创造思政教育专题（主题）网站、官方微信公众号、官方微博等不同主题的网络沟通平台，从而有目的、有计划地通过网络平台与高校大学生互动沟通交流，正面宣传马克思主义中国化的最新理论成果，积极弘扬马克思主义主流意识形态，用思政教育话语内容来说服并主导大学生的思想和行为，形成一种具有主导力和影响力的话语权力，进而指导和帮助高校大学生坚定自身的政治立场和理想信仰。其三，高校网络思政教育话语权是一种话语权威。话语权威主要是指思政教育话语主体创造、传播的话语内容体系经过长时间的实践检验，契合最广大人民群众的根本利益以及社会生产力的发展需要，具有话语权威性。可见，高校网络思政教育话语权威包括高校网络思政教育话语主体的公信力、高校网络思政教育话语内容的权威性两个方面，倘若高校网络思政教育话语主体没有公信力和领导力，那么他们创造、传播的网络话语内容就没有人相信；倘若高校网络思政教育话语内容没有权威性和信服力，那么高校网络思政教育话语权的影响力、控制力就会消逝。其四，高校网络思政教育话语权是一种话语能力。主要是指思政教育话语主体所具备的整合话语资源、把握话语机会、传播话语方法等能力与技巧，不仅包括高校网络思政教育话语主体描述、阐释话语内容的表达能力、言说能力，还包括选择恰当的话语表达方式的能力，有效利用网络话语平台的能力，这是话语主体掌握网络思政教育话语过程的能力，是其发挥主导性、主体性的基础，很大程度上决定着话语权的育人效果及持久性，深刻改变着思政教育话语权的力量格局。其五，高校网络思政教育话语权是一种话语权效。话语权效主要是指在各种意识形态话语都可自由表达、传播的网络空间，高校网络思政教育话语权能够产生的影响力、引导力，能够在多大程度上实现说了有人信、信了照着做的实际效果，能够在多大限度内广泛传播，能够在多大范围内引导网络舆论的发展方向。

最后，明确高校网络思政教育话语权的主客体二者是主体间性的关系。从前文的分析可知，在现实的高校思政教育实践过程中，高校思政教育者位于主导、支配、主动的优势地位，受教育者位于从属、受支配、被动的劣势地位，思政教育者和受教育者之间是一种相对固定的主客体关系。但随着网络信息技术的快速发展，受教育者的积极性、主动性、能动性日益凸显，高校网络思政教育者和受教育者之间相互影响、相互转化，形成了一种主体客体化、客体主体化的主体间性关系。

第二节　新时代高校网络思想政治教育话语权的构成要素

新时代高校网络思政教育话语权的生成和运行是由其内部各构成要素在网络空间相互依存、相互影响引起的动态变化过程，各构成要素共同构成了话语权真实存在的根基。现阶段，学术界关于高校网络思政教育话语权构成要素的认识尚未达成统一，有的学者从话语元素视角来解读网络思政教育话语权的内在构成要素，有的学者从话语权的话语来源视角来探讨话语权的内在结构，有的学者从话语权的功能结构视角来阐析话语权的内在构成。本书更倾向于认同第三种分析路径，认为新时代高校网络思政教育话语权的构成要素主要包括网络话语主体的主导权、网络话语内容的设置权、网络话语方式的选择权、网络话语平台的使用权。同时，各构成要素具有鲜明的特征和突出的功能，合力推动着高校网络思政教育话语权的生成和运行。

一、网络话语主体的主导权

立足于新的历史发展阶段，作为高校网络思政教育话语的主动施加者和组织者，高校网络思政教育话语主体在多元话语中发挥主导作用，主导着高校网络思政教育话语权的目标、方向、传播，在各构成要素中占据核心位置，体现的是高校网络思政教育话语主体的功能作用，回答的是高校网络思政教育话语"由谁说"的问题。概括来说，高校网络思政教育话语主体主要是指能够符合党和国家主流思想意识的教育要求，拥有丰富的网络话语资源和教育资源，以履行高校网络思政教育职责和使命为向标，在各种新媒体平台创造、发布、传播一些政治性、原创性、思想性的网络思政教育话语信息的教育实施者，他们主导网络思政教育话语议题设置、控制网络舆论导向、主导网络思政教育话语传播进程，促使党和国家的主流意识形态根植于大学生内心深处。

具体而言，虽然从不同的角度，不同的学者对高校网络思政教育话语主体进行了不同的划分，但本书立足于我国高校这一范围，聚焦于新时代高校网络思政教育具体实践，着眼于高校网络思政教育话语权研究，认为高校网络思政教育话语主体并不是由单一主体所构成的，而是主体群，主要包括两大类的主体群。一是高校从事网络思政教育工作，能够对大学生产生思想引领力、价值塑造力的团体和组织，即群体主体，具体包括高校党政机关各职能部门、群团组织、文体社团等团体或组织。二是在高校内部凭借自身丰富的话语资源、完善的知识结构、庞大粉丝受众群体等优势，引导、调控高校网络思政教育实践的个人，即个体主体，具体包括高校从事网络思政教育工作的党员干部、专业思政教师、思政工作者、管理人员、教师网络意见领袖、网络技术人员等。由此可见，我们在深入研究高校网络思政教育话语主体要素过程中，应结合群体主体、个体主体的角色要求和职业责任，进行针对性、科学性、具体性的探究。尽管新时代大学生不再是消极被动的网络思政教育话语接受者，虽然他们的自主能动性日益增强，然而，在现阶段高校网络思政教育具体实践过程中，高校网络思政教育工作者依然占据着主导地位，发挥着主导功能，这是由国家制度赋予、职业角色安排、专业知识结构所决定的。

首先，网络话语主体的主导权是由国家制度赋予和自身优势决定的。

一是高校网络思政教育工作者自身的职业角色和专业知识结构明确了其话语主导地位。在高校网络思政教育实践过程中，根据在履行网络思政教育职能、创造和传播网络思政教育话语过程中是否具有主体性、主导性、主动性，来区分高校网络思政教育话语主客体因素（骆郁廷，2018）。高校网络思政教育工作者这一职业角色和定位要求其具有坚定的政治立场、成熟的思想意识、完善的知识结构、熟练的网络技术、丰富的人生阅历，承担着传道、授业、解惑的职业责任和角色要求，这就充分明确了其天然的话语优势，决定了无论在现实物理空间还是网络虚拟空间，他们作为高校网络思政教育话语权的主体发挥主导权的地位始终不会动摇（熊钰，2018）。二是我国实施的思想政治教育相关规定保障了高校网络思政教育工作者的话语主导权。我国《宪法》《新时代高校思想政治理论课教学工作基本要求》等法律法规赋予了高校网络思政教育工作者言说的资格，强调高校网络思政教育工作者的话语权利，明确了高校网络思政教育工作者说什么、怎么说。赋予并确保了高校网络思政教育工作者的主导地位。2020年发布的《关于加快构建高校思想政治工作体系的意见》进一步强调，要建设高水平的思政教育工作者队伍，为新时代巩固高校网络思政教育工作者的主导权提供了新的制度保障。

其次，全面掌握网络话语主体的主导权，要深入分析网络话语主体在发挥主导性、主动性过程中的主要特征。新时代高校网络思政教育话语主体的主导权具有鲜明的政治性、主导性、主动性、虚拟性、教育性、创造性等特征。具体而言，一是政治性。高校网络思政教育话语主体不是一般意义上传授专业知识的教育主体，而是通过履行自身职责和任务，向高校大学生传播马克思主义主流意识形态和社会主义核心价值观，教育、引导大学生成为中国特色社会主义理论的坚定信仰者和积极实践者，进而培育能堪当实现中华民族复兴大任的时代新人的实践过程。不难看出，话语主体的主导权体现出鲜明的政治性和意识形态特征。二是主导性。高校网络思政教育话语主体凭借国家制度赋予、职业角色安排、完善的知识结构、丰富的社会阅历等优势，处于高校网络话语资源优势地位，能够主导高校网络思政教育话语议题的选择、话语内容的设置、话语方式的选择等，进而主导、影响高校网络舆论的走向。三是主动性。在网络空间，高校网络思政教育话语主体不需要依赖外力，而是发挥自身的价值主导作用，主动、积极地对高校大学生进行思想引领、价值塑造和行为规范。四是虚拟性。随着新时代网络信息技术的飞速发展，高校网络思政教育话语主体可以不受时间、空间的限制，不受现实固定教育场所限制，随时开展思政教育活动，因此高校网络思政教育话语主体可以在网络空间上虚拟存在，并且根据思政教育的需求，可以进行不同角色的合理转换。五是教育性。高校网络思政教育话语主体和其他话语主体具有显著区别的主要特征是教育性。在高校网络思政教育话语实践过程中，高校网络思政教育话语主体强调政治素养和思想道德素养对高校大学生全面发展的重要性，以期通过对高校大学生进行思政教育，培育能堪当民族复兴大任的时代新人为自身的话语立场和教育立场，从而落实高校立德树人的根本任务，与高校大学生之间具有明显的教育关系。六是创造性。在新的历史发展阶段，高校网络思政教育话语主体既立足于现实实践，又能与时俱进地进行创新，勇于探索，不断求新求变，创新高校网络思政教育话语内容，创新网络思政教育话语表达方式，将解决高校大学生的思想困惑和实际困难有效结合起来，在满足高校大学生实际需求和话语诉求的基础上，扩大马克思主义主流意识形态的传播覆盖面，引导大学生自觉培养与新时代中国特色社会主义发展相适应的思想认知、价值观念和行为习惯，坚定理想信念，争做新时代好青年。

最后，网络话语主体的主导权主要具有以下两个方面的功能作用：一是高校网络思政教育话语主体的主导权发挥着疏导、推动、传播功能。面对网络平台繁芜复杂的话语信息等，高校网络思政教育话语主体需要凭借自身主导优势，具有在繁芜复杂的话语信息中识别网络话语，坚定大学生政治立场和政治方向的功能，具有疏导网络消极、负面话语信息的功能，具有批判错误社会思潮、传播网络正能量的功能。二是高校网络思政教育话语主体的主导权具有思想主导、价值主导、行为主导功能。在网络信息爆炸式发展的新时代，各种网络信息参差不齐、价值导向错综复杂，而高校大学生的价值观尚未完全形成、知识结构尚未完全成熟，在这一背景下，高校网络思政教育话语主体的思想引领、价值引导、行为塑造功能显得至关重要。因此，高校网络思政教育话语主体应当理直气壮地传播马克思主义主流意识形态，大力宣传社会主义核心价值观，讲好中国故事，树立好思想价值导向风向标，通过教育引导并帮助大学生增强自身的话语识别能力、明辨是非能力，引导高校大学生形成正确的思想认知和价值观念。

二、网络话语内容的设置权

网络空间充斥着繁芜复杂的网络话语信息，高校网络思政教育话语主体坚持马克思主义的指导地位，在高校思政教育现有话语内容基础上进行创新和优化，精心策划、主动设置网络话语内容，吸引大学生网民的注意力，凝聚话语共识，引导大学生的思想和行为。可见，新时代高校网络思政教育话语内容的设置权是高校网络思政教育话语权的"魂"，在各构成要素中占据关键位置，回答的是高校网络思政教育话语"说什么"的问题。谁掌握了网络话语内容的设置权，谁就占领了网络话语传播的制高点，通过不同网络话语内容的设置与传播，有益于吸引不同大学生网民的眼球，有助于增强网络话语内容的说服力和感染力，进而引导大学生的思想认知和行为规范。

（一）了解网络话语内容的设置权，要掌握网络思政教育话语内容设置的类型和内涵

网络话语内容的生产和设置不是自发随机的，是话语主体结合社会现实和大学生思想发展的需求，围绕社会焦点、校园热点，主动构思并积极传播的蕴含着马克思主义主流意识形态的话语内容，吸引大学生参与到话语讨论中，话语双方围绕设置的话语内容展开讨论与交往的过程就是不断聚焦和传播话语核心思想的过程。由此可见，高校网络思政教育话语内容的设置也是网络思政话语内容的生产和传播。具体而言，新时代高校网络

思政教育话语内容的设置、传播主要包括以下三个方面的内容：一是网络政治认同教育。高校网络思政教育的最终目的是利用各种网络平台向大学生宣传马克思主义理论，宣传党和国家最新的路线、方针、政策，引导大学生树立正确的思想观、价值观、人生观，夯实高校大学生的思想基础。因此，网络政治认同教育内容在高校网络思政教育话语内容要素中占据核心位置，主要包括马克思主义理论话语内容、社会主义理想信念话语内容、社会主义核心价值观话语内容、宣传党和国家政策方针的话语内容。当前，高校思想政治教育话语主体立足于现阶段我国发展的世情、国情、党情，设置网络政治认同话语内容，坚定地传播以马克思主义主流意识形态、社会主义核心价值观、理想信念教育和爱国主义教育为思想内核的话语内容，引导大学生全面掌握马克思主义发展的历史演变进程、新时代价值，深刻理解中国共产党为什么行、中国特色社会主义为什么好，主动将小我融入国家发展的大我之中，进而提升大学生的思想政治素养和理论素养。二是网络思想道德教育。网络思想道德教育内容在高校网络思政教育话语内容要素中占据关键位置。新时代网络空间的虚拟化、隐匿化特征导致部分高校大学生在网络互动过程中出现不文明行为，对处于"灌浆期"的大学生的道德观念、个人素养等带来不利影响。高校网络思政教育话语主体利用自身的话语优势和"先行者"优势，设置以提升大学生德性修养为主题的话语内容，开展网络思想道德教育活动，对大学生的网络行为进行规范教育和管理，推动大学生将网络道德规范内化于心、外化于行，促使高校大学生在网络空间有序参与网络互动交流。同时，高校教师就是大学生的一面镜子，他们的行为对学生有强烈的示范作用，在微信、QQ平台中，高校网络思政教育工作者以自己高尚的道德情操去感染、影响学生，引导大学生在新媒体平台上发表观点、评论时正确行使自己的话语权，营造良好的网络环境。三是网络文化教育。其内容在高校网络思政教育话语内容要素中占据基础位置。在网络环境背景下，高校网络思政教育话语主体立足于新的历史阶段，在网络思政教育内容中继承和发展中华民族优秀传统文化、中国特色社会主义改革和发展文化、创新创业文化等内容,同时融入契合青年大学生利益需求的校园文化要素,宣传校风、校纪、学风等校园文化,推动高校的网络精神文化建设。例如,高校网络思政教育者通过网络思政教育大讲堂、线上主题班会、网络主题团日活动、网络主题党日活动、网络心理咨询、网络创新创业活动等线上校园文化活动,设置相应的网络话语内容,引导青年大学生树立正确的网络文化观。

(二)掌握网络思政教育话语内容生产和设置的特征

一是所设置的高校网络思政教育话语内容是理论性与实践性的统一体。真理性是高校网络思政教育话语内容设置的根基,在网络空间,高校网络思政教育话语内容讲得对要靠"理"、讲得好要靠"理"、传得远要靠"理"。现阶段,照本宣科的网络思政教育内容对大学生的吸引力不强,因此,高校网络思政教育话语主体在创造、设置、传播话语内容时,要将传播主流意识形态和解决大学生的实际问题有效结合起来,汲取时代新内容、网络新话语、校园新故事等话语营养,进一步实现大学生的思想共通、话语共通的同频共振效果。二是所设置的高校网络思政教育话语内容是政治性与生活性的统一体。高校网络思政教育话语内容的设置除了应当注重传播符合党和国家发展要求的政治话语、学术话语,还应重视传播增强大学生思想道德、网络媒介素养的生活话语,话语内容应具备讲好中国故事、传播好中国声音的政治属性,也应具备弘扬网络正能量、传播网络优秀文化的生活属性。三是所设置的高校网络思政教育话语内容是硬实力与软实力的统一体。在高校网络思政教育实践过程中,高校网络思政教育话语内容的设置既要坚持意识形态需求和内容真理性,增强高校网络思政教育话语内容的主导力、控制力和辐射力,即具备硬实力;又要深入大学生实际生活,解决大学生的思想困惑、实际困难,增强高校网络思政教育话语内容的感染力、说服力和吸引力,即具备软实力。

(三)了解新时代高校网络思政教育话语内容设置的价值引领功能

就本质属性而言,高校网络思政教育工作是做高校大学生的思想工作,通过马克思主义理论、社会主义核心价值观、民族精神、网络思想道德教育、网络文化等主要话语内容,引导高校大学生形成正确的政治认知、思想观念、价值判断，由此可见，高校网络思政教育话语内容具有内在的价值引领功能。从高校网络思政教育话语生产和传播的具体内容可以看出，在网络化生存的新时代，高校网络思政教育话语内容的价值引领功能对高校大学生的发展具有全方位、全过程的影响，这是因为高校思想政治教育理论课贯穿于大学教学全过程、高校网络思政教育活动贯穿于大学校园生活全过程。因此，无论在网络空间还是现实环境，高校大学生的学习、生活、交往等实践活动，无时无刻不受到高校思政教师、辅导员、高校党政干部等思政教育工作者的价值引导，受到身边先进典型、榜样模范的价值引领，受到校园网络正能量、校园先进网络文化的价值引航。由此可见，高校大学生的整个大学生涯阶段甚至整个人生，高校网络思政教育话语内容会随时随地对其产生持续而深远的影响。

三、网络话语方式的选择权

新时代高校网络思政教育话语方式是话语主体和话语客体进行互动沟通交流的桥梁，选择合适的网络话语方式来呈现网络思政话语内容，能够增强话语内容的凝聚力和向心力；反之，则不利于高校网络思政教育话语内容育人效用的发挥。高校网络思政教育话语方式的选择权主要是指高校网络思政教育话语主体采用哪种话语方式来阐释、表达、传播高校网络思政教育话语内容，引导话语方向的行为和过程。在网络社会化的新时代，由于高校网络思政教育的交际场景不同、话语主体素养不同、具体话语内容不同，高校网络思政教育话语方式具有一定的层次性、差异性和多样性，既能以政治性话语方式传递社会主义核心价值观，也能以生活性话语方式激活师生彼此之间的情感共通，从而纠正大学生对话语内容的理解偏差，达成思想共识、教育共识。可见，网络话语方式的选择权是新时代高校网络思政教育话语权发挥主导性、主动性的重要构成要素。

（一）掌握网络话语方式的类别

具体而言，高校网络思政教育话语方式主要涵盖政治性话语方式、学术性话语方式、生活性话语方式。一是政治性话语方式。主要是指用来阐释带有意识形态性、政治性特征的网络思政教育话语内容的方式。新时代，高校网络思政教育实践活动是宣传马克思主义主流意识形态和社会主义核心价值观的主要途径，是传播党和国家最新路线、方针、政策的重要渠道，因此，高校网络思政教育话语主体创造、传播的思政话语内容必然具有政治性、阶级性和意识形态属性特征，这就指明了话语内容要使用具有相应严谨的政治性话语方式进行阐释。二是学术性话语方式。主要是指用来阐释带有专业性、学术性特征的话语内容的方式。只有深刻把握马克思主义经典理论、马克思主义中国化最新理论成果的学术意蕴和理论内涵，才能增强高校大学生的理论自信、制度自信。马克思主义是新时代高校思政教育最熠熠生辉的底色。学术性话语方式是新时代高校网络思政教育话语权生成、运行过程中重要的话语方式，具有概念性、规范性、学术性特征，有利于科学表达、传播高校网络思政教育话语真理。三是生活性话语方式。主要是指将高校网络思政教育话语内容里蕴含的学术性的马克思主义理论话语、政治性的党和国家政策方针话语与大学生的实际校园生活话语有效结合起来，运用大学生日常生活中喜闻乐见、易于接受的话语方式来表达和传递高校网络思政教育话语内容。高校网络思政教育话语主体要想有效运用生活性的话语方式，必须走进大学生的实际校园生活，了解大学生日常生活中轻松活跃的话语方式，创造性使用大学生听得懂、愿意听、乐于听的生活性话语方式来阐释抽象的政治话语和理论话语，使大学生记得住、信得过，进而自觉用来指导自身思想认知活动和社会实践活动。

（二）选择网络话语方式的最终目的是服务网络思政教育

高校网络思政教育话语方式不是单一的，而是多种方式相互联系、相互影响而形成的，共同推动着话语内容内化为大学生的思想自觉，外化为行为自觉。新时代高校网络思政教育话语方式是高校网络思政教育实践过程中的一种教育工具，具有明显的教育服务性特征。在网络空间，高校网络思政教育话语主体可以通过政治性的话语方式阐释党和国家的政策方针，通过学术性的话语方式阐释马克思主义理论话语的内涵和本质，通过大众性话语方式增强大学生对话语内容的理解力，通过生活性话语方式提升大学生对话语内容的接受力，进而为坚持和巩固马克思主义主流意识形态的指导地位服务，为实现和提升高校网络思政教育话语权的实效性服务。因此，高校网络思政教育话语方式为高校网络思政教育话语主体提供了丰富多样的思政教育工具，服务于高校网络思政话语主体教育的目的和需求。

（三）全面厘析网络话语方式选择权的功能作用

话语主体通过恰当合理的话语方式这一中介，能够将话语内容传递至高校大学生，实现对大学生进行思政教育的目的，这是高校网络思政教育话语方式选择权连接中介功能的具体体现。一是选择合适的高校网络思政教育话语方式发挥转化话语内容的中介作用。作为一种连接中介，话语方式是马克思主义主流意识形态、党和国家的方针政策、网络思想道德教育等话语内容的外在表现形式，是话语内容进行外在转化的主要途径，可以将马克思主义理论、社会主义核心价值观、思想道德等转化为具体的话语，增强大学生对话语内容的理解、接受、内化。二是选择合理的网络话语方式能有效连接高校网络思政教育话语权的各构成要素。高校网络思政教育话语主体、客体、内容、平台等构成要素原来是独立存在的，而由于话语方式这一联系中介的加入，促使网络话语主体更好地发挥主导力，与高校大学生平等互动沟通，使网络话语内容产生价值引领力，帮助提升大学生对高校网络思政教育话语内容的接受力和认同度。

四、网络话语平台的使用权

新时代高校网络思政教育话语平台是话语主体用来承载、传播话语内容的媒介和场所。网络话语平台的运用权主要是指在高校网络思政教育话语实践中，话语主体灵活运用网络话语平台有效连接话语主体和话语客体，通过承载网络思政教育话语内容，占据有利的话语平台，掌握网络话语阵地和话语机会，进而增强马克思主义主流话语主导力和号召力的行为和实践。不难看出，网络话语平台的使用权是高校网络思政教育话语权不可或缺的构成要素，事关网络思政教育话语"在哪说"的核心问题。随着网络社会化和社会网络化的持续发展，网络话语平台日新月异、丰富多彩，因此，掌握网络话语平台的使用权是新时代高校网络思政教育话语权的重要构成要素。

（一）为了掌握网络话语平台的使用权，要了解网络平台的主要形态和建设现状，为合理运用网络话语平台做好准备

具体而言，高校网络思政教育话语平台主要具有现实实在载体和网络虚拟平台两种形态。一是现实实在载体。现实实在载体是承载高校网络思政教育话语内容体系并具有客观实在性的现实事物，如网络移动设备、通信设备、高校网络基础设施等一系列的物质设备，表现为一种可见可触可感的实在事物，具有典型的客观实在性特征，是高校网络思政教育话语权生成、运行、提升的基础性物质的载体要素。这是因为高校网络思政教育话语平台的发展必须依赖一定的物质技术基础，当高校网络思政教育话语主体和大学生打开手机、电脑等网络移动设备，网络硬件设备就架构起连接高校网络思政教育话语主体和大学生之间互动沟通对话的"场所"，承担起向大学生传播理论知识、思想观念、价值观念的"任务"，提供了高校网络思政教育话语权各构成要素相互作用的"空间"。二是网络虚拟平台。网络虚拟平台主要是指依托网络虚拟信息技术，承载、传播高校网络思政教育话语内容的虚拟事物，是一种虚拟的"数字化实在"，如由数字和信息建立的慕课、高校官方网站、官方微信公众号、微博等网络虚拟平台。就高校网络思政教育话语场域而言，网络 VR 技术、网络仿真技术等为高校网络思政教育话语主体和大学生构建了"身临其境"的虚拟互动交往空间，高校网络思政教育话语主体和大学生可以实时展开互动沟通，可以获取话语信息，创造、传播高校网络思政教育话语内容；就高校网络思政教育话语传播而言，在网络虚拟平台中，高校网络思政教育话语主体通过数字化符号传播网络思政教育话语信息，并利用网络虚拟平台的追踪机制实时掌握大学生的需求和喜好，及时调整高校网络思政教育话语呈现方式、传播路径；就连接高校网络思政教育话语主客体而言，网络虚拟话语

平台虽然没有实体连接，但在高校网络思政教育话语实践中发挥着连接作用（王延隆和范宏民，2021）。网络空间中构建的网络界面、网络论坛、网络平台等虚拟话语场域，是连接高校网络思政教育话语主体和大学生最直接、最有效的路径，为高校网络思政教育话语主体和大学生共同参与网络话语实践活动、展开互动沟通对话、传播和接受网络思政教育话语信息提供了数字化纽带，进而帮助高校网络思政教育话语主体和大学生的建立思想共识、情感共鸣。

（二）建设与运用的网络话语平台具有鲜明的虚拟实践性、交互性、传播时效性强、影响范围广的特征

一是虚拟实践性。不同于现实社会中的高校思政教育话语平台，高校网络思政教育话语平台是依托于网络信息化技术和数字化技术逐渐构建并完善的，高校网络思政教育话语主体和大学生不需要"物理在场"，只需要以符号或数字的形式"社交在场"，高校网络思政教育话语平台是一种虚拟的话语平台。二是交互性。运用网络虚拟话语平台，高校网络思政教育话语主体和大学生的交往沟通可以形成一对一、多对多的共时互动对话，在传播高校网络思政教育话语内容的同时获得评价和反馈意见，高校网络思政教育话语信息的传播由单向的线性传播转化为交互的网络传播。三是传播时效性强。高校网络思政教育话语主体运用各种网络融媒体平台，促使高校网络思政教育话语信息一经发表就可快速传播，并在各种网络平台同步铺开，全方位、全过程地辐射大学生学习和生活实践的点点滴滴，极大幅度地缩短了高校网络思政教育话语内容的传播间隔，提高了高校网络思政教育话语内容的传播频度，增强了高校网络思政教育话语内容的时效性。四是影响范围广。在网络化生存的新时代，高校网络虚拟话语平台不断多元化、多样化，高校网络话语平台的运用不局限于单一网络平台，而是全面运用融媒体技术，全方位的扩大高校网络思政教育话语内容的影响范围，不仅可以吸引大学生关注、浏览、评论，广大社会成员也可以通过网络平台进行浏览、评论、转发，使高校网络思政教育话语权的影响范围和辐射面成几何级数扩大，增强了高校网络思政教育话语平台的影

响力和辐射力。

（三）网络话语平台的运用权具有鲜明的感染熏陶功能

当网络话语平台与话语主体的教育目的、大学生的实际需求、话语内容的设置要求、话语方式的使用需求相匹配时，就会发挥网络话语平台的最大影响力，这种影响力是一种外在影响力。网络话语平台形成的话语环境始终贯穿话语权生成和运行的全过程，在潜移默化中对大学生产生感染熏陶功能，使大学生逐渐接受并认同高校网络思政教育话语平台所承载的思想认知和价值观念。因此，高校网络思政教育话语主体结合大学生的实际需求，建设官方主题网站、微信公众号等网络平台，并运用多元化的网络话语平台，全方位、全维度的传播大学生喜闻乐见的高校网络思政教育话语内容、宣传大学生群体中出现的先进典型和榜样模范，在网络日常交往中对大学生产生感染力、影响力，有助于在润物细无声中影响大学生的政治观念和价值标准正确形成。

第三节　新时代高校网络思想政治教育话语权的基本特征

特征是对某一事物的独特性标志的详细阐释，是这一事物区别于其他事物的根本标志。高校网络思政教育话语权是国家意识形态实现话语主导、思想主导的重要内容，高校落实立德树人根本任务的题中之义，是在网络信息技术发展的基础上生成和构建的。可见，新时代高校网络思政教育话语权的基本特征应该包含以下两个方面的内容：一是高校网络思政教育话语权的根本目的在于对大学生进行网络思政教育话语的灌输，通过增强大学生的思维认知和德行修养，使大学生成为新时代中国特色社会主义事业的坚定信仰者和积极践行者。二是高校网络思政教育话语权是大学生在新时代网络化生存中自觉接受国家主流意识形态的重要组成部分，是在符合网络化发展逻辑、网络实践规律、大学生成长成才的基础上实现话语主导、价值主导的目标。从新时代高校网络思政教育话语权的概念内涵和构成要素不难找出其基本特征，而总结梳理其主要特征，又能够进一步把握新时代下高校网络思政教育话语权的本质内涵和构成要素，有利于研究话语权的生成逻辑，辨析其发展的现实境遇。具体具备如下主要特征：

一、政治权威性

思政教育话语权的学科本质和根本立场决定了新时代高校网络思政教育话语权最鲜明、最本质的特征是政治权威性，这是高校网络思政教育话语权的根本属性，是其生成、运行、发展的价值基础和实践前提。高校网络思政教育话语权本质上是无产阶级的话语主导权，关于高校网络思政教育话语权内涵的限定性就清晰地体现着其政治权威性特征。具体表现在，高校网络思政教育话语主体表达、传播的话语内容是无产阶级意识形态价值观的内容，追求实现的最终目的也是无产阶级的实际需求和利益诉求，以便维护和巩固中国共产党在高校网络意识形态领域中的领导权、主导权。可见，新时代高校网络思政教育话语权的内涵特征、话语目标、话语内容、话语方式、话语效果始终是在无产阶级所要求的价值范围内，话语权背后承载的思想和话语必然是为了维护马克思主义主流意识形态的政治权威性。事实上，高校网络思政教育话语权从最初生成开始，最主要的要求就是对高校大学生进行马克思主义中国化时代化理论的灌输与教化，增强大学生对马克思主流意识形态的认同感和获得感，提高大学生的思想政治站位，坚定大学生的理想信念。高校网络思政教育话语主体从自身的政治属性特征出发，自主自觉地提出一系列体现正确思想观念、政治观念的话语内容，从而构建更缜密的高校网络思政教育话语体系和理论体系，主导大学生的思想认知和价值观念的形成，其本质依然是服务、服从于无产阶级的意志表达和利益需求。这也就是说，新时代下的高校网络思政教育话语权不是一般意义的话语权，而是无产阶级的话语主导权，具有鲜明的政治权威性。

在社会化的过程中，高校网络思政教育话语权的生成、运行、提升在根本上都是为统治阶级利益服务的，离开了政治权威性，高校网络思政教育话语权也就不复存在了。作为高校网络思政教育话语权最根本的特征，话语权的政治权威性不是生而就存在的，受到我国社会的发展、话语主客体在社会生产关系中地位的影响，主要表现在高校网络思政教育话语权对无产阶级思想和意识的表达，对无产阶级根本利益的维护，网络话语主体位于怎样的政治地位、有怎样的利益需求和话语诉求，就会生成什么样的高校网络思政教育话语权。可见，只有真正代表最广大学生的根本利益、坚持追求真理的彻底性，将高校网络思政教育话语权的政治权威性和价值主导性统一起来，将党和国家的政治领导力和大学生成长成才主动统一起来，构建共同的规范和要求，高校网络思政教育话语权才能实现育人的根本目的，才能具有更强大的生命力、持久的影响力、有力的说服力，才能肩负起"护航性资源"的时代使命和历史责任（胡洪彬，2021）。高校网络思政教育话语主体将国家主流意识形态的内容和我国现实经济基础有效结合起来，构建并不断完善高校网络思政教育话语内容，形成指导大学生认识世界、改造世界的思想支撑，在此背景下形成的高校网络思政教育话语权从本质上带有鲜明的政治权威性，具体表现在高校网络思政教育话语权的真理性、价值性、实践性是为了服务于党和国家根本利益的政治性、权威性。

二、话语主导性

高校网络思政教育话语权本质上是网络思政教育的话语主导权，话语主导性是高校网络思政教育话语权的重要特征，贯穿于新时代高校网络思政教育话语权生成、运行、提升的全过程。在新时代，高校网络思政教育话语权具有鲜明的话语主导性特征，高校网络思政教育话语权不是高校网络思政教育话语主体对大学生的强制理论灌输，而是在潜移默化中发挥马克思主义主流话语的主导作用，用"一元"意识形态主流话语主导"多元"网络价值观，在互动交流中主导网络舆论走向，塑造大学生的思想认知和行为规范，可见，高校网络思政教育话语权的话语主导性特征强调在多元中发挥主导、在互动中发挥主导（骆郁廷和余杰，2021）。因此，深刻理解高校网络思政教育话语权，需要全面把握高校网络思政教育话语权的话语主导性特征，厘清高校网络思政教育话语权话语主导、思想主导、行为主导的本质内涵。

新时代高校网络思政教育话语权的话语主导性特征主要表现在以下两个方面：一方面，高校网络思政教育话语主体发挥话语引领性，主导高校网络舆论的走向。高校网络思政教育话语主体凭借自身的话语主体地位，在进行描述、阐释话语内容的同时，更加重视发挥话语主导性，将马克思主义主流意识形态融入并主导高校网络思政教育的话语内容和话语方式，在潜移默化中引导影响大学生的思想认知、价值观念、行为习惯。从本质上说，高校网络思政教育话语权是网络思政教育的话语主导权，根本目的是通过发表、传播、推广承载马克思主义主流意识形态和社会主义核心价值观的高校网络思政教育话语内容，影响并主导着大学生形成正确的政治观念、深刻的思想认知、坚定的理想信念，实现大学生对马克思主义主流意识形态和中国特色社会主义的政治认同、思想认同、价值认同，巩固马克思主义意识形态的指导地位。在新时代，伴随着网络空间的开放性、自由性、虚拟性特征凸显，各种意识形态都可在网络空间自由表达、传播，网络空间已然成为各种意识形态碰撞、交锋的前沿主阵地，对价值观塑造尚未完成、辨别是非能力尚显不足的大学生带来非常多的不利影响。因此，高校网络思政教育话语主体立足于党和国家的发展要求、高校大学生的实际需求，将马克思主义意识形态话语转化为网络思政教育的主导话语，将中国特色社会主义制度的制度优势和理论优势转化为话语主导优势和价值主导优势，主动传播网络正能量，控制和消除网络负面消极信息的不利影响，扩大思政话语影响力，积极主导并主动控制高校网络舆论的发展方向，进而维护高校网络意识形态健康有序的发展态势。

另一方面，新时代高校网络思政教育话语权的话语主导性体现在理解、尊重大学生的主观能动性。正如前文所述，新时代高校网络思政教育话语权不是高校网络思政教育话语主体的"独白"，而是在高校网络思政教育话语主体和大学生在网络空间平等双向互动沟通中进行的，是有主有次的网络互动行为。虽然高校网络思政教育话语主体掌握着高校网络思政教育话语内容的创新和传播方式选择，强调马克思主义话语内容对其他思想话语的主导力和支配力，引导校园网络舆论走向，但同时也尊重大学生的主观能动性和思想自觉性，话语主导的效果只有在大学生充分认可、自觉追随的基础上才能得以实现。由此可见，在网络话语传播过程中，新时代高校网络思政教育话语权的话语主导性是在充分尊重大学生个体化和多样化的话语表达权利、认可大学生的主观能动性和创造性的前提下逐渐形成的，是一种以生为本、真实有效的主导性，是一种以共识性包容差异性、以先进性包容多样性的主导性，是实现高校网络思政教育话语主体和大学生共同发展的主导性，也是高校网络思政教育话语权区别与西方话语霸权的根本特征。换句话说，高校网络思政教育话语主体在充分尊重大学生主观能动性和自觉性的基础上，利用契合大学生成长成才规律、符合大学生喜好的话语方式，构建并传播承载马克思主义意识形态的高校网络思政教育话语体系，通过整合多样性、包容差异性而形成的网络话语主导力，从而在网络互动交流沟通中以话语主导实现对大学生的思想主导和行为主导，进而实现高校网络思政教育话语权主导网络意识形态的生产与再生产。

三、公共育人性

公共育人性是思想政治教育学科赋予高校网络思政教育话语权区别于传统思政育人方式的重要特征。掌握新时代高校网络思想教育话语权的根本目的是通过对大学生的政治理论教育、价值引导、道德浸染、文化熏陶，培育能堪当民族复兴大任的时代新人，其中必定包含着培养什么人、怎样培养人、为谁培养人等一系列关键性问题（李合亮和张旭，2020），涉及高校网络思政育人体系的多个方面，具有明确的育人内涵和特质。从学科本质上看，高校网络思政教育话语主体创造、设置、传播的话语内容坚持教育目标、教育立场的指导思想和价值标准，能够引导网络舆论的走向，能够广泛而持久地产生说了有人信、信了照着做的育人效果，始终体现着其特殊的育人本性。注重"以人为本"的育人理念，深入大学生的网络实践活动，在思想传递和话语引导中完成对大学生的思想、价值、品德的培育，实现高校网络思政教育价值性、科学性和目的性的统一，可见，高校网络思政教育话语权具有鲜明的育人性特征。

新时代高校网络思政教育话语权的育人性特征主要表现在如下两个方面：一方面，始终坚持立德树人、以德育人的根本方向和建设要求。在新时代新征程中，各种挑战接踵而至、政治博弈日益激烈、国际话语权竞争加剧、网络文化侵袭越发严峻，种种因素导致党和国家对当代大学生全面发展的要求达到前所未有的历史新高度，立德树人、以德育人已然成为新时代高校网络思政教育话语权生成和发展的本质要求。因此，新时代高校网络思政教育话语权更加注重全过程、全方位的育人模式，注重对大学生的思维认知、价值观念、思想品德、行为规范的教育和引导，注重培育符合社会发展要求的新时代大学生，这也是新时代高校网络思政教育话语权的育人性区别于其他教育话语权育人性的鲜明特征。新时代高校网络思政教育话语权既包含高校网络思政教育者、受教育者、教育内容，也包含培育大学生坚定马克思主义意识形态和社会主义核心价值观的根本性教育任务。新时代高校网络思政教育话语权的根本目的是推动大学生全面发展，强调用"立德"来"树人"，注重用网络思想教育、网络道德教育、网络文化教育促使大学生认同、内化马克思主义主流意识形态。同时，通过多样化的融媒体平台，使得高校网络思政教育话语主体走入大学生的心灵深处和精神世界，及时、准确地掌握大学生的思想动态和心理情感变化，主导高校网络意识形态的生产与发展方向，增强马克思主义主流意识形态的话语主导权，实现高校网络思政教育话语权的话语的育人功能，进而培育德才兼备的时代新人。

另一方面，坚持高校网络思政教育话语关系和教育关系的统一。新时代高校网络思政教育实践是一种特殊的社会交往实践，网络话语承担了高校网络思政教育话语权生成、运行的符号中介功能，高校网络思政教育关系通过高校网络思政教育话语关系呈现出来，并在高校网络思政教育话语权的实践中发挥作用。如前文所述，高校网络思政教育话语主体地位是由国家制度赋予、职业角色安排、自身知识结构所决定的，高校网络思政教育话语客体是高校大学生个体及群体，高校网络思政教育话语权主客体关系外在的表现为网络思政教育工作者和大学生之间的关系，高校网络思政教育的互动对话过程体现为高校网络思政教育者和大学生之间的互动沟通过程。高校网络思政教育话语内容是具有真理性、科学性、系统性的"数字化"话语文本，通过话语主体的描述和阐释加工成为话语权建设所需的话语内容，构成了对大学生政治认同教育、坚定理想信念教育、网络道德教育、网络文化教育的网络话语素材。高校网络思政教育者引导大学生将社会主义核心价值观内化为自身思想自觉，外化为行为自觉的过程，正是高校网络思政教育话语主体通过网络思政话语主导而实现的思想主导和行为主导的过程，进而影响大学生思想认知、价值观念、行为习惯的过程。因此，高校网络思政教育以德育人的成效印证和凸显了高校网络思政教育话语权的认同效应和育人特性。由此可见，高校网络思政教育和高校网络思政教育话语权的主客体建设、育人过程、育人效果紧密结合，共同凸显了高校网络思政教育话语权鲜明的育人性特征。

四、交流互动性

在网络空间，人人都可成为高校网络思政教育话语内容的生产者和传播者，高校网络思政教育话语主体将自身差异化和个性化的理解融入传播高校网络思政教育话语内容的过程中，通过政治化、学术化、生活化的网络话语方式传递至高校大学生。新时代高校大学生的科学思维能力、创新能力、知识水平等得到了极大的提升，他们根据自身的需求和喜好，从不同角度、不同维度理解并内化高校网络思政教育话语内容，这赋予了高校网络思政教育话语内容更多的价值意涵，并在网络空间与高校网络思政教育话语主体进行互动沟通时，将承载自己思维认知和价值观念的网络话语内容反馈至话语主体，促使话语主体不断修正和完善自身网络话语内容和话语方式，推动高校网络思政教育话语内容和话语方式处于动态的变化发展过程中。不难看出，高校网络思政教育话语权具有明显的交流互动性特征。

具体而言，新时代高校网络思政教育话语权的交流互动性主要表现在以下几个方面：一是高校网络思政教育话语主体和大学生之间的交流互动性。传统高校思想政治教育话语权，一般采用由高校思政教育工作者在思政课堂面对面进行单向理论灌输，思政教育者拥有绝对的话语权威，大学生只能被动接受思政教育话语，两者之间是单向"授与受""教与学"的主客体关系，导致高校思政教育时常发生"此重彼轻"的现象，而这一情况在新时代网络空间发生巨变。高校大学生是活跃于网络空间的原住民，他们积极主动在网络空间自由表达思想观念、展示独特个性，进一步增强了自身的话语表达权和发言权，提升了高校大学生的主观能动，改变了传统高校思政教育话语权"你说我听"的主客体关系，甚至在某些状况下出现大学生"反客为主"的现象。由此可见，高校网络思政教育工作者和大学生之间的规定性、单向性话语主客体关系逐渐转变为平等、双向互动沟通的话语主客体关系，在这种关系影响下形成的高校网络思政教育话语权具有明显的交流互动性特征。二是高校网络思政教育话语内容的交流互动性。在网络空间，人人都可成为高校网络思政教育话语内容的生产者和传播者，高校网络思政教育话语主体将自身差异化、个性化的体验和理解融入创造、传播的高校网络思政教育话语内容中，通过政治化、学术化、生活化等话语方式传递至高校大学生。新时代高校大学生的科学思维能力、创新能力、知识水平等得到了极大的提升，他们根据自身的需求和喜好，从不同角度、不同维度理解、内化高校网络思政教育话语内容，赋予高校网络思政教育话语内容更多的价值意涵，并在网络空间与高校网络思政教育话语主体进行互动沟通时，将承载自己思维认知、价值观念的网络话语内容反馈至高校网络思政教育话语主体，促使高校网络思政教育话语主体不断修正和完善自身网络话语内容和表达方式，推动高校网络思政教育话语内容处于动态的变化发展过程中。三是高校网络思政教育话语传播的交流互动性。现阶段网络信息技术的日新月异改变了网络话语传播方式，每一个网络话语信息都是"传声器"，每一条话语评论都是"音量调节放大器"，表现为某一社会焦点和社会热点的相关话题通过网络空间的即时传播、快速转发、即时评论，快速延伸至社会话语场的每个角落，网络话语的推送、传播由单向线性传播转变为全方位立体传播，由自上而下式的传播转变为由中心到周围、由内到外的传播，促进网络话语传播的影响力不断增强。可见，新时代高校网络思政教育话语主客体双方的话语传播具有交流互动性。四是高校网络思政教育话语场域的现实场域和网络场域的交流互动性。不难发现，高校网络思政教育话语活动来源于现实社会实践，又作用于现实社会实践。高校网络思政教育话语权不仅是指在网络虚拟话语场域生成并运行的话语权，也是在现实社会话语场域生成并运行的话语权，是由网络虚拟话语场域的话语权和现实社会话语场域的话语权相互联系、相互影响而形成的一种动态合力话语权。伴随着新时代网络社会化和社会网络化的持续推进，网络空间的意识形态话语交锋、斗争必然会进入现实社会，现实社会的意识形态话语博弈也会逐渐蔓延至网络空间。因此，新时代高校网络思政教育话语权是网络思政教育话语权和现实思政教育话语权的双向互动，线上与线下相互联系、相互影响、彼此交互，从而实现马克思主义主流意识形态和社会主义核心价值观的入耳、入脑、入心。

五、价值共享性

在网络化的新时代，与传统的网络政治话语权、思政教育话语权不同，新时代高校网络思政教育话语权具有明显的价值共享性特征，以价值观的共享为其核心内容，体现出明显的意识形态指向性。高校网络思政教育话语主体和大学生表现出共生共存的关系，双方都可以在网络空间获取自身所需要的最新、最前沿的话语信息，都可以随时随地在网络空间发表自己的观点和看法。因此，在网络话语空间，新时代高校网络思政教育话语权蕴含的观念价值、理想信仰、网络文化涵盖着信息共享、知识共享、价值共享、精神共享的主要内容，具有极强的价值共享性特征。

具体而言，一是信息共享。在传统的高校思政教育实践活动中，高校思政教育工作者和大学生之间存在"信息势差"，高校思政教育工作者处于主导的优势地位，拥有话语信息优势，表现为向大学生进行单向的信息灌输。在新时代，网络社会化和社会网络化消除了高校思政教育话语主体和大学生在获取信息方面的差异性，高校网络思政教育话语主体和大学生平等地享有通过网络空间获取自己所需话语信息的权利。高校网络思政教育话语主体在网络空间获取自己所需的话语信息，经过筛选、识别和再创造之后传递给大学生，大学生也可以通过在网络评论或者私信将自己在网络空间获取的知识传递、分享给高校网络思政教育话语主体，高校网络思政教育话语权的主客体在信息共享中获取并供给话语信息，初步构建对彼此的认识。二是知识共享。高校网络思政教育话语主体将自身拥有的信息资源，经过整理、解读、加工转化为具有系统性、真理性、科学性的高校网络思政教育话语体系，在与大学生网络互动沟通的过程中共享这些资源，推动大学生知识储备的积累、知识结构的完善，同时，大学生发挥自觉性、能动性，将自身感兴趣的知识内容分享给高校网络思政教育话语主体。在这一过程中高校网络思政教育话语主客体不断扩容自身知识体系和能力水平，构建并完善凝聚共识的网络知识共同体。三是价值共享。高校网络思政教育话语主体和大学生传递、共享网络信息和知识体系的目的是实现双方的价值共享。在网络虚拟话语场域，高校网络思政教育话语主体将自身的思想观念和价值观念进行解读并进一步加工，通过网络对话共享给大学生。大学生将自身的观点和看法反馈给高校网络思政教育话语主体，帮助其改进话语内容。可见，高校网络思政教育话语主客体在价值共享中不断表达着自身的价值观念和持有的政治态度，通过思维的碰撞从而形成统一的价值认知，逐渐构建思想共识和价值共识，是更高阶段的互动。四是精神共享。在新时代的网络话语场域，高校网络思政教育话语主体和大学生之间的互动性增强，话语主客体双方在互动交流中走入彼此的心灵深处和精神世界，在思想交流和价值共享中实现意义互享、情感共鸣，构建价值认同，升华精神境界，构建并完善网络精神文化共同体，使高校网络思政教育话语主体和大学生在更深层次、更广范围内实现价值共识、话语共识。

第三章

新时代高校网络思想政治教育话语权的生成逻辑

每一种理论或命题的创新发展都是对原有理论和经验在继承和自我革命后的再出场（李建军和张文龙，2020）。新时代高校网络思政教育话语权并非生而就存在，也不是自动形成的，而是和其他新命题的产生一样，在遵循一定生成原则的基础上，理论指导实践的科学发展过程，是静态和动态的统一。高校网络思政教育话语权虽然在某一特定时间节点具有相对静态的结构特征、本质要求，然而它并不是一成不变的，随着时代的变迁、网络技术的革新、话语主客体的需求变化不间断发生着动态变化。因此，研究新时代高校网络思政教育话语权，一方面要究其根源，回答新时代高校网络思政教育话语权"为何物"的基本问题，剖析其基本内涵和基本特征；另一方面要探其本源，解答新时代高校网络思政教育话语权"由何来"的关键问题，深究其生成过程和生成原则，分析其生成影响因素，对其从"应然"的静态认识转入"实然"的动态考察分析，揭示新时代高校网络思政教育话语权时代性、复杂性的根源，全面掌握新时代高校网络思政教育话语权的科学内涵，为研究新时代高校网络思政教育话语权的现实构建状况奠定科学基础。

第一节　新时代高校网络思想政治教育话语权的生成基础

新时代高校网络思政教育话语权并非生而就存在，也不是自动形成的，而是与其他新命题的产生一样，是在主客观生成条件都具备的基础上，理论指导实践的科学发展。厘析新时代高校网络思政教育话语权的生成基础，有利于科学认识其本质意义和话语效果，更好地应对新形势下高校网络思政教育话语权建构的现实挑战。

一、网络技术——生成的实践前提

新形势下的高校网络思政教育话语权是高校思政教育话语权适应新时代网络社会化和社会网络化发展的新样态，是新时代网络技术发展到新阶段的崭新存在，是一种"创新生成"，由此可见，网络技术是新时代高校网络思政教育话语权生成的支撑条件和实践前提，深刻改变着高校网络思政教育话语权主客体交往沟通的物质文化环境，话语传播、话语引导、话语管控也都需要网络技术的支持和参与。相反，没有网络技术的支撑，高校网络思政教育话语权的生成也就无从谈起。

（一）网络技术为高校网络思政教育话语权的生成提供了动能

在新时代，网络技术是国家软实力的重要组成部分，能为政治、经济、教育、文化等的发展提供新动能，确保国家意识形态的稳定、主权的完整。网络社会化和社会网络化的持续推进深刻改变着高校师生的思维认知、生活习惯、交往方式，塑造着网络化、技术化的话语环境，高校网络思政教育话语权的新样态才能得以建立完成。其一，网络技术扩展了高校网络思政教育话语权的生成空间。顾名思义，高校网络思政教育话语权的生成、运行是在网络空间中展开的，高校网络思政教育话语主体和大学生的话语交往、话语传播是在网络这一特定空间内的活动。其二，网络技术创新了高校网络思政教育话语中介。网络技术在改变高校师生的生活空间、交往方式的同时，不断创新高校师生的话语中介。新时代大数据、人工智能、云计算等网络技术的发展导致一切文本信息的发布、传播彻底摆脱了"原子"的形式，转而以"网络文本"这一崭新的话语中介形式继续发展，"网络文本"通常也被称为"数字化符号中介"，具有符号化、数字化、形象化、大众化、趣味化特征，可依托文字、视频、动画、图片、音频等多种形式存在，使高校网络思政教育话语内容在高校思政教育工作者和大学生之间自由传播、相互影响。高校网络思政教育话语主体不断创新"网络文本"的表达形式，有效利用和充分融合各种网络话语中介的优势，提升"网络文本"的吸引力和感染力，运用高校大学生喜闻乐见、易于理解的生动幽默、通俗有趣的"新言新语""网言网语"，提升高校网络思政教育话语的魅力，实现与青年大学生的平等交流互动，传播马克思主义中国化的最新成果，有效引领大学生的价值和行为，推动高校网络思政教育话语权的生成。其三，网络技术丰富了高校网络思政教育话语权的表达方式、传播途径。网络技术创造了微信、微博、抖音、超星、独秀等各种新型融媒体平台，具有极强的自由性、交互性、即时性、穿透性特征，高校网络思政教育话语主体和大学生借助各种融媒体平台即时展开对话，在网络平台积极表达自己的见解和要求，使高校网络思政教育话语权的表达摆脱了无人应答的困境，极大地提升了高校网络思政教育话语实践的效果，为新时代高校网络思政教育话语权的生成奠定了基础。

（二）网络技术重塑着新时代高校网络思政教育话语权生成的精神交往环境

随着网络科技的持续普及，网络技术对高校网络思政教育实践的"赋值"不仅表现在提供了先进的网络化平台、网络中介、网络传播，还体现在构建了话语权双方新的精神交往环境，使高校师生的思维认知、价值观念、行为方式深受网络化公共生活的影响，推动形成新的话语权自觉。网络技术对高校网络思政教育话语权生成的精神交往环境的革新主要表现在如下两个方面：一是网络技术创造着高校网络文化环境。在新时代高校网络思政教育话语实践过程中，高校网络思政教育话语主体运用网络技术对现实高校文化产品进行信息化重塑，以数字化虚拟方式与大学生进行价值交流、话语共享，同时依据自身在网络化人际互动、自我互动中的实践体验创造全新的网络文化形态，感知校园文化精神，引导、影响大学生的思想和行为。二是网络技术创造着话语权双方价值交流的实践活动。高校网络思政教育话语主体和大学生依托网络技术为媒介进行价值观交流、意义建构，在很大程度上塑造着话语权双方的思想认知和理想信念，决定着他们对网络文化空间中思想、价值、规则的理解和认可情况，促使大学生接受、认可马克思主义主流意识形态赋予网络文化的价值、意义、精神，推动了新时代高校网络思政教育话语权的生成。

二、网络场域——生成的物质依据

不管是新时代高校网络思政教育话语的产生与发展，还是其主客体双方话语权力和话语权利的生成和实施，都需要依赖一定的话语场域来实现。"场域"这一概念最早是由皮埃尔·布尔迪厄提出的，他认为，场域不只是在某一特定时间内某一个固定的空间位置，还与在这一固定空间位置的各种关系密切相关。在以往的高校思政教育实践活动中，高校思政教师通常依托学校思政课堂向大学生进行单向理论灌输，传播马克思主义主流价值观，弘扬社会正能量，这一话语场域是一种实体空间，存在时间场所固定、交互性弱、辐射面窄等不足之处，高校思政教育工作者和大学生之间是一种"教—学""授—受"的师生关系。

在新时代，随着人工智能和大数据信息技术的飞速发展，微信、微博、抖音、今日头条、快闪小视频、超星等新媒体平台如雨后春笋般大量涌现，大学生的日常生活、学习都离不开这些网络 APP 软件，高校思政教育工作者和大学生都可在网络空间平等自由表达思想、观点、看法，逐步发展为复杂多变的网络话语场域，因此，网络这一虚拟空间是以高校思政教育工作的话语场域发展为崭新的、不受时间空间限制的、不受自身角色制约的网络话语场域（邓鹏和陈树文，2019）。与具有实际固定场所的思政课堂话语场域相比，网络虚拟话语场域具有开放性、自由性，虚拟性、互动性、辐射面广等特征。由此可见，网络虚拟空间进一步拓展了高校思想政治教育话语权的话语场域，使高校思想政治教育话语权的话语场域不再是固定不变的，为新时代高校网络思政教育话语权的生成提供了必要的话语场域。在网络话语场域中，每一个网民又可根据自身利益需求、兴趣爱好、价值导向等，在网络空间寻找志同道合的网络个体并将其集聚在一起，形成了多样化、多元化、互动性的"网络圈群"（方曦和孙绍勇，2017），在这些网络圈群中，话语权主客体双方的关系不是一成不变的，可随时根据话语博弈情况改变双方话语关系，转变为一种主体间双向互动的话语关系，高校网络思政教育工作者和大学生互有话语权，共同推动了高校网络思政教育话语权的生成。

在新的发展阶段，高校网络思政教育工作者和大学生可在网络这一虚拟话语场域进行互动交流的空间主要有"师生关系场域""朋友场域""陌生人场域"三种网络虚拟话语场域。具体来说，就"师生关系场域"而言，高校思想政治教育工作者高度重视新媒体网络平台的建设，凭借其全面的知识结构、先进的网络技术手段、深厚的社会阅历，开创发展高校思政教育专题（主题）网站、思政教育宣传微信公众号以及综合性的信息服务网站，理直气壮地向高校大学生传播马克思主义中国化的最新成果，帮助大学生理解我国的制度优势和道路优势，进行正面思想引导、价值塑造和舆论引导，高校大学生可根据自身需求和理解力，通过点赞、回复、评论思政教育内容与高校思政教育工作者互动交流。在"师生关系场域"中，高校网络思政教育工作者把关、发布、传播思政教育信息，处于话语权的主体地位，虽然高校大学生仍居于话语权的客体地位，但他们的主体性不断增强，具体表现在他们与高校网络思政教育工作者的交流互动明显增多，话语权的主动参与意识明显增强，有选择性地主动接收高校网络思政教育工作者传播的思政教育信息，并通过点赞、评论将自身观点传递给高校网络思政教育者，推动高校思政教育者不断革新话语内容。就"朋友场域"而言，高校大学生结合时代要求，从自身实际情况出发，根据自身的实际需求、思想取向、兴趣爱好，利用微信、微博、QQ、抖音等新媒体平台主动建立网络虚拟交际场域，将志趣相投的高校大学生网民聚集在这个"朋友场域"，也被称为"熟人社区"。在"朋友场域"这一网络虚拟空间，高校大学生以话语主体的身份，围绕共同主题，创新网络话语内容和表达方式，积极发展网络社区文化，从而使高校大学生话语主体性不断增强。相对而言，高校网络思政教育工作者最初以话语客体的角色参与其中，并有效融入这一社区，运用自身突出的话语能力，经过话语博弈成为这一网络话语场域中的"意见领袖"，构建其话语主体身份，进而引导高校大学生树立正确的价值观和行为规范。就"陌生人场域"而言，这类网络话语场域不是由高校网络思政教育工作者主动搭建，也不是由高校大学生结合自身需求、爱好主动搭建，它是由社会中的其他团体或个人自发创立发展的，也就是我们经常在新媒体平台见到的"公共论坛"。与前两个网络话语场域相比，"陌生人场域"具有更加明显的隐蔽化、非线性、自由化、内容去中心化等特征，在此话语场域中的网民群体具有信息传播快、用户数量大、用户匿名化，人人都可"发声"，人人都有话语权，导致该话语场域中的主客体关系一直处于复杂、多变的情况。

在新时代的融媒体虚拟平台中，不管是高校网络思政教育工作者，还是高校大学生，都可随时随地自由进入或退出任一网络话语场域，在不同的网络虚拟话语场域，话语双方之间的话语地位不停转换、不断变化，表现出多种面相。因此，高校网络思政教育工作者要全面了解把握网络虚拟话语场域，进而为高校网络思政教育话语权的顺利生成奠定坚定的基础。

三、主客体需求——生成的现实依据

从人类发展历程中不难看出，一个新事物的产生和发展最根本的原因在于人有需求，人有了需要才有创新的动力和要求，在新形势下，高校网络思政教育话语权生成的根本驱动力也来源于"人"的需求，这同时是新

时代高校网络思政教育话语权"立其形"的现实依据。在新时代网络全球化的背景下，作为高校网络思政教育话语权主客体的"人"是有自身需求的，这里所说的人的需求，主要是指话语权主客体从自身利益和角色定位出发考虑的生成需求条件，具体包括利益需求和角色需求两个方面。

（一）利益需求

"思想"不能脱离"利益"而单独存在，一旦脱离"利益"，自己必然会出丑，为了实现自身的利益需求，话语权主客体双方才有构建高校网络思政教育话语权的动力；话语权主客体双方利益的一致性才能在网络空间实现更广范围的价值认同、话语认同。由此可见，在新的发展阶段，利益是新时代高校网络思政教育话语权生成最根本、最关键的生成条件，决定了高校网络思政教育话语权的时代要求、话语内容、话语方式以及话语传播，利益的阶级性同时决定了新时代高校网络思政教育话语权的阶级属性、本质要求。不管是作为话语主体的高校网络思政教育工作者，还是作为客体的高校大学生，都具有自己的时代利益需求，满足他们的正当利益需求，真正体现他们的意愿，符合他们的发展要求，才能确保新时代高校网络思政教育话语权的顺利生成。根据马斯洛的需求理论，可将利益需求细分为物质需求和精神需求两个方面。其中，物质需求是指通过在网络虚拟空间发布、传播马克思主义中国化最新成果和社会主义核心价值观，进而解决自己在现实生活中的实际问题。精神需求是指高校网络思政教育话语主体通过发布、传播思政教育话语内容，与大学生形成政治共识、价值共识，得到思想的洗礼、精神的升华，进而更好地指导实践活动。为了更好地满足自身物质和精神需求，高校网络思政教育工作者和高校大学生在网络空间进行互动交流，推动网络思政教育话语的碰撞、融合，积极构建基于自身利益需要的话语权，不断求新、求变的扩大自身利益需要的话语内容和表达方式，同时，出于彼此一致的利益基础和利益需求，话语权主客体形成了融合共生的利益关系，大学生自觉在思想上、行动上认同和践行高校网络思政教育话语，推动新时代高校网络思政教育话语权的生成。新时代高校网络思政教育话语权的形成与发展不仅需要体现话语权主客体的利益需求，还要引导话语权主客体树立正确的利益观，将眼前利益与长远利益、个人利益与集体利益有效融合起来，坚持话语权主客体的利益交流融合，注重强调利益需求发展的正确方向，避免利益需求的片面化、庸俗化、功利化，只有这样才能生成更加具有持久性、影响力、生命力的新时代高校网络思政教育话语权。由此可见，满足话语权主客体的自身利益需要、实现话语权主客体利益需要的融合共生是新时代高校网络思政教育话语权生成的最根本前提条件。

具体而言，一方面，作为话语主体的高校网络思政教育工作者的"利益需求"。借助网络虚拟平台，高校思政教育工作者可以随时随地开展思政教育，增强了与高校大学生的互动交流，丰富了思政教育内容和形式，更好地完成了对高校大学生的思想引导、价值塑造以及行为规范，提升了高校网络思政教育话语权的主导性、针对性、实效性，更好地完成了自己的教育任务。另一方面，作为话语客体的高校大学生的"利益需求"。高校大学生从自身实际情况出发，根据自身学习进度、心理状态，依托微信、微博、超星等移动 APP 智能软件，随时随地接受更加全面、系统、生动的理论知识、专业知识的学习，自觉将习近平新时代中国特色社会主义思想内化为自身思想，外化为符合中国特色社会主义发展需要的行为，实现自身的全面发展。

（二）角色需求

每个人存在于各种社会关系中，扮演着教师、学生、医生、父母等角色，担负着不同角色要求的责任。高校网络思政教育话语权生成的"角色需求"强调的是，在新时代高校网络思政教育工作者和高校大学生出于对自己身份地位、职责需要、话语资源的满足与高校网络思政教育话语权生成之间的关系。根据前文的分析可知，实现自身利益的需求是新时代高校网络思政教育话语权生成的根本驱动力，在各种网络虚拟场域中，高校网络思政教育工作者和大学生要想满足自身的利益需求，就必然需要借助科学的、合理的网络规章制度、网络监管体系等给予制度保障，而这些制度保障、网络秩序的顺利实施需要设置相应的角色作为具体承担者、实施者。角色必须有具体的现实的人来担当，承担着相对应的权利和权力，且每个人的网络话语资源、综合素养、主观能动性具有一定的差异性，高校网络思政教育工作者和大学生能否出色完成各自肩负的角色职责，对能否有效生成新时代高校网络思政教育话语权起着至关重要的影响。

具体而言，一方面，作为话语主体的高校网络思政教育工作者的"角色需求"。高校网络思政教育工作者作为一种职业角色，肩负着高于普通人基本要求的角色职责，表明了其在高校网络思政教育活动中处于主导地位，掌握着由国家制度保障的身份地位、话语资源、角色职能，担负着在网络空间发布、传播社会主义主流价值观，引导高校大学生的思想意识、价值观形成的责任，主导着高校网络思政教育话语权的生成。我们需要清晰意识到，在思想多元化、信息网络化的新时代，高校网络思政教育话语主体的身份地位、角色职能对其话语权生成的推动作用，不再体现在有政治关系形成的话语优势上，而是侧重于由身份地位带来的角色优势转化为话语优势。另一方面，作为话语客体的高校大学生的"角色需求"。大学生认可、尊重高校网络思政教育工作者的权威性、合法性，对接受、内化的网络思政教育话语内容的权威性、政治性有了一定的心理预期，但随着自媒体平台的大量涌现，他们在网络这一虚拟空间的话语主体意识不断增强，根据自身的实际需求和兴趣爱好，发挥自身主观能动性，自主安排学习内容，有选择地接受、内化高校网络思政教育工作者传播的网络话语信息，间接推动着高校网络思政教育话语权的生成。

简言之，在网络虚拟空间，由于高校网络思政教育工作者和高校大学生的利益需求和角色需求，才能激发高校网络思政教育话语主客体进行网络话语实践、争取话语权的主动性、能动性、积极性。由此可见，话语权主客体的需求是新时代高校网络思政教育话语权生成的根本驱动力。

四、网络意识形态——生成的价值基础

新时代高校网络思政教育话语权本质上是高校网络意识形态的话语主导权，其核心在于实现大学生最深层次的价值认同、思想认同，并在具体

话语实践中发挥"涟漪效应"。因此，阐释新时代高校网络思政教育话语权的生成基础还应深入话语权主客体双方的精神层面，聚焦其自觉性、能动性、主动性，研究他们的价值需要和精神诉求，确保话语权主客体双方自觉将马克思主义主流意识形态内化为自身的思维认知、价值观念，实现高校网络思政教育话语权更高层次的价值追求。

（一）价值需要是促使新时代高校网络思政教育话语权生成的直接动因

需要是具有独立意识的人的根本属性，人在满足物质需要之后，会追求更高层次的价值需要。在高校网络思政教育话语实践过程中，价值需要影响着高校网络思政教育话语主体和大学生的话语选择、话语交往、话语表达，促使高校网络思政教育话语主体在互动对话中将马克思主义主流意识形态内化为自身的思维方式、价值目标，通过信息共享、价值共享、精神共享将其转化为大学生的自觉价值追求、精神信仰，从而实现更深层次、更广范围的价值认同、价值增值，确保新时代高校网络思政教育话语权的顺利生成。同时，高校网络思政教育话语主客体总是活跃在网络社会关系中，这是由思想观念、价值标准、道德、风俗等所构成的，其中最重要的就是思想观念、价值标准，能够影响、引导大学生的网络言行，构建网络价值共同体，可见，只有当高校网络思政教育话语主体和大学生形成共通的价值需要、观念认识，才能推动大学生从内心深处认同其话语权蕴含的价值、观念，指导大学生的实践行为，自此高校网络思政教育话语权才算生成。

（二）精神诉求是促使新时代高校网络思政教育话语权生成的核心动力

丰富多彩的网络活动、网络交往直接导致了高校师生精神生活及需要的多样化、丰富化，他们渴望在网络空间被接受、认可，获得理解和尊重。在高校网络思政教育实践交往过程中，高校网络思政教育话语主体和大学生会根据自己的精神需要，有目的性地选择符合自身价值标准、发展意向的思想价值来指导自己的网络行为，通过这些有选择性的精神交往实践来满足自身的精神诉求，提升自我的思想意识、精神境界。我们知道，新时代高校网络思政教育话语权本质上就是为了教育、引导大学生在网络化生存的新时代实现更全面的发展，帮助大学生形成正确的思维认知、坚定的马克思主义理想信念、高尚的道德品格、求真务实的思维方式，增强大学生对马克思主义意识形态的精神愉悦感、获得感。由此可见，面对新时代出现的新情况、新问题，高校网络思政教育话语权的生成过程正是通过对其他观念话语的竞争、整合、主导，用马克思主义意识形态和社会主义核心价值观维护和满足大学生的价值追求、精神诉求，提升大学生的思想境界，实现价值认同的过程。

第二节　新时代高校网络思想政治教育话语权的生成过程

新时代高校网络思政教育话语权的生成不是一蹴而就的，而是分为几个环节循序渐进"生而成之"的循环往复的动态过程。正如恩格斯在《路德维希费尔巴哈和德国古典哲学的终结》中强调的，真正伟大的思想，不是现有事物的简单集合体，而是过程变化的集合体，社会中看似牢不可破的现有事物，和它们在我们思想中的概念一样，都处于不断生成与消逝的变化过程中，是新的事物在原有事物的基础上诞生并取代原有事物的过程，尽管新事物诞生过程中会遇到阻碍，甚至出现倒退的现象，但前进的变化必然会实现。恩格斯的过程论思想从辩证发展的视角看待真理的发展过程，是我们在实践活动中应坚持并认真贯彻落实的。在这一科学世界观的教育引导下，新时代高校网络思政教育话语权的生成不可能是"毕其功于一役"的直接结果呈现，而是根据时代发展要求、高校大学生实际需求和话语诉求的变化，在批判发展中丰富话语内容、创新话语方式、拓展话语平台，不断巩固、增强马克思主义主流意识形态和社会主义核心价值观的语高地和思想高地的动态过程。因此，要想全面掌握新时代高校网络思政教育话语权的生成逻辑，就需要对新时代高校网络思政教育话语权的生成过程进行深入分析，厘析其在不同生成环节的效果和状态。新时代高校网络思政教育话语权的生成过程主要包括初步形成、主动建设、逐步完善三个循序渐进的过程，各个环节紧密联系、相互促进，形成了动态统一的整体。

一、从"无"到"有"的初步形成过程

新时代高校网络思政教育话语权的初步形成过程是新时代高校网络思政教育话语权生成的起点和准备环节，主要是指话语权从"无"到"有"的变化过程。初步形成过程的主要任务是融合话语权生成的资源和条件，打好话语权生成的根基，为下一环节高校网络思政教育话语内容的有效传递做好充足准备。在这一环节主要聚焦三个重点：一是新时代高校网络思政教育主体话语的生成和确立，这是初步形成过程的基础；二是新时代高校网络思政教育新话语的创造，这是初步形成过程的核心；三是新时代高校网络思政教育话语资源的整合，这是初步形成过程的保障。

（一）高校网络思政教育主体话语的生成与确立

高校网络思政话语主体凭借自己的话语优势和思想领导，对大学生施加话语影响，引领大学生的思维认知和价值观念的形成，要想确保这一过程的有效实施，必须依托高校网络思政教育话语主体将马克思主义主流意识形态和社会主义核心价值观内化为自身的思想认知、价值观念，外化为传播马克思主义中国化时代化的最新理论成果、培育时代新人需要的实践活动自觉。因此，新时代高校网络思政教育主体话语的生成和确立也被称为高校网络思政教育话语主体的内化和外化过程。

高校网络思政教育话语权作为一种话语主导权和思想引领权，是在网络空间中通过高校网络思政教育工作者和大学生双向互动交流逐渐生成的，这就要求既要有主导生成网络思政教育新话语的实施主体，也要有接

受、内化新话语的施加对象。能占据网络话语高位和话语资源优势，与时俱进地提出概括新思想、凝练新需求、表达新话语的高校网络思政教育工作者成为创造高校网络思政教育新话语的"说者"，而那些"无话可说"，不能创造新话语的大学生，则变为"听者"，不能成为高校网络思政教育话语主体，更不可能主导新时代高校网络思政教育话语权的生成过程。由此可见，处于话语优势地位的高校网络思政教育工作者自觉肩负起话语主体的角色，而高校网络思政教育工作者必须经过系统的网络思政教育理论体系的学习，网络知识的培训，增强其政治理论素养、网络媒介素养以及话语掌控能力和创造能力，才能成为高校网络思政教育话语主体。

虽然明确了新时代高校网络思政教育话语主体，但是高校网络思政教育话语主体的内化和外化并不是凭空形成的。面对网络化生存的新时代背景，多元社会思潮不断冲击着高校网络思政教育工作者的思想认同感、政治认同感，高校网络思政教育话语主体要想将马克思主义主流意识形态和社会主义核心价值观内化为自身思维自觉，必须紧跟时代发展步伐，主动聚焦当前的社会焦点、国际国内发展形势，拓宽话语眼界，贯彻终身学习理念，更新知识结构，理解掌握马克思主义中国化时代化的最新成果，学精用好高校网络思政教育相关理论，学有所获、学有所思、学有所得，坚持用马克思主义中国化时代化的最新成果武装头脑，夯实自己的思想基础，做到想人之未想、讲人之未讲，激发创造高校网络思政新话语、传播网络思政教育话语内容的内生动力。同时，高校网络思政教育话语主体要想将马克思主义主流意识形态外化为实践活动自觉，就要在充分了解高校大学生实际需求和思想动态的基础上，有组织、有计划的设置既满足弘扬社会主义核心价值观需要，又符合高校大学生需求的网络话语议题，占领话语权制高点，对高校大学生进行思想引领和价值塑造，从而推动新时代高校网络思政教育话语权的生成。高校网络思政教育话语主体在各种新媒体平台科学、有效设置网络话语议题的过程中应该注意以下两点：一是网络话语议题内容的真实性。高校网络思政教育话语主体应坚持实事求是、真实有效的原则，围绕马克思主义中国化时代化的最新成果、现阶段党和国家的大政方针政策、大学生的关注点和兴趣点等内容进行设置网络话语议题。二是网络话语议题内容的时效性。高校网络思政教育话语主体应坚持与时俱进的原则，设置网络话语议题在切合现阶段时政热点、校园焦点的基础上，准确把握住在网络平台发布传播网络话语主题的时机，使其能迅速、及时、广泛的传播，从而增强网络话语议题的价值性、实效性和吸引力，最大限度地实现大学生的价值认同和情感共鸣。

（二）高校网络思政教育新话语的创造

在新的发展阶段，高校网络思政教育话语是高校网络思政教育工作者发表、传播的话语内容，开展思政教育实践，引领大学生思想意识、价值观念、行为规范的重要符号介质，是高校网络思政教育话语能否有效传播、发挥育人效果的关键。因此，能否在网络空间创造出符合新时代发展要求、契合高校思政教育目标、切合大学生实际需求的思政新话语，事关高校网络思政教育话语育人实效性的强弱，事关高校网络思政教育话语权顺利生成的快慢，事关新时代思政教育理论和实践发展的兴衰。高校网络思政教育新话语的创造不是高校网络思政教育工作者毫无根据主观臆造的，不是毫无准备凭空生成的，也不是一蹴而就的，而是以满足新时代发展要求、网络发展趋势、大学生利益诉求为根本出发点，发挥自身主观能动性和创造性，跳出前人的话语定式，走出前人的思维模式，结合网络流行话语，对大学生政治理论教育、大学生思想道德教育、网络文化教育等话语内容进行创造性加工整理，采用更加贴切和精妙的网络话语新形式，凝练出符合新时代高校网络思政教育理论和实践发展规律的新观点、新理念、新内容，增强高校网络思政教育话语主体的话语主导力、话语说服力、话语把控力，避免陷入"无话可说"的困境，从而实现高校网络思政教育话语的自给自足。

立足新时代新形势，创造高校网络思政教育新话语不仅体现在新时代高校网络思政教育主体话语的确立，增强网络思政新话语的理论阐释力和现实说服力，还体现在占据网络思政话语的时空优势，不断推陈出新、求新求变，形成对社会发展规律和发展趋势的深刻见解，创造高校网络思政教育话语新内容和新形式，占据话语制高点。在错综复杂的网络空间，网络话语内容涉及政治、经济、社会、文化等各个方面，而高校大学生思想活跃，追求个性、时尚，在网络空间的自主选择权增多，老生常谈、人云亦云的高校网络思政教育话语很难吸引高校大学生的注意力和积极性，只有坚持与时俱进，运用自身人生阅历和知识结构的"先行者"优势，合理运用鲜活实践事例，创造网络思政新内容和表达新形式，生成网络思政教育新话语，才能使高校网络思政教育话语形成巨大的吸引力、感染力、影响力，占据网络话语高地，进而引导大学生形成提升认知、规范行为的自觉。

具体而言，随着大数据信息技术的迅速发展，大学生的日常生活充满了各种"网言网语""微言微语""新言新语"，这些网络流行话语具有明显的简洁化、大众化、趣味化等特征，更好地切合了大学生的实际需求和兴趣点，激发了大学生学习的积极性和主动性，成功获得大学生的广泛关注和使用。鉴于此，高校网络思政教育话语权的生成，需要高校网络思政教育工作者运用互联网技术优势，获得网络思政教育话语的主导权和表达先机，不断创新高校网络思政教育话语。具体来说，一方面，在微信、微博、抖音等自媒体平台创新高校网络思政教育话语新内容。有选择性地将网络流行话语与马克思主义主流意识形态有效结合，将新时代中国特色社会主义先进文化中的新鲜话语与高校网络思政教育话语充分融合，与时俱进的创新高校网络思政教育话语内容，不断提升高校网络思政教育新话语的时代感和时效性。另一方面，在网络虚拟平台创造高校网络思政教育话语新形式。借助各种网络互动平台，不断创新话语表达形式，将高校网络思政教育内容以高校大学生乐于接受的动画、视频、音频、图片等话语表达形式呈现出来，激发大学生的情感共鸣、话语共鸣，进一步增强高校网络思政教育新话语的解释力和说服力。

（三）高校网络思政教育话语资源的整合

在高校网络思政教育话语权的初步形成过程，确立高校网络思政教育主体话语、创造高校网络思政教育新话语，都需要有目的、有组织、有计划的收集和整合大量话语资源作为支撑条件，这是因为只有拥有丰富的话语资源和条件，才能使高校网络思政教育话语主体"有话可说"。因此，话语资源的收集准备贯穿了高校网络思政教育话语权生成的全过程，也为话语权的顺利生成提供充分的资源保障。网络话语资源是高校网络思政教育话语主体创造、传播、调控网络思政话语的依托，能否充分挖掘、整合网络空间的思政话语资源，能否深刻掌握网络话语资料之间的逻辑关系，能否有效利用网络话语材料体现思政信息，增强高校网络思政教育话语的真理性、影响力，事关高校网络思政教育话语主体的话语权威和话语能力。

在高校网络思政教育话语权的初步形成过程中，高校网络思政教育工作者需要通过网络话语资源的全面收集、整合和学习，提升自己的政治素养、理论素养、网络媒介素养，确保高校网络思政教育主体话语地位的确立。高校网络思政教育主体应思考如何根据当代大学生的需求设置具有价值性和吸引力的网络话语议题，如何创造涵盖政治教育、理想信念教育、网络道德教育等内容的高校网络思政教育新话语，如何运用大学生乐于接受的话语新方式呈现话语内容，这些都需要一定的网络话语资源帮助话语主客体之间实现互动交流，论证高校网络思政教育新话语的真理性、价值性和说服力。总言之，只有占有丰富的网络思政话语资源和条件，全面掌握网络思政话语资源的优势，提高利用网络思政话语资源的针对性和有效性，构建有效传递话语信息的话语关系和话语表达，才能彰显网络思政话语资源的生成优势，将网络思政话语资源优势转化为高校网络思政教育话语主体的话语主导效能，推动新时代高校网络思政教育活动的顺利开展以及话语权的有效生成。

具体而言，高校网络思政教育话语主体需要进行以下三个方面的网络思政话语资源和条件的准备：首先，高校网络思政教育话语主体自身的网络话语资源、物质条件。新时代网络空间充斥着良莠不齐的网络话语，高校网络思政教育话语主体需要科学把握网络话语传播规律，自觉强化网络理性认识、网络思辨能力，重视网络思政话语资源的收集、筛选和整合，运用符合网络伦理的方式获取网络话语资源信息，深刻把握网络思政话语资源蕴含的价值功能。其次，利用线上和线下相结合的方式获取网络思政教育话语资源。在现阶段，要想全面掌握大学生的话语资源，需要利用面对面沟通交流、特色主题活动等多种线下方法，了解大学生的学习、生活状况，更需要依托各种新媒体平台，主动走入大学生的网络世界，利用大数据信息技术，通过网络问卷调研、网络访谈、网络观察等方式，收集、分析大学生的网络行为。最后，利用网络信息技术分析网络思政话语资源。随着大数据技术、5G、人工智能等网络技术的发展，高校网络思政教育话语主体日益重视网络技术的学习和运用，凭借先进的大数据信息技术，建立健全网络数据的收集与管理工作，开发并完善相应的网络思政话语资源的自动化采集系统、分析系统、评价系统、监督反馈系统等，为高校网络思政教育话语权的生成提供技术支撑。

二、从“有”到“优”的主动建设过程

经过初步形成过程的准备，新时代高校网络思政话语权已经初见雏形，发展至话语权主动建设的环节，这是高校网络思政教育话语权生成过程中的关键环节，主要任务是解决话语权生成“对与错”“一与多”的问题，实现了高校网络思政教育话语权“从有到优”的发展。新时代高校网络思政教育话语权的主动建设不仅体现了高校网络思政话语被大学生接受和认可，还表明了话语主体主导地位的确立，表现为高校网络思政话语在多元的网络意识形态争夺中占据主流、主导的话语地位，形成辐射面广、影响力强的主导性话语效果。可见，新时代高校网络思政教育话语权主动建设过程表现为话语主客体的价值博弈和话语主体主导效用的发挥，增强话语双方的价值认同、话语认同，在多元网络话语中实现马克思主义主流话语的一元主导。

（一）话语主客体双方的价值博弈

高校网络思政教育话语主客体都是具有独立意识的“人”，针对同一个问题会有不同的看法，可根据自身利益和需求作出自主决策，一方的话

语行为会影响另一方的行为，二者在网络空间不断进行话语竞争和话语融合，这是新时代高校网络思政教育话语权生成的重要环节。高校网络思政教育话语主体和大学生在网络空间相遇后，针对网络话语议题不断进行交锋、交融，导致双方的思想价值开始聚焦和分化，可见，整合话语差异、凝聚话语共识的价值博弈问题是解决高校网络思政教育话语权生成"对和错"的关键。换句话说，高校网络思政教育工作者和大学生在这一环节相互较量、激烈交锋，推送和传播自身认同的话语内容。因此，高校网络思政教育话语主体要想凝聚话语共识，就需要在彼此价值博弈的过程中主动把握话语权、主导权，在众多网络话语中，明确区分话语问题，加工、解释网络话语，正确引导网络舆论走向。

具体而言，一是对多元化网络话语保持高度警惕。在开放性网络话语空间中，人人都可发表、传播自身观点、看法，这就要求我们提高警惕，明辨"敌友"。例如，高校大学生网民群体有"自在"和"自为"两种，"自为"大学生有明确的阶级立场，有组织、有目的地对网络话语议题进行二次元拼凑，维护特定的群体立场。又如，高校大学生中的"网络意见领袖"，这类大学生数量虽少，但对话语权的生成至关重要。二是明确区分网络话语本质问题。在多元化、多样化的网络话语中透过现象看本质，明确话语蕴含的思想内涵，正确区分原则问题、认识问题以及学术问题，针对不同性质的问题采取不同方法，把正面引导教育和消除谬论有效结合，在深刻了解大学生生活需求和心理诉求的基础上，纠正错误思想，矫正网络失范行为。三是合理引导网络舆论走向。高校网络思政教育工作者利用大数据信息分析技术，对网络话语信息进行加工和解释，吸收高校大学生的合理话语，提炼大学生的观念和要求，纠正错误观点，引导高校大学生的网络浏览喜好，进而引导网络舆论的发展（李江静，2017）。

简言之，新时代高校网络思政教育话语权是在不断博弈的过程中生成的，需要从网络正面教育引导、遏制网络不当话语两个方面同时进行博弈，凝聚思想共识，在价值博弈中推动高校网络思政教育话语权的顺利生成。主要体现在以下两个方面：一是通过网络正面教育引导。高校网络思政教育工作者凭借自己的话语资源优势，主动在网络平台设置话语议题，旗帜鲜明地传播马克思主义中国化时代化的最新成果，弘扬社会主旋律，把握网络舆论走向，从而对大学生进行全员、全方位、全过程的思想价值引领。二是坚决遏制网络不当话语。在网络话语交锋中坚决抵制西方各种错误思潮在精心包装后的传播，牢牢掌握网络话语主导权和网络空间治理权。

（二）高校网络思政教育话语主体主导效用的发挥

高校网络思政教育话语主体在话语权生成过程中发挥主导作用，将自己创造的具有价值性、权威性的网络话语广泛传播到大学生群体，引导大学生的思想和行为。而高校网络思政教育话语主体要想具有主导力和领导力，必须坚持马克思主义的指导地位，遵循网络发展规律，主动、积极的"入网""入微"，增强自身网络素养，把握网络话语引导的"度""时""效"，形成强大的思想引领力和话语说服力，实现一元高校网络思政教育话语对多元网络意识形态话语的整合、领导、主导。具体而言，高校网络思政教育话语主体主导效力的发挥要经过高校网络思政教育话语传播、话语沟通、话语说服三个环节，共同推动了新时代高校网络思政教育话语权的顺利生成。

1. 高校网络思政教育话语传播

新时代网络传播具有明显的便捷性、自由性、交互性、即时性，高校网络思政教育话语权的生成必然也要经过网络话语内容的推送和传播环节，这是高校网络思政教育话语实践活动的第一步。在网络化生存的新时代，网络话语传播是一种"多对多"的非线性网状传播，每个网民都是移动自媒体，随时随地都可向他人传播话语，在此过程中，还可根据自己的经验和偏好为原话语注入自身要素，对网络话语信息进行整合和加工。而新时代网络化发展复杂多变导致每个话语主客体的价值立场、利益需求有所不同，对网络话语的传播力和接受度存在一定的差异性。因此，在高校网络话语的传播过程中，话语传播平台的合理选择是高校网络思政教育话语权生成的主要考量因素之一（闫艳红，2017）。高校网络思政教育话语主体占据网络话语资源优势、网络话语主导地位，有针对性地选择网络思政教育话语内容的传播渠道和传播策略，并对话语的传播过程实施动态监管，防止话语内容在传播过程中被恶意篡改，确保其在自媒体平台的有效性、感染力，主导网络思政话语传播环节，占领网络阵地制高点，从而确保高校网络思政话语内容安全、完整的传播。

2. 高校网络思政教育话语沟通

在高校网络思政教育话语实践过程中，仅仅完成网络思政教育话语的传播是不够的，还需要话语主客体确立良性对话关系，进行双向互动的网络话语沟通，实现思想共通、情感共鸣。话语主客体间有效互动沟通的深度和效果，直接关乎着网络思政教育话语实践活动的实际效果，影响着话语权的生成效果和基本形态。因此，高校网络思政教育话语主体要想充分发挥话语主导效用，必须重视话语主客体双方"你来我往"的互动沟通过程，在互动对话中引领网络舆论"方向标"。一方面，创造开放、自由的网络话语沟通环境。不难发现，话语沟通环境的好坏在很大程度上影响着话语沟通的程度和效果。新时代，我国步入智能化、移动化、便捷化特征明显的融媒体时代，网络技术赋予网络话语沟通环境开放、自由且兼容并包，高校网络思政教育话语主体和大学生可随时随地自由、平等地进行话语互动沟通交流。另一方面，话语主客体之间确立有效的对话关系。在高校网络思政教育话语主客体的交往实践中，网络信息技术催生了开放、自由的对话模式，高校网络思政教育话语主体合理利用话语资源优势，与大学生进行平等互动交流，同时新时代大学生的网络话语主体意识不断增强，他们根据自身知识结构、爱好、需求自由关注、选择、接受网络话语信息，实现对高校网络思政话语的理解和重组，以此反馈、影响高校网络思政教育话语主体。可见，话语主客体间的有效互动对话将高校网络思政教育工作者和大学生的思想认知、价值关系有效连接，将高校网络思政教育工作者的主动引领和大学生的接受认同有效统一，对大学生的思想、心理、行为产生了实际的影响，在话语主客体的共生性对话中推进新时代高校网络思政教育话语权的有效生成。

3. 高校网络思政教育话语说服

网络思政话语传播和沟通的根本目的和最终落脚点是网络思政话语的说服。高校网络思政教育话语主体围绕社会热点和校园焦点，设置网络思政话语议题，开展网络话语的传播和互动沟通，而网络思政教育话语要想真正赢得大学生，使大学生从内心深处接受和认同，话语主体不是单纯依靠制度优势、角色职责保障来领导和整合多元网络话语，而是要发挥主导力，依靠自身思想价值的真理性、理想信念的正确性、话语传播的有效性，真正做到以理服人、以情感人。一方面，话语主体发挥主导力，做到以理服人。从本质上看，高校网络思政教育话语属于马克思主义意识形态话语，为高校落实立德树人根本任务，开展网络思政教育活动提供根本的理论指导和实践依据。在网络空间，思政教育话语的呈现方式、传播路径丰富多彩，但归根结底"马克思主义"这一思想内核是不变的。由此可见，高校网络思政教育话语主体要坚持马克思主义的指导地位，遵循思政教育发展规律，把握大学生的利益需求，不仅要"读原著、学原文、悟原理"，全面了解掌握马克思主义的思想精髓，还要做到"不忘本"、"赶时代"，与时俱进的创新网络话语。在新时代，高校网络思政教育话语主体要跟上"互联网+时代"的发展趋势，打破常规思维，寻求网络思维新突破，求新求变，用互联网创新思维开展网络思政教育活动，与时俱进的创造网络思政教育新话语，以更加生动、有趣、时尚的方式呈现网络思政教育新话语，增强网络思政教育话语的时代感和生命力。简言之，高校网络思政教育话语主体要将网络思政教育新话语和传统思政教育话语相结合，对高校大学生进行系统、全面的理论教育，达到网络思政话语的理论说服。另一方面，高校网络思政教育话语主体发挥主导力，做到以情感人。在网络空间，人人都是宣传员，大学生的网络话语主体性、能动性不断增强，更多的大学生积极主动参与对高校网络思政教育话语主体发表、传播的话语内容进行点赞、评论、转发，大大增强了自身的体验感、获得感、满足感。因此，高校网络思政教育话语主体在"讲理"的同时更要"用情"，高度重视大学生的实际需求、心理诉求，坚持以生为本，自觉融入大学生的日常生活、内心情感世界，以朋友的角色与大学生平等互动，真心关怀学生，用真情感动学生，将优秀的道德模范、伟大的英雄等鲜活的实践素材引入网络思政教育话语，增强网络话语的生动性和吸引力，让大学生感悟真理力量的同时激发情感共鸣，达到网络思政话语的情感说服。

综上所述，在网络化生存的新时代背景下，高校网络思政教育话语主体经过与大学生的价值博弈、话语主导效用的发挥，实现了大学生对网络思政话语的理论认同、政治认同，推动了高校网络思政教育话语主体领导地位和主导效力的生成和壮大。

三、从"优"到"精"的逐步完善过程

新时代高校网络思政教育话语权的逐步完善过程是高校网络思政话语被大学生接受、内化，并形成持久影响力、强大辐射力的过程，主要任务是实现高校网络思政教育话语权"从优到精"的飞跃。在这个过程，着重强调发挥话语主导效用，通过合理的保障机制使得话语权的影响力持久存在。

（一）高校网络思政教育话语主体对思政话语创造、输出过程的逐步完善

在新时代，面对更加复杂多变的国内外形势，跟上新时代网络发展步伐，建立完善高校网络思政教育话语主体"说什么""怎么说"，这是新时代高校网络思政教育话语权生成的起步过程和核心内容，贯穿新时代高校网络思政教育话语权生成的全过程，主要涉及高校网络思政教育新话语的创造、表达、传播、现实效果等内容。完善高校网络思政教育话语主体对思政话语创造、输出的全过程，需要高校网络思政话语主体的话语创造、表达和传播等各个环节有效配合、协调运行，根据网络社会环境的变迁、大学生需求的变化及时调整自身适应机制，充分发挥主导效用，更好地推动新时代高校网络思政教育话语权的生成。具体有如下几点：

1. 完善新时代高校网络思政教育话语的评价和反馈机制

新时代高校网络思政教育话语权生成、发展的最终目的就是培育时代

新人、落实高校立德树人的根本任务。新时代大学生个性突出、情感丰富，他们的积极性、主观能动性在网络空间得到了大幅提升。在此背景下，为了保障高校网络思政教育话语权的顺利生成，高校网络思政教育话语主体在所开创的思想政治教育专题（主题）网站、官方微信公众号、官方微博等新媒体话语平台时，也应建立健全思政教育话语评价、反馈、调整系统，利用网络信息技术建立通畅、有效的网络思政教育话语沟通渠道，使大学生可以真实、通顺地对高校网络思政教育者的话语信息、表达方式以及个人魅力表达自己的观点、看法、要求。高校网络思政教育工作者可充分利用大数据收集、整合、分析大学生的反馈信息，了解大学生的真实想法和话语需求，针对不同类型的大学生群体构建更具针对性的网络思政教育话语体系，对症下药的合理调整网络思政教育话语的呈现方式、传播策略，增强高校网络思政教育话语传播的精准性、实效性，推动新时代高校网络思政教育话语权的生成、运行。

2. 完善高校网络思政教育话语的创新、表达、传播过程

新时代高校网络思政教育话语权要想产生强大的影响力、持久的生命力，必然需要高校网络思政教育话语内容持续创新和发展的支撑。新时代高校网络思政教育话语权的生成不是一成不变的，倘若现阶段的网络思政话语无法解答大学生的思想困惑、实际困难，那么就将无法解决高校网络思政教育实践出现的新问题、新矛盾。鉴于此，高校网络思政教育话语主体需要发挥自身主导力、领导力，根据网络社会新变化、大学生新需求，不断挖掘和补充话语新资源，创造话语新机会，坚持与时俱进、守正创新的更新自身话语理念、价值取向、思维方式，打破"千篇一律"的思政话语内容体系，构建并完善具有针对性、开放性的高校网络思政教育话语体系，不断完善网络话语新阵地，将"大水漫灌"转化为"精准滴灌"，抢占网络话语先机，巩固高校网络思政教育话语主体的地位，为扩大其主导话语影响力、辐射力提供不竭动力。

3. 建立并完善新时代高校网络思政教育话语的纠错机制

新时代高校网络思政教育话语主体的话语创造、话语传播的效果不是

立竿见影的，也不是单纯的网络思政话语的输出和传播，而是在尊重网络社会发展规律、大学生实际身心需求的前提下逐次推进，是在与新时代网络社会、大学生网络互动对话的过程中，经过话语评价和话语反馈不断进行纠错和调整。因此，新时代高校网络思政教育话语的创造、表达、传播过程与高校网络思政教育实践过程相互影响、相互作用，高校网络思政教育实践的循环性、长期性决定了高校网络思政教育话语创造、传播过程的反复性和持续性，而且这种特性不是简单的低水平重复工作，而是高校网络思政教育话语主体根据新时期新问题、大学生新发展，融入网络新元素、运用新方法开展反思、纠错、调整，不断改进网络思政教育话语内容和方式，增强高校网络思政教育新话语的理论阐释力、实践说服力，使大学生从内心深处接受、认同思政话语内容，实现自身全面发展。

4. 完善新时代高校网络思政教育话语创造、传播的管理安排

新时代高校网络思政教育话语的创造及输出需要完善的组织和管理作为基本保障，组织安排专门的机构、人员作为实施者来推动高校网络思政教育话语的实践活动，可以确保高校网络思政教育话语的创造、表达、传播工作有序推进，从组织层面为高校网络思政教育话语权的顺利生成提供保障。具体可从以下两个方面完善高校网络思政教育话语创造、传播的管理：一方面，协调好高校网络思政教育各部门的关系。高校网络思政教育的实践活动不仅涉及高校党委、宣传部、团委、学工部等多个职能部门，还涉及高校各个二级学院，他们都是高校网络思政教育话语主体的一部分。单一部门的网络话语权、主导权是有限的，只有协调好高校各部门网络思政教育话语主体之间的关系，将个人有限的话语权、主导权进行有效融合，才能形成一股强大的合力。另一方面，高校建立健全专业化、职业化的网络思政教育人才队伍。高校投入大量的人力、物力，建立人才充足、素质高、能力强的专业化、职业化的团队，肩负起网络思政教育话语的"管理者"和"把关人"职责，利用网络信息技术不断挖掘网络话语资源，传播社会主义核心价值观，引导网络舆论方向，营造风清气正的网络生态环境。

综上所述，立足于新的历史起点，为了确保高校网络思政教育话语权生成的影响力、主导力"历久弥新"，逐步完善高校网络思政教育话语主体对思政话语创造、输出过程是必不可少的环节和过程。

（二）大学生对高校网络思政教育话语内化和外化过程的完善

新时代高校网络思政教育话语主体运用的网络思政话语只有被大学生接受、内化与外化才能达到最佳育人效果，由此话语权才能在大学生的价值域、知识域、行为域中有效生成并发挥效用。可见，高校网络思政教育话语环节的完善是新时代高校网络思政教育话语权生成的重要过程和效果展现，也是从大学生的视角来呈现高校网络思政教育话语权主导力的生成，更是决定高校网络思政教育话语权主导效力强弱、久暂的关键。在这一过程中，大学生对高校网络思政教育话语内化、外化的具体方式和实效性在很大程度上取决于大学生的思维认知、知识结构、实践能力，也受到高校网络思政教育话语主体"说什么""怎么说"的影响。因此，大学生能够从内心深处主动接受、有效内化、自觉外化高校网络思政教育话语内容，是新时代高校网络思政教育话语权的生成不断完善的主要标志，重点包括大学生完成对高校网络思政教育话语的理性认识、主动内化、自觉外化、自我教育四个方面。具体而言如下所述：

1. 大学生对高校网络思政教育话语的理性认识

新时代大学生在接收、学习高校网络思政教育话语信息时，凭借自身的价值意向、知识经验、思辨能力，树立正确、客观的价值判断标准，确立明辨是非、去伪存真的理性思辨能力，建立正确的政治素养、个人品德的目标指向。坚持以理性思维、事实依据、客观态度来解读网络话语信息，从理性层面加深对高校网络思政教育话语的科学化、系统化认识，从而拓宽了高校网络思政教育话语主体进行话语输出、话语主导、价值主导的作用空间。

2. 大学生对高校网络思政教育话语的主动内化

这一环节主要是强调大学生经过接收、学习高校网络思政教育话语信息后，主动、自觉调整自身思想认知、价值标准与外部思想价值要求之间的矛盾和差距，进而为大学生理解、认同、内化高校网络思政教育话语提供内在驱动力。新时代高校网络思政教育的基本矛盾是由网络社会的发展需要和美好期望与大学生网民的思想政治素养、品德修养现实状况之间的差距所形成的（谢玉进和赵玉枝，2019），这就为新时代高校网络思政教育话语权的生成提供了动力和空间。大学生在感受到自身价值认知与外部思想价值要求的差距后，加剧了自身内外部话语体系之间的矛盾和冲突，促使大学生经过反复的思想斗争、价值论证。通过自觉维护高校网络思政教育话语的主导地位、权威地位，将对高校网络思政教育话语的感性认识转化为对其认同的理性自觉，在此基础上将对高校网络思政教育话语的认同内化为自身的思维认知、价值取向、道德品性，以此缩小自身内部思想认知状况与外部思想价值要求二者之间的差距。在此过程中，大学生逐渐建立并增强了对高校网络思政教育话语的认同和内化。

3. 大学生对高校网络思政教育话语的自觉外化

大学生将高校网络思政教育话语内化为自身的思想认知、价值标准之后，经过不断沉淀、反复践履为自身的实践模式和行为习惯，使新时代高校网络思政教育话语权的影响力、感染力产生更持久的效果、更强大的活力，这也是新时代高校网络思政教育话语实践活动的效果指向和核心目标。新时代大学生在接受、认同、内化高校网络思政教育话语内容之后，根据高校网络思政教育话语承载的思想价值来规范自己的思想认知、网络实践活动，指导自己的网络话语表达、网络话语传播，确保与高校网络思政教育要求同向同行，实现由"无形"的理想信念转化为"有形"的实践活动的跨越演绎过程。只有这样，新时代高校网络思政教育话语的现实主导效力才是确认有效的，为新时代高校网络思政教育话语权的最终有效生成奠定了基础。

4. 大学生的自我教育

大学生的自我教育是高校网络思政教育话语权发挥主导力的效果呈现。大学生通过接受、内化、外化高校网络思政教育话语内容，具备了一定的思想认同、话语认同、行为操守，在高校网络思政教育话语权建构过程中不断进行自我教育、自我完善，将自身的价值体系、话语体系转化为高校网络思政教育话语影响力、说服力的主要组成部分。由此可见，正是由于大学生的自我教育、自我提升，才使大学生具有内化、外化高校网络思政教育话语的自觉性、主动性，促使新时代高校网络思政教育话语权得以良性生成和发展。

第三节　新时代高校网络思想政治教育话语权的生成原则

原则是事物运动发展过程中具有鲜明指导性、规范性的行为准绳和价值准则。新时代高校网络思政教育话语权的生成不是偶然无序、混乱无章的，而是在遵循一定生成原则的基础上逐步推进的动态过程。要想全面阐释新时代高校网络思政教育话语权的生成逻辑，必须掌握贯穿整个生成过程的生成原则，深刻展示高校网络思政教育话语权的动态变化，以此在生成过程中保持正确的立场和方向，正确处理话语关系，避免影响话语权的生成。可见，把握新时代高校网络思政教育话语权的生成原则，对高校网络思政教育话语权的研究具有重要的理论和现实借鉴意义。具体而言，新时代高校网络思政教育话语权的生成原则主要包括价值引领原则、真理贯通原则、优势积累原则、实践本位原则等。

一、价值引领原则

价值引领原则从本质上影响着高校网络思政教育话语权的生成进程，贯穿话语权生成的初步形成、主动建设、逐步完善过程。话语权的生成服从并服务于话语主体的价值引领需要，因此，价值引领原则规定着高校网络思政教育话语主客体的角色安排、话语资源准备、话语体系建立、话语内容传播等内容，决定着话语权的政治属性。可见，价值引领原则是高校网络思政教育话语权生成过程的基本原则，发挥着引领性的作用，赋予高校网络思政教育话语权在意识形态领域中的重要地位。

（一）价值引领决定着新时代高校网络思政教育话语权的政治属性和价值内涵

由不同国家、不同阶级的价值引领下生成的话语权的内涵和特征千差万别，意识形态属性和引领价值性质的不同将会导致生成的网络思政教育话语权的本质、目的和意义具有显著的差异性，甚至形成完全对立的两种不同的网络话语权。因此，不同国家的高校网络思政教育话语权具有不同的阶级特征、民族特征和时代特征。由此可见，高校网络思政教育话语权的有效生成意味着话语主导、价值引领的实现，其中价值引领居于实质性主导地位，决定着高校网络思政教育话语权的政治属性、价值内涵、话语内容、话语目标，决定着高校网络思政教育话语权服从和服务于哪一阶级的政治属性。我国是由工人阶级领导的社会主义国家，这从根本上决定了我国新时代高校网络思政教育话语权的生成必须坚持马克思主义意识形态的主导地位，以社会主义核心价值体系为其价值引领的内核，凸显正确的政治导向和价值内涵，引领其他网络价值观念的发展，落实为党育人为国育才的根本目标。

（二）价值引领决定着新时代高校网络思政教育话语权的核心话语

众所周知，在网络虚拟话语场域，网络话语的形成需要一定的思想价值观念为核心，而一定思想认知和价值观念的传播需要借助于一定的网络话语为载体。无论哪一种网络话语体系，思想价值观念都是网络话语的核心资源，发挥着引领核心网络话语发展的作用，决定着网络话语的政治立场、价值属性和精神意蕴，可见，价值引领从根本上影响了高校网络思政教育话语权的生成。网络话语是思想价值观念的外在呈现，网络话语的创造、表达、传播来源于思想价值观念的需要，以提升思想价值观念的影响力、号召力、引领力为根本目的。在新的发展阶段，我国高校网络思政教育话语作为传播社会主义核心价值观念的介质，其主导话语、核心话语是主导价值的外在表现和本质要求，其主导价值是主导话语的内在本质，体现着主导话语的价值归属，时刻引领着高校网络思政教育主导话语和核心话语的生成和发展，决定着新时代高校网络思政教育话语权生成的方向。因此，我国高校网络思政教育话语权能否有效生成，在很大程度上取决于承载着马克思主义主流意识形态和社会主义核心价值观的主导话语大众化的传播及其主导效用的发挥。

总而言之，在新时代高校网络思政教育话语权的生成过程中，必须坚持价值引领原则，将马克思主义主流意识形态和社会主义核心价值观作为主导话语和根本话语，统领其他多元化网络话语内容，才能推动新时代高校网络思政教育话语权的有效生成。

二、真理贯通原则

真理是对复杂烦琐的社会现象的本质内涵、规律特征等进行理论性的正确认识，真理不依赖于个人的好恶而改变，是认识和实践的统一、主观性和客观性的统一，具有强大的实践指导能力，能够降低实践活动的盲目性、自发性，是人们认识世界、改造世界强大的精神动力以及思想武器。新时代高校网络思政教育话语权的有效生成始终体现着真理贯通原则，这是基于高校网络思政教育话语主客体认识需求和实践需求的基础上，对客观真理的尊重和追寻，依赖于追求马克思主义这一科学真理的彻底性，是新时代高校网络思政教育话语权有效成、发展壮大的"根"和"魂"。

就其本质而言，高校网络思政教育话语权生成的根本目的之一是对高校大学生进行思想引领、价值塑造和行为规范，使高校大学生成为能堪当民族复兴大任的时代新人，这一过程离不开真理的支撑。马克思主义主流意识形态、社会主义核心价值观、党和国家的方针政策是新时代高校网络思政教育的核心话语内容，这些话语内容体系的构建具有鲜明的真理性和主导性，通过话语呈现、话语传播影响着大学生的思想认知和行为习惯，可见，真理贯通原则为新时代高校网络思政教育话语权的生成和顺利运行提供了思想保障和精神动力。在高校网络思政教育话语具体实践活动中，高校网络思政教育话语权的客体，即高校大学生并不是无知的蜂营蚁队，新时代大学生个性突出、思维活跃、乐于接受新事物、求知欲强，网络的自由性和虚拟性增强了网络话语信息的碎片化、便捷化传播，使高校大学生开阔了视野，增长了知识，成为更加懂理、讲理、信理的时代新人，因此，高校网络思政教育话语权的生成首先要在"理"字上下功夫，"讲理"是高校网络思政教育话语主体的工作重点，其传播的网络思政教育话语体系，要想引起大学生的关注，这就需要发挥高校网络思政教育话语的魅力，而话语的强大魅力依赖于话语真理性的支撑，只有坚持将真理贯通于高校网络思政教育话语发表、推送、传播的全过程中，才能有效生成正确的高校网络思政教育话语权。然而，我们需要清晰地意识到，如果真理阐释者墨守成规、传播手段单一枯燥，真理可能黯然失色，这就要求网络思政教育话语主体与时俱进，不断追求理论的彻底性，在动态变化过程中把握马克思主义的理论精髓，在批判中发展、斗争中前进，才能实现高校网络思政教育话语的理论说服和情感说服，增强高校网络思政教育话语的影响力和生命力，推动高校网络思政教育话语权的顺利生成。

简言之，理论研究和实践经验表明，立足于新的历史发展阶段，马克思主义是被实践证明的真理，因此，在高校网络思政教育话语权的萌生、确立、完善过程，需要坚持真理贯通原则，发挥马克思主义的真理魅力和话语魅力，占据真理的制高点。

三、优势积累原则

立足于新的历史阶段，优势积累原则在网络空间有其自身特殊性，主要是指高校网络思政教育话语主体凭借自身知识储备、国家制度赋予、社会阅历、角色需要等话语优势和资源优势，在新时代网络空间不断积累，获得更多的网络话语资源和网络话语效益，促使自身网络思政教育话语主导力和影响力乘积式增长，推动新时代高校网络思政教育话语权的顺利生成和运行。

（一）高校网络思政教育话语主体凭借优势积累占据更多有利的网络思政教育话语资源、条件

从前文的分析可知，高校网络思政教育话语主客体拥有的话语资源差异会导致主客体话语效力的不同，持续影响着高校网络思政教育话语权的有效生成和顺利发展。可见，高校网络思政教育话语权的生成是高校网络思政教育话语主体优势积累的必然结果，高校网络思政教育话语主体处于"信息势差"的优势一方，占领物质、文化、话语等资源优势先机和话语先机，经由"马太效应"的迅速扩展，实现网络话语资源、话语机会集聚效应的持续扩大，并通过自身优势地位将话语资源、条件转化为高校网络思政教育主导性话语的实际效果，增强话语优势的效益，引导网络舆论风向，大力推动高校网络思政教育话语权的生成。

（二）高校网络思政教育话语主体凭借优势积累提升了网络思政话语效果

在新时代高校网络思政教育话语实践过程中，高校网络思政教育话语主体重视自身的主导地位、权威地位，面向高校网络思政教育话语实践、深入大学生实际生活，坚持与时俱进、开拓创新，主动挖掘高校网络思政新资源、创造高校网络思政新话语，追求高校网络思政话语的有效性、真理性，在自我教育、自我发展中增强优势积累效力，在优势积累作用下自觉推进自身优势话语力量的增值，扩大话语主客体之间的话语效力差距，并通过优势积累的"马太效应"，持续增强高校网络思政教育话语的效果。

（三）高校网络思政教育话语主体凭借优势积累增强了网络思政话语影响力

在优势积累作用下，高校网络思政教育话语主体的话语资源、话语机会、话语效果乘积式增长，增强了高校网络思政教育话语主体的话语主导和话语权威地位，实现了大学生的思想认同和话语认同，同时，由于网络空间是一个自由、平等的"发声舞台"，高校网络思政教育话语主客体都可自由发布、传播自己的观点、看法，高校网络思政教育话语主体充分发挥主导性、能动性，重视大学生的能动性、自觉性、积极性，加强高校网

络思政教育话语主客体之间的良性互动对话交流，维护高校网络话语生态，进一步强化高校网络思政教育主体话语效果的影响力、持久性，话语权随之生成和发展。

不难发现，新时代高校网络思政教育话语权的生成是一个动态循环往复的过程，在多样化网络话语力量的共同作用下，高校网络思政教育话语主体的话语优势会逐渐被削弱。因此，高校网络思政教育话语主体要立足于新时代的新情况、新要求，与时俱进地更新教育观念，适应网络发展新趋势，发挥主观能动性，准确把握优势积累原则，在复杂多变的网络话语场域不断积累、发展新的优势，占领话语先机，保持话语优势，持续增强优势积累的正面效应，推动高校网络思政教育话语权的顺利生成和良性发展。

四、实践本位原则

新时代高校网络思政教育话语权不是毫无根据突然形成的，也不是生来就存在的，是在中国特色社会主义进入新时代的大环境下，立足于我国高校网络思政教育的具体实践，注重解决社会矛盾变化对高校网络思政教育实践带来的新问题，通过对高校网络思政教育实践活动的不断发展获得高校大学生的思想认同，并在具体实践过程中坚持不断增强高校网络思政教育话语的说服力，从而形成的具有生命力和影响力的话语权。由此可见，实践本位原则是保障新时代高校网络思政教育话语权顺利生成的重要原则，是检验新时代高校网络思政教育话语权效果的根本标准。

在新的发展阶段，复杂多变的国内外网络环境、党和国家对人才培养的新要求、高校大学生的新需求给高校网络思政教育话语权的生成带来了众多的挑战和不确定因素，为了保障话语权的真理性和主导性，这就要求高校网络思政教育话语权的生成必须遵循从实践中来、到实践中去的根本原则，这是因为"全部社会生活在本质上是实践的"。新时代高校网络思政教育话语权的生命力、影响力和主导力既是从高校网络思政教育日常实践中生成并接受实践的检验，又是在高校网络思政教育实践中发挥效果并进入良性发展的过程。

（一）新时代高校网络思政教育话语权从实践中生成

实践为新时代高校网络思政教育话语权的生成提供了不可或缺的思想条件和物质条件，是新时代高校网络思政教育话语权的生成基础。新时代高校网络思政教育话语权的生成不是为了禁锢大学生的思想和意识，而是为了引导大学生在纷繁复杂的社会实践中求真理、明事理，使大学生得到精神上的洗礼、思想上的升华。网络社会化和社会网络化的不断深化给高校网络思政教育话语权的实践带来了很多变化，具体表现为高校网络思政教育者和大学生的思想更加独立自主、思维更加开放理智、知识更加丰富广泛。随着互联网技术的爆发式发展，网络平台的智能化、数字化、移动化特征日益凸显，国家和各高校投入了大量的人力物力，大力建立并发展自身官方网站、官方微信公众号等新媒体平台，这在一定程度上更新了网络思政话语内容和方式、丰富了网络思政话语传播平台和传播渠道，这些随着实践发展而形成的思想条件或是物质条件都为新时代高校网络思政教育话语权的生成提供了重要的支撑。

（二）新时代高校网络思政教育话语权要回到实践中去，自觉接受实践的检验

实践是检验新时代高校网络思政教育话语权能否有效生成，能否持久发挥影响力的"试金石"。因此，新时代高校网络思政教育话语权要走入思政教育实践中去，立足时代、扎根实践，解决高校思政教育实践中的问题和难题，自觉在实践中追求和检验自身的合理性、实效性，检验话语权影响力、生命力的"深与浅""久与暂"，使新时代高校网络思政教育话语权在实践中得以确立、生成和发展，并接受实践的检验。例如，"摸着石头过河""像石榴籽紧紧抱在一起""扣好人生的第一粒扣子"等话语经过我国社会发展的实践检验，确证了这些话语的价值性和实效性，他们被高校大学生广泛接受和认可，对高校大学生的思想方式和行为方式产生了有益的影响。

第四节　新时代高校网络思想政治教育
话语权的生成机理

依据机理的内涵特征、运行原理可知，在新时代高校网络思政教育话语权的动态生成过程中，各内部构成要素在满足生成条件、遵循生成规律的前提下，在各个生成环节相互影响、相互作用，共同构成一个动态优化的机理过程，推动新时代高校网络思政教育话语权的有效生成、良性运行。具体而言，立足于新时代新发展，高校网络思政教育话语权的生成要遵循多元耦合机理、引领认同机理以及整合共生机理，这三个机理是相互影响、相互制约的统一体。

一、多元耦合机理

最初作为物理学的基本概念，耦合主要是指两个及以上运动形式或者系统通过各种相互作用彼此紧密配合、相互影响，达到整合的一种现象。本书用耦合系统来描述新时代高校网络思政教育话语权如何生成问题，主要是指高校网络思政教育话语权的构成要素相互影响、相互融合，耦合推进高校网络思政教育话语权的生成。从不同的角度划分，高校网络思政教育话语权生成中的多元耦合机理主要包含以下几个方面的耦合：一是新时代高校网络思政教育话语权自身与外部社会环境的"内耦合""外耦合"；二是高校网络思政教育话语主体、话语内容、表达方式、话语平台载体之间的"强强耦合""强弱耦合"；三是虚拟网络话语平台和真实话语议题之间的"虚实耦合"。

（一）形成视角

在新时代，高校网络思政教育话语权的生成是高校网络思政教育的话语思想内核和国家顶层制度设计之间、高校网络思政教育话语和网络环境之间相互影响、相互耦合共生的结果，可见，新时代高校网络思政教育话语权的生成具有"内耦合""外耦合"的双重耦合机理。一方面，新时代高校网络思政教育话语权的思想内核、价值内核和国家顶层制度设计之间的"内耦合"。从前文的分析可知，新时代高校网络思政教育话语权的思想内核和价值内核是马克思主义主流意识形态和社会主义主流价值观，这与中国特色社会主义体系这一制度优势、理论优势具有内在的一致性，因此，新时代高校网络思政教育话语权的顺利生成，需要高校网络思政教育话语主体发挥主导作用，将高校网络思政教育话语权的思想内核和价值内核与国家的制度设计相互耦合。另一方面，新时代高校网络思政教育话语和我国的经济政治文化现状、网络思政教育要求、大学生需求之间的"外耦合"。面对新时代出现的新变化，高校网络思政教育话语主体要与时俱进，在充分考虑现阶段经济政治文化发展新特征、网络社会新发展、高校大学生的实际需求和心理诉求、网络思政教育要求的基础上，找准马克思主义意识形态理论宣传与大学生现实实践的结合点，找准社会主义主流价值观和大学生情感的共鸣点，以大学生喜闻乐见的方式传播社会主义主流价值观，将高校网络思政教育与外部社会环境、网络环境之间有效结合，实现价值共识、话语共识，共同推动新时代高校网络思政教育话语权的生成。

（二）关系视角

新时代高校网络思政教育话语权的生成是高校网络思政教育工作者和大学生之间、网络思政教育内容和表达方式之间、网络思政话语议题和网络平台之间"强强耦合""强弱耦合"的双重耦合机理。第一，高校网络思政教育工作者和大学生之间"强强耦合""强弱耦合"。由于每个人的思想、能力、经历、心理具有明显的差异性、层次性，每个高校网络思政教育工作者和大学生的思想政治素养、是非判断能力、思维方式、知识储备参差不齐。当具有较强思想政治素养、完善的知识结构、强大主导力和公信力的高校网络思政教育工作者与具有坚定政治立场、良好思辨能力的大学生双向互动交流就会产生"强强耦合"，当遇到思想政治素质低、是非判断能力弱的大学生就会发生"强弱耦合"。例如，具有较强主导力和说服力的高校网络思政教育工作者在网络平台发布思政观点、看法，高校大学生利用自身较强的思想政治素养、话语鉴别力，在互动交流中作出积极、正确的回应，推动了高校网络思政教育话语权的有效生成。第二，网络思政教育内容和表达方式之间"强强耦合""强弱耦合"。新时代，高校大学生思想活跃、个性突出，更加倾向于大众化、生活化、时代化的话语表达方式。高校网络思政教育话语主体发挥主动性、能动性，将蕴含马克思主义主流意识形态的网络思政教育话语内容与大学生喜闻乐见的"网言网语""微言微语"表达方式有效契合，会增强网络思政教育话语的说服力、感染力、亲和力，从而实现网络思政教育话语入耳、入脑、入心的效果，实现网络思政教育内容和表达方式之间"强强耦合"。倘若具有真理性、价值性的高校网络思政教育话语不能用具有时代性、生活性、大众性的方式表达出来，就会陷入有理说不出、说了没人信的窘境。第三，网络思政话语议题和网络平台之间"强强耦合""强弱耦合"。良好的思政话语议题需要与之匹配的话语载体来呈现和传播。高校网络思政教育话语主体切合社会焦点、校园热点，设置具有凝聚力、吸引力的网络话语议题，借助辐射力强、传播力强的网络平台进行传播，网络思政话语议题和网络平台之间实现有效的互动和匹配，就能实现"强强耦合"，倘若真实有效的网络话语议题不能精准化的匹配恰当的网络平台进行分众化传播，就会网络话语议题和网络平台一方位于优势地位，另一方位于弱势地位，出现"强弱耦合"。由此可见，高校网络思政教育话语主体要发挥主体性、能动性，与高校大学生平等互动交流，实现网络思政教育内容和表达方式之间、网络思政话语议题和网络平台之间"强强耦合"。

（三）虚实视角

新时代高校网络思政教育话语权的生成是网络虚拟话语平台和真实话语议题之间的"虚实耦合"机理。在网络化生存的新时代，网络技术为高校网络思政教育工作者传播马克思主义理论、社会主义主流价值观提供了更加便捷、自由的渠道，在网络虚拟场域，高校网络思政教育工作者不仅可以随时随地以朋友的角色与大学生进行互动交流，还可以模拟思政教育场景，开展沉浸式、体验式教学，为高校网络思政教育话语的传播提供了方便。高校网络思政教育工作者设置的话语议题具有真实性、科学性、真理性，是针对现实社会实践中出现的问题进行答疑解惑，传播马克思主义主流意识形态。因此，网络虚拟话语场域与真实话语议题二者相互影响、相互推动，发生"虚实耦合"机理。一方面，网络空间是虚拟的，但是网民在现实中是真实存在的，高校网络思政教育工作者和大学生不需要"面对面"在场互动沟通，只需通过"数字化在线"进行网络互动交流，然而互动沟通中的话语议题在现实中是真实存在的，对话语权的争夺也是真实的。另一方面，网络虚拟空间是现实社会空间在网络平台的延伸，是在现实空间和虚拟空间相互作用下形成发展的，二者是共生共建的关系，现实社会问题会呈现在网络虚拟空间，网络虚拟空间的话语议题需要现实社会实践的跟进、解决。

二、引领认同机理

引领认同机理强调的是在新时代下如何牢牢掌握高校网络思政教育话语权的问题，如何实现更广泛、更持久的思想认同、价值认同、话语认同。引领认同不是高校网络思政教育工作者单一乏味的理论说教，而是通过社会主义主流价值观、话语赋能等科学、积极、有效的教育引导，画出最大同心圆，引领大学生的思想、价值、行为，增强高校网络思政教育话语权的持久影响力和生命力，推动高校网络思政教育话语权的生成进入良性发展。

（一）用马克思主义主流意识形态和社会主义主流价值观引领社会思潮机理

网络信息技术的革新深刻改变着人的思维方式、信息传播方式，多元化、多样化的社会思潮和价值观念都可在网络空间自由、便捷、即时传播，对价值观尚未形成、情感心理尚不成熟的大学生带来不利影响，不断冲击着高校大学生的思想观念、价值理念、政治信仰、价值判断。例如，部分大学生在网络空间过分强调自我感受、过分追求展示自我个性、缺乏国家自豪感、网络责任感、网络道德约束。可见，面对新形势、新问题，亟须运用社会主义核心价值观加强大学生对新时代中国特色社会主义的认同感、获得感，以此筑牢大学生的思想根基、价值基础。虽然当今时代正在发生深刻而巨大的变化，然而就国际社会主义的发展进程而言，我们仍然处于马克思主义明确的历史时代，我们依然要坚持马克思主义意识形态的指导地位。社会主义核心价值观是当代中国精神的集中体现，是我们文化软实力的灵魂，更是每个人都要遵守的基本价值操守和共同价值规定，可见，培育和践行社会主义核心价值观是增强大学生认同的根基，是保持民族精神、培养时代新人的伟大工程。一般而言，由于高校大学生会依据自己的知识结构、价值观念对网络话语信息有选择的筛选、接受、学习，因此，能否得到高校大学生的认同与网络话语信息是否与大学生的思想认识、价值观念相一致息息相关。因此，在高校网络思政教育话语权生成过程中，高校网络思政教育工作者应当发挥主导性、能动性，理直气壮地弘扬马克思主义主流意识形态和社会主义主流价值观，传播网络正能量，引领社会思潮良性传播、发展，因势利导的增强大学生对中国特色社会主义的价值认同、思想认同、情感认同，夯实大学生的思想价值基础，推动大学生从"愿意听"高校网络思政话语内容，到"主动说"高校网络思政话语，再发展到"跟着做"符合中国特色社会主义发展需要的日常行为。

（二）运用"话语赋能"引领高校大学生的认同机理

在新时代，大学生的学习、交往都离不开互联网，高校大学生更加倾向于在网络空间进行沟通生活、交流思想、分享知识，高校大学生的网络话语主体意识、主动参与意识日益增强。理论研究和实践经验表明，高校网络思政教育主体话语只有被大学生真正接受、认同，内化为思想自觉、外化为行为自觉，高校网络思政教育话语权才能有效生成。在这一背景下，"话语赋能"应运而生，在网络空间赋予大学生话语主体地位，提升高校大学生在网络空间的话语权和主动权，针对网络思政教育话语议题各抒己见，在平等对话交流中通过比较、批判、认同，达到价值认同、话语认同。在高校网络思政教育话语权的生成环节中，高校网络思政教育话语主体充分重视大学生的实际需求和心理诉求，赋予大学生网络话语主体地位，与大学生互动交流，引领大学生用整体思维、历史眼光、辩证思维，参与到高校网络思政教育话语议题的讨论、传播中，使高校网络思政教育话语内容成为大学生真心喜爱、真心认同的教育观点。

三、整合共生机理

在新时代网络空间，网民可以随时随地发表观点、表达诉求、传播思想，每个人都有网络话语权力和网络话语权利。高校网络思政教育话语权的生成是由高校网络思政教育话语主体通过话语主导将高校网络思政教育话语内容传播至大学生，并需要大学生的参与配合，话语权双方在集聚整合、协调整合、斗争整合中实现了高校网络思政教育话语权的有效生成。可见，整合共生是贯彻新时代高校网络思政教育话语权生成过程中的重要条件和关键机理。

（一）集聚整合

在新时代高校网络思政教育话语权的动态生成过程中，高校网络思政教育话语主体表达、传播的话语内容、维护的利益需要和高校大学生的需求和利益一致时，就会发生网络话语权的转移，高校大学生让渡出网络话语权，使处于先期话语优势地位的高校网络思政教育话语主体凭借优势积累，获得更多的话语资源和话语机会，成为双方话语代表，通过资源集聚效应，取得更好的网络话语效果，优化网络话语内容和表达方式，扩大马克思主义主流意识形态和社会主义主流价值观对高校大学生的影响力、吸引力，从而推动高校网络思政教育话语权的顺利生成。简言之，高校网络思政教育话语权生成过程中的集聚整合机理遵循的是优势积累规律，高校网络思政教育话语主体做好优势积累，占领话语制高点，在动态中集聚整合话语力量，增强话语权威，确保新时代高校网络思政教育话语权的顺利生成。我们需要清醒意识到，在集聚整合过程中，高校大学生让渡网络话语权，成为"听者"，但并不是毫无主动性、能动性，"听"的过程也是在"说"，是为了更好地实现自身的成长成才。

（二）协调整合

新时代高校网络思政教育话语权的生成是层次递进、螺旋上升的良性发展过程。为了更好地实现对大学生的思想引领、价值塑造和行为引导，在集聚整合过程中会形成以高校网络思政教育话语主体的主导话语权为核心，引领其他话语权的复杂结构。所形成的高校网络思政教育话语权是话语主导权，不是网络话语霸权，是合力塑造权，不是单方控制权。因此，在高校网络思政教育话语权的生成环节中，需要重视高校大学生的实际需求和兴趣爱好，协调、整合大学生的需求，进而生成高校大学生认同的高校网络思政教育话语权。众所周知，在网络空间，高校大学生不是完全被动的话语接受者，而是积极主动的信息选择者，网络思政教育话语的传播不是"一对一"单向线性传播，而是"多对多"的网状全方位立体传播，这就需要高校网络思政教育话语主体积极发挥主体效用，对高校大学生进行协调和引导，根据高校大学生的思想情况、利益需求，主导设置网络思政教育议题、引导网络舆论走向，推动生成的高校网络思政教育话语权既是高校网络思政教育话语主体的自觉选择和积极构建，也是大学生的主动选择和自觉认同。

（三）斗争整合

中国特色社会主义进入新时代之后，高校大学生的实际需求和网络空间特征都发生着巨大而深刻的变化，各种观点、看法、态度都可在网络空间自由传播，针对高校网络思政教育话语权的不同意见压是压不住的，但也不能放任自流。要想保证高校网络思政教育话语权的顺利生成，就要高度重视网络各种不同"声音"，将网络话语矛盾充分暴露出来，对症下药，在斗争交锋中获取大学生的思想认同、话语认同，这是有效生成高校网络思政教育话语权的不二法门。

第五节　新时代高校网络思想政治教育话语权生成的影响因素

新时代高校网络思政教育话语权不是自动生成的，是在网络空间遵循一定的生成原则，经过话语博弈、话语斗争而逐渐生成的。根据前面的分析可知，新时代高校网络思政教育话语权的三个生成环节，是按照由谁说、对谁说、说什么、怎么说、说的效果逐渐发展的。由此可见，网络技术的创新度、话语主体的主导力、话语内容的说服力、话语方式的优化度、话语平台的传播力等因素影响着高校网络思政教育话语权的有效生成，且各个因素之间相辅相成，共同推动新时代高校网络思政教育话语权的顺利生成和有效发展。

一、生成基础——网络技术的创新度

进入网络化新时代，在网络信息技术的创新发展影响下，高校师生的思维、生活、交往发生了深刻的变化，他们的价值结构、话语结构随之出现巨大变化。网络与社会的深度融合构建出新时代网络化发展的新样态，导致高校网络思政教育话语权的生成、运行与网络信息技术形成了共进共退的紧密联系。

（一）新时代高校网络思政教育话语权生成于网络空间中

高校网络思政教育话语权是思政教育在网络空间创造的新样态，网络信息技术在高校网络思政教育话语权的生成过程中发挥着重要作用。随着网络社会化和社会网络化的持续深化，网络信息技术对高校师生的生活、交往、发展有着重大意义，谁掌握了网络信息技术，谁就拥有了权力，掌握了网络实践活动的主动权、领导权。这种网络新现象、网络新实践不断重构着高校师生的思想意识、价值认知，催生了高校网络思政教育新形态，并逐渐生成、发展了高校网络思政教育话语权。由此可见，高校网络思政教育话语权是随着网络信息技术的普及、网络社会的创新发展而生成、发展的。

（二）网络信息技术影响着新时代高校网络思政教育话语权的生成过程

在新时代高校网络思政教育话语权生成的话语资源和条件准备、网络话语议题设置、网络话语传播、网络话语认同等各个环节，都体现着网络信息技术的介入，各个生成环节的循序递进也需要网络技术的支撑，受制于网络技术提供的驱动力和网络话语资源供给，从而实现高校网络思政教育话语权的整体运转和有效生成。倘若缺乏网络信息技术的创新支持和驱动，高校网络思政教育话语权生成的各个环节将难以顺利衔接、有效推进，话语认同、价值认同难以实现，高校网络思政教育话语的主导力量也难以产生。在高校网络思政教育话语实践过程中，高校网络思政教育话语主体和大学生都需要具备一定的网络技术运用能力，高校网络思政教育话语主体运用网络信息技术可以积极创造网络思政教育新话语、合理设置网络思政话语议题、有效选择网络思政话语平台、高效传播网络思政话语信息等，大学生利用网络信息技术可以不断提高自己的认知水平、思维能力、理论修养，进而及时了解高校网络思政话语、有效解读高校网络思政话语、积极完善自我价值体系，从而解决高校网络思政教育话语权生成过程中的矛盾。

二、生成前提——话语主体的主导力

高校网络思政教育话语主体的主导力是在高校网络思政教育实践活动中逐渐形成的一种软实力，是高校网络思政教育话语主体在网络空间与大学生进行价值博弈、话语交锋获胜的直接呈现，是影响高校网络思政教育话语权顺利生成的基础因素。现阶段，海量芜杂的网络话语信息充斥着大学生的日常生活，在一定程度上直接或间接地对高校大学生的思想认识、价值判断、行为选择产生影响。因此，面对新时代良莠不齐的网络话语信息，高校网络思政教育话语主体要想掌握话语权，创造、传播的思政教育话语信息要想被大学生接受、认同、内化，必须提升自身去伪存真的能力，在创造、推送话语内容时，要坚持理论性和通俗性相统一，为马克思主义主流意识形态话语增添新的时代元素，才能确保网络话语内容的说服力和吸引力。

新时代，在高校网络思政教育话语权生成过程中，高校网络思政教育话语主体主动发挥自己的主导力，推动高校网络思政教育话语权的生成朝着为党育人为国育才的方向发展。具体而言，高校网络思政教育话语主体的主导力在新时代高校网络思政教育话语权生成过程中的作用发挥，主要表现在以下两个方面：一是在高校网络思政教育话语权萌生过程中，争夺占据尽可能多的网络话语资源，占领网络话语先机，在话语权生成过程中保持主动性、主导性，占据主导地位，在和高校大学生博弈中主导话语权生成方向，这有利于抢占网络话语阵地，树立话语权威，营造风清气正的网络环境。二是在和高校大学生平等互动沟通的过程中，主导确立高校网络思政教育话语权的生成目标、制定网络思政教育话语议题、确定网络思政教育话语内容、决定网络思政教育话语内容表达方式等方面，这有利于在多元化、多样化网络话语中凝聚共识，唱响网络话语主旋律。总而言之，确立高校网络思政教育话语主体的主导地位，增强高校网络思政教育话语主体的主导力，对于掌握网络思政教育话语传播，推动新时代高校网络思政教育话语权的顺利生成具有重大意义。

三、生成关键——话语内容的说服力

在新时代，海量芜杂的网络话语信息充斥着大学生的日常生活，在一定程度上直接或间接地对高校大学生的思想认识、价值判断、行为选择产生影响。因此，面对新时代良莠不齐的网络话语信息，高校网络思政教育话语主体要想掌握话语权，创造、传播的思政教育话语信息要想被大学生接受、认同、内化，必须提升高校网络思政教育话语内容的质量、层次、水平，不断增强网络思政教育话语内容的说服力，才能保证生成的高校网络思政教育话语权具有真理性、价值性、影响力。由此可见，网络思政教育话语内容是否能揭示真理、是否具有说服力，是决定新时代高校网络思政教育话语权能否有效生成的核心影响因素。高校网络思政教育话语主体创造的话语内容不仅要蕴含社会主义核心价值观，保证话语内容具有真理性、价值性，还要加强话语内容的理论转化，切合大学生的特征和需求，将理论知识具体化、通俗化，提升网络思政教育话语内容的吸睛率和关注率。

（一）高校网络思政教育话语内容的真理性、价值性

理论是高校网络思政教育话语权有效生成的根基，网络话语内容的说服力取决于话语内容蕴含理论的穿透力。马克思强调，理论只要彻底，就能说服人。而所谓彻底，即抓住事物的根本。新时代，网络话语内容的多元化、多样化、复杂化，导致各种意识形态在网络空间相互交锋、碰撞，马克思主义不断遭受西方多元社会思潮的挑战。因此，要想保证新时代高校网络思政教育话语权的顺利生成，高校网络思政教育话语主体在创造话语内容时，必须坚持马克思主义意识形态指导地位不动摇，掌握马克思主义的基本观点、立场、方法，旗帜鲜明的传播马克思主义中国化时代化的最新理论成果，弘扬社会主义核心价值观，不断增强网络话语内容的"硬实力"，提升网络话语内容的说服力和威慑力。

（二）高校网络思政教育话语内容的大众化、通俗化

大学生局限于自身的年龄、知识、经验不足，对枯燥单一的理论知识的理解力、吸收力是有限的，因此，将理论知识与大学生日常生活相结合，可增强网络思政教育话语内容的说服力和感染力。高校网络思政教育话语主体在创造、传播网络话语内容过程中，要与时俱进，坚持以学生为本的教育理念，重视大学生的实际需求和心理诉求，将大学生喜爱的网络流行话语融入网络思政教育话语内容中，能极大的感染、吸引大学生，实现"同频共振"的效果，增强网络思政教育话语内容的"软实力"。例如，习近平总书记关于"年轻人不要总熬夜""点赞""撸起袖子加油干"

等通俗化的网络话语迅速在大学生群体中盛行。反之，不能切合大学生日常生活的话语内容，不能有效地吸引大学生的关注和兴趣，不利于高校网络思政教育话语权的生成。

不难看出，高校网络思政教育话语主体在创造、推送网络思政教育话语内容时，要坚持理论性和通俗性相统一，为马克思主义主流意识形态话语增添新的时代元素，才能确保网络话语内容的说服力和吸引力，推动新时代高校网络思政教育话语权的顺利生成。

四、生成核心——话语方式的优化度

网络话语表达方式是网络话语内容的外在呈现方式，是话语权双方进行话语沟通、交往的关键。在网络空间中，如果话语内容的表达方式不能吸引大学生，话语内容就会面临被弱化、边缘化的危险，高校网络思政教育话语主体面临"失声""失众"的窘境，而具有亲和力和感染力的话语表达方式有利于话语内容蕴含的思想价值观念外显，实现政治话语、理论话语向大众话语、通俗话语转化，增强大学生的接受、认同、践行，为新时代高校网络思政教育话语权的生成奠定坚实的基础。由此可见，网络思政教育话语主体能否优化话语方式，使得话语方式更具有亲和力、感染力，它是决定新时代高校网络思政教育话语权能否有效生成的关键影响因素。

新时代高校大学生更加喜爱轻松活泼、简短有趣的大众话语、形象话语、故事话语。因此，为了推动高校网络思政教育话语权的有效生成，高校网络思政教育话语主体应将抽象话语向形象话语转化、将政治话语向大众话语转化、将单向灌输话语向双向互动话语转化，增强话语方式的亲和力、感染力，实现网络思政教育话语内容的育人效果。一是用形象化话语方式表达抽象的理论观点、看法。在全面掌握理论观点的本质内涵，了解大学生的需求和兴趣的基础上，话语主体发挥主导效用，不断创新话语方式，将晦涩难懂的抽象理论用鲜活有趣、形象逼真的"网言网语"呈现出来；将深奥抽象的理论内涵用生活化、形象化的日常话语表达出来，有利于增强大学生对网络思政教育话语内容的接受、认同、内化。二是用通俗易懂的大众话语表达严肃单调的政治话语。实践经验表明，用切合大学生日常生活的大众话语解读马克思主义中国化时代化最新成果，用"大白话""大实话"解读党的创新理论，推动政治话语向大众话语转化，不断增强话语方式的亲和力和感染力，有助于提升高校网络思政教育话语权的主导力和影响力。例如，习近平总书记所说的"幸福都是奋斗出来的""脚踏实地加油干""打铁还需自身硬"等通俗化、大众化的话语方式，能很好地引起大学生的情感共鸣，实现听得进、记得住的话语效果。三是双向互动话语方式表达抽象理论观点。网络平台的快速发展，话语权双方都可在网络平台表达观点、分享思想，双方是一种平等互动的话语关系，高校网络思政教育话语主体要转变教育观念，构建双向互动的新型话语关系，用互动沟通替代单向灌输、用灵活多变替代枯燥单一、用平等对话替代强制压制、用与时俱进替代故步自封，提升网络话语方式的亲和力，调动大学生的主动性、能动性、参与性。

由此可见，在新时代，将承载着社会主义核心价值观的网络思政教育话语，用形象化、大众化、双向互动等优化的话语方式呈现出来，增强话语方式的亲和力、感染力，能有效地增强网络思政教育话语效果，推动高校网络思政教育话语权的有效生成。

五、生成支撑——话语平台的传播力

网络思政话语平台是新时代高校网络思政教育话语权生成、运行的主阵地和主战场，具有呈现、推送、传播高校网络思政教育话语内容，连接高校网络思政教育话语主体和大学生，并产生有效对话沟通的作用，使学生接受、学习思想政治教育内容处于全天候、全方位的状态，增强了高校思想政治教育的连续性，扩大了高校网络思政教育话语的覆盖面。因此，新时代高校网络思政教育话语权的顺利生成离不开网络思政话语平台的支撑，而网络思政话语平台作用的发挥依赖于其传播力大小，主要指高校网络思政教育话语主体通过在高校网络思政教育专题（主题）网站、官方微信公众号、官方微博等网络平台发布、传播思政教育话语内容，引起大学生的关注，产生社会反响，提升大学生的思想认知、价值认知的力度。由此可见，网络思政话语平台的传播力，是决定新时代高校网络思政教育话语权能否有效生成的重要影响因素。

网络平台的传播力强，能增强高校网络思政教育话语内容传播力，扩大高校网络思政教育话语的覆盖面，有利于提升高校大学生乃至整个社会成员的思想认知、价值认知，为新时代高校网络思政教育话语权的顺利生成和良性发展奠定了基础。能否科学把握网络传播规律、能否具有互联网思维能力、能否重构传播生态在很大程度上决定了网络平台的传播力的强弱。高校网络思政教育话语主体要想增强网络平台的传播力，一是要提升科学把握网络传播规律的能力。通过不断提升自身的媒介素养，全面把握网络信息传播规律、互动规律，坚持主动传播和防御传播相结合的方式，主动传播马克思主义中国化时代化最新成果和网络正能量，对西方错误思想及时批判反击，也就是防御传播，确保网络平台成为传播马克思主义思想文化的主阵地。二是应具备互联网思维能力。网络平台的本质是进行互联、互通。面对错综复杂的国际互联网发展形势，高校网络思政教育话语主体要与时俱进地更新网络教育观念，突破常规思维，提升互联网思维能力和科学思辨能力，进而扩大传播力和影响力。三是应重构传播生态。对根本利益一致的不同"声音"，在批判斗争中寻求"共生"重构；突出话语权双方的互动交流，以平等、通俗的话语增强大学生的获得感、满足感，在双向互动中寻求"诗意化"重构；充分尊重大学生的网络话语主动性地位，在激发大学生的能动性、主动性中寻求"生命力"重构。

总之，新时代高校网络思政教育话语主体要高度重视网络平台的主战场作用，不断增强把握网络传播规律、重构网络生态等方面的能力，增强网络平台由内到外、由中心到边缘的传播力，推动高校网络思政教育话语权的顺利生成和良性发展。

第四章

新时代高校网络思想政治教育话语权的现实境遇

随着互联网技术的普及与发展，网络逐渐从充当大学生交流的媒介转变为大学生日常学习生活的"新场域"。新时代，高校网络思想政治教育话语权的生成和建设肩负着培养堪当民族复兴大任时代新人的历史重任，是高校落实立德树人根本任务、坚持社会主义办学方向的一项极其重要的工作。当前我国正处于"两个一百年"奋斗目标的历史交汇期，国内外形势瞬息万变，纵观当前的高校网络思政教育话语实践进程，既取得了良好的效果，也遇到了新的机遇和挑战。因此，只有对高校网络思政教育话语权的现实境遇进行全面研究，明晰其在发展进程中取得的真实成效和遇到的新问题，结合理论分析探析存在问题的成因，才能有针对性地找出解决对策。为了全面了解新时代高校网络思政教育话语权的现实境遇，本书立足于新时代高校网络思政教育话语权基本内容、理论资源、生成逻辑的相关研究，通过实证调研，真实掌握现阶段高校网络思政教育话语权的发展现状，明晰当前话语权建设取得的成效以及存在的问题，归纳总结现存问题产生的原因，以便更有针对性地探究新时代高校网络思政教育话语权的提升对策。

第一节 新时代高校网络思想政治教育话语权现状的实证分析

一、问卷调研概述

结合当前学术界关于高校网络思政教育话语权的相关研究，遵循科学性、系统性、可行性的调研问卷设计原则，针对大学生设计并发放了《新时代高校网络思想政治教育话语权现状调查问卷》，从定量上真实掌握现阶段高校网络思政教育话语权的发展现状，了解新时代高校师生对高校网络思政教育话语权发展的真实看法。

（一）问卷设计

1. 问卷设计原则

学术界关于高校网络思政教育话语权现实境遇的实证研究主要是进行简单的描述性统计分析，本书研究结合学者们关于高校网络思政教育话语权的现有研究成果，提出科学性、可行性、系统性、独立性的问卷设计原则，设计问题并发放调查问卷，对新时代高校网络思政教育话语权的发展现状进行全面、综合的实证分析。具体而言，问卷设计原则主要有以下几种：

（1）系统性原则。调查问卷是由性质、特征、内涵不同的多道题目共同构成的，调查问卷的设计不是简单杂乱的问题罗列，而是具有一定的逻辑性、系统性、合理性，能够共同反映新时代高校网络思政教育话语权的发展成效以及面临的主要困境。

（2）科学性原则。只有科学的问卷问题才能进行科学合理的分析和评价，进而真实反映现阶段高校网络思政教育话语权的发展状况。

（3）可行性原则。调查问卷的设计必须遵循真实具体的原则，尤其是要结合新时代高校网络思政教育话语权发展的内涵、特征、规律等要求来设置，使新时代高校网络思政教育话语权调查问卷清晰合理，在进行实证分析时具有可行性。

（4）独立性原则。调查问卷相关问题的设置必须能全面反映新时代高校网络思政教育话语权各个方面的特征和状况，各个调查问题之间相互独立，避免问题设置之间出现重复。

2. 问卷设计方案

在遵循调查问卷设计原则的基础上，为了保证本次调查问卷数据的全面性、广泛性、多样性、可操作性，针对高校大学生制定并发放了《新时代高校网络思想政治教育话语权现状调查问卷》。调查问卷共有44道题，内容侧重于调查和分析新时代高校网络思政教育话语权所涉及的话语主体、话语使用、话语内容、话语方式、话语平台等方面的发展现状，主要由三大部分构成。具体而言，第一部分是对参与问卷调查大学生性别、来源、所在高校、所在年级、教育程度等基本信息的了解；第二部分是对参与问卷调查大学生每天上网时长、上网用途、获取信息方式、对待网络思政话语的态度、网络发帖等网络使用情况的了解；第三部分是对网络思政教育话语主体、网络思政教育话语内容、网络思政教育话语方式、网络思政教育话语平台、网络思政教育话语传播效果等高校网络思政教育话语权发展现状的真实感受和看法，为探索提升新时代高校网络思政教育话语权提供真实可靠的对策建议。

3. 问卷调查对象

为了真实、准确地了解和分析现阶段高校网络思政教育话语权的发展现状，本次调查问卷的样本分布将大学生的地域结构、性别结构、年级结构、教育程度、户籍结构等有效结合起来，通过网络平台，向全国各地高校共发放了调查问卷6300份，收回有效调查问卷6225份，调查问卷有效收回率为98.8%，调查问卷符合问卷设计的有效性、广泛性、全面性。为了实证分析具有简洁性、可行性、代表性，将各省份高校的调研数据用东部地区高校、中部地区高校、西部地区高校来汇总统计，调查问卷对象的基本情况如表4-1所示。

表4-1　调查问卷的统计对象基本情况

特征项	类别	数据（人）	占比（%）
性别	男	3035	48.76
	女	3190	51.24
地区	东部地区高校	2124	34.12
	中部地区高校	2106	33.83
	西部地区高校	1995	32.05
年级	大学一年级	1171	18.81
	大学二年级	1329	21.35
	大学三年级	1358	21.82
	大学四年级	1320	21.20
	研究生	1047	16.82
户籍	城镇	3156	50.70
	农村	3069	49.30

从调查数据可以看出，本次调查问卷的统计对象主要呈现出如下特征：从调查对象的性别来看，男生占48.76%，女生占51.24%，说明了本次设计的调查问卷具有明显的广泛性、全面性、可行性特征；从调查对象所在年级来看，大学一年级占18.81%，大学二年级占21.35%，大学三年级占21.82%，大学四年级占21.20%，研究生占16.82%，各年级的高校大学生所占比例比较合理，本科大学生占据本次调查对象的多数是符合我国高校发展实际状况的；从调查对象所在区域来看，东部地区高校占比34.12%，中部地区高校占比33.83%，西部地区高校占比32.05%，可见本次调查对象的涉及面比较全面、广泛。

（二）研究思路

根据图4-1可以看出，针对调查问卷收集的结果，首先对调查问卷的基础问题进行描述性统计分析，了解现阶段高校网络思政教育话语权发展的总体状况。其次将区域、年级、性别、户籍等背景题目与调查问卷的主题题目进行交叉分析，构建交叉表，对得出的列联表进行卡方检验，筛选、整理出检验结果显著的列联表，在卡方检验中，置信度在95%的水平上，Sig.值小于0.05的检验结果是显著的。卡方检验结果显著表明背景题目和主题题目的分布具有差异性，即不同类别的选择情况具有差异性。

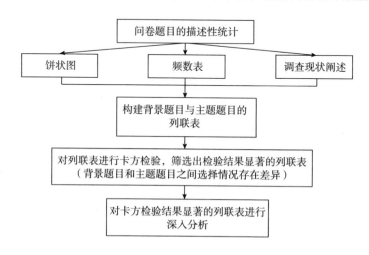

图4-1 研究方法技术路线

1. 交叉表示例

本次调查交叉表示例如表4-2所示。

表4-2 交叉表示例

指标			您通过校园网络平台发表的观点、看法能否得到思想政治教育工作者的有效回应、反馈与互动？					
			A：总是	B：经常	C：偶尔	D：很少	E：从不	合计
高校	东部高校	计数（人）	378	510	783	282	321	2274
		占比（%）	16.38	22.6	35.45	11.86	13.7	36.53
	中部高校	计数（人）	75	330	1056	519	270	2250
		占比（%）	2.14	14.29	48.86	23.29	11.43	36.14
	西部高校	计数（人）	114	147	906	357	177	1701
		占比（%）	5.42	7.54	56.48	21.08	9.48	27.33

续表

指标		您通过校园网络平台发表的观点、看法能否得到思想政治教育工作者的有效回应、反馈与互动?					
		A：总是	B：经常	C：偶尔	D：很少	E：从不	合计
合计	计数（人）	567	987	2745	1158	768	6225
	百分比（%）	9.11	15.86	44.10	18.60	12.34	100

2. 卡方检验结果示例

如表4-3所示，在卡方检验中，在置信度为95%的水平上，Sig. 的值为0.000小于0.05，说明结果显著有效。针对"您通过校园网络平台发表的观点、看法能否得到思想政治教育工作者的有效回应、反馈与互动?"在这道题的选择中，不同地区高校大学生的选择存在差异性。选择经常能得到网络思政教育工作者有效回应的大学生中，东部高校大学生占22.6%，中部高校大学生占14.29%，西部高校大学生占比仅为7.54%；选择很少能得到网络思政教育工作者有效回应的大学生中，东部高校大学生占11.86%，中部高校大学生占23.29%，西部高校大学生占21.08%，说明不同地区高校的选择结果差异显著。

表4-3 卡方检验结果示例

指标	值	df	渐进 Sig.（双侧）
Pearson 卡方	389.750[a]	8	0.000
似然比	399.495	8	0.000
线性和线性组合	43.890	1	0.000
有效案例中的 N	6225		

注：a 表示 0 单元格（0%）的期望计数少于 5，最小期望计数为 213.51。

（三）研究方法

1. 列联表（交叉表）分析

列联表也被称为交叉表，经常用于对两个及以上的变量数据进行分组，接着对各组的变量数据进行统计描述和简单的定类或定序判断，从而寻求变量间的相互关系。根据收集的多个样本数据进行两个或以上的变量进行交叉分类可以产生两维或 N 维列联表，进而得出相应的百分数指标。

在具体的数据分析过程中，当研究问题涉及两个及以上的变量时，不仅要全面了解单个变量数据分布的特点，还要剖析不同取值条件下的多个变量数据联合分布的特征，进而研究多个变量数据之间的相关性和功能作用。针对当前高校网络思政教育话语权的现状分析，显然使用单纯的频数分布表不能全面、深刻地掌握高校网络思政教育话语权的发展现状。因此，针对高校网络思政教育话语权现状调查问卷的数据分析，采用交叉分类的列联表分析方法，将调研得出的数据进行两组分类或多组分类，进而得出两维或多维列联表。列联表分析方法主要有两个基本任务，一是依据调查问卷收集到的样本数据得出两维或多维交叉列联表；二是在此基础上，借助一些与变量相关的统计量或者检验方法，检验变量数据之间的相关性，得出变量之间具有相关性或独立性特征。

2. 卡方检验

作为一种具有广泛用途的计数资料的假设检验方法，卡方检验是一种非参数检验方法，其核心思想是比较分析理论频数和实际频数的拟合优度或者吻合程度的有关问题，大多数情况下用来比较分析两个或两个以上样本率和其分类变量之间的关联性。在具体的分类资料统计分析应用中，卡方检验的基本应用主要有两个：一是两个构成比的比较；二是比较分析分类资料的相关问题。

（1）卡方检验的核心观点。作为一种以 X^2 分布为核心的基本的、常用的假设检验方法，卡方检验的无效假设 H_0 是：理论频数和实际频数无差别。

卡方检验的核心观点为：首先假设 H_0 成立，进而计算出 X^2 值，这表示实际值与理论值二者之间的偏差度。依据 X^2 值的分布以及自由度不但能够获得在假设 H_0 条件下的统计值，还能够得出更极端情况下的概率 P。P 值越小，表示实际值和理论值二者之间偏离越大，即比较分析的对象数据之间差异性越明显，因此，应该拒绝这一无效假设，否则就应该接受这一无效假设，即比较分析的对象数据之间没有差异性。

（2）卡方值的具体计算步骤。X^2 值表示实际值和理论值二者之间的偏离程度，具体计算 X^2 值的基本思路如下：

1）假设 A 代表某一类别的实际数据观察值，E 代表基于假设 H_0 条件下得出的理论值，A 和 E 二者之间的差称为残差。

2）显而易见，残差表示某一类别的实际数据观察频数和理论频数二者之间的偏离程度。然而事实证明，单纯地将残差累加来表示各种实际数据观察值和理论值之间的差异性具有明显的不足，这是由于残差值具有正数、负数之分，倘若单纯地进行残差值累加，有可能出现总值为 0，即结果彼此抵消的情况，由此可见，应该先将残差值平方，再进行求和计算。

3）残差值的大小不是一个绝对的概念，是一个根据比较对象情况而定的相对概念。例如，与理论期望值为 20 相比较，期望值为 40 的残差就显得非常大，而倘若和理论期望值为 2000 相比较，期望值为 40 的残差就显得异常小了。由此可见，在估计实际数据观察值和理论期望值的差异时，应该先将残差平方除以期望值，再进行求和计算。

经过上述计算步骤之后，就能计算得出常用的 X^2 值统计量。X^2 值统计量是在 1990 年由英国著名统计学家 Karl Pearson 提出的，也被称为 Pearson X^2。计算公式如下：

$$X^2 = \sum \frac{[A-E]^2}{E} = \sum_{i=1}^{k} \frac{(A_i - E_i)^2}{E_i} = \sum_{\pi=1}^{k} \frac{(A_i - np_i)^2}{np_i} \qquad (4-1)$$

$$(i = 1, 2, 3, \cdots, k)$$

其中，A_i 是 i 数值的观察频数，E_i 是 i 数值的期望频数，p_i 是 i 数值的期望频率，n 是总频数，i 数值的期望频数 T_i 等于总频数 $n \times i$ 数值的期望概率 p_i，k 为单元格数。当 n 较大时，X^2 值统计量近似服从 $k-1$（获取 E_i 时所用的参数个数）个自由度的卡方分布。

从式（4-1）可以看出，当 X^2 值为 0 时，实际数据观察值和理论值相同，当 X^2 值越小时，实际数据观察值和理论值越接近，表示二者之间的差异性越小；反之，当 X^2 值越大时，实际数据观察值和理论值偏离度越大，表示二者之间的差异性越大。也就是说，X^2 值越小代表越接近假设，表示实际数据观察值和理论值的偏离程度越小；X^2 值越大代表越远离假设，表示实际数据观察值和理论值的偏离程度越大。因此，X^2 是实际数据观察值和理论值之间偏离程度的测量指标，即假设成立与否。X^2 值越小，越倾向于不拒绝假设条件 H_0；X^2 值越大，越倾向于拒绝假设条件 H_0。而 X^2 值究竟要多大才能拒绝假设条件 H_0，要根据具体的研究情况，通过卡方分布得出相对应的 P 值来决定。

4）本次调查的卡方值具体计算步骤。根据本次的调研数据样本，通过非参数检验方法来分析列联表中行变量、列变量二者之间的相关性。作为一种常用的非参数检验方法，和一般假设检验相同，卡方检验的分析步骤主要包括以下三步：

①建立零假设：假设列联表中行变量和列变量二者之间相互独立。

②选取、计算、检验统计量。在比较分析列联表的过程中，检验统计量是 $PearsonX^2$ 值统计量，计算公式如下：

$$X^2 = \sum_{i=1}^{r} \sum_{j=1}^{c} \frac{(f_{ij}^0 - f_{ij}^e)^2}{f_{ij}^e} \qquad (4-2)$$

其中，r 是列联表的行数，c 是列联表的列数，f^0 是实际数据观测值，f^e 是理论观测值。理论观测值的计算公式如下：

$$f^e = \frac{RT \times CT}{n} \qquad (4-3)$$

其中，RT 为特定单元格所在行的观测值的总和，CT 为特定单元格所在列的观测值的总和，n 为观测次数的总和。

从式（4-3）可以看出，决定卡方统计量大小的因素主要有两个：一是实际数据观测值和理论观测值的差值；二是列联表的格子数量。在列联表一定的情况下，实际数据观测值和理论观测值的总差值成为决定卡方检验统计量大小的核心要素，总差值越大，卡方值越大，说明列联表中行变量与列变量的相关性越高；总差值越小，卡方值越小，说明列联表中行变量与列变量的相关性越小，也就是二者之间的独立性越高。

③得出统计结论，做出决策。比较分析前面计算得出的卡方统计量概率 P 值以及显著性水平 α，得出拒绝原假设还是接受原假设的结论。倘若卡方统计量概率 P 值小于显著性水平 α，则拒绝原假设，认为列联表中行变量与列变量二者之间不是相互独立的，存在依存关系；反之，倘若卡方统计量概率 P 值大于显著性水平 α，则接受原假设，认为列联表中行变量与列变量二者之间是相互独立的，不存在依存关系。

二、高校网络思想政治教育话语权的发展现状

本次问卷调查选取了东部、中部、西部三个区域的多所高校作为样本，涉及不同的年级、性别、教育程度、升学来源等多个因素，可以看出不同分类下新时代高校网络思政教育话语权的话语主体、话语使用、话语内容、话语方式、话语平台的建设现状稍有差异，需要加以梳理分析。

（一）高校网络思想政治教育话语主体建设现状

通过调查问卷的实证分析发现，不同地区的高校网络思政教育话语主体发展现状稍有差异，结合前文有关高校网络思政教育话语权的理论阐释，现选取三个问题对不同区域高校的网络思政话语主体发展现状进行深入研究。

1. 现阶段高校网络思政教育话语主体与大学生互动对话的现状

调查问卷——您通过校园网络平台发表的观点、看法能否得到思想政治教育工作者的有效回应、反馈与互动？（见表 4-2）

本题旨在考查在网络化生存的新时代背景下，不同区域的高校网络思政教育工作者坚持以生为本的网络教育理念，重视大学生的实际需求和话语诉求，深入大学生网络世界和日常生活，与大学生平等对话的素养和能力。从调查问卷的实证结果来看，不同区域的高校在这道题的选择上存在差异性，但总体来看，现阶段高校网络思政教育工作者在网络平台上与大学生互动对话，有效回应大学生合理诉求的能力一般，需要进一步提升其整体素养和能力。

2. 现阶段高校网络思政教育话语主体能力建设现状

调查问卷——您所在高校的宣传部、学工部、二级学院及思政教师等对思想政治教育最新理论的宣传、推广情况？（见表4-4）

表 4-4　交叉表 1

指标			您所在高校的宣传部、学工部、二级学院及思政教师等对思想政治教育最新理论的宣传、推广情况？					
			A：非常及时	B：比较及时	C：一般及时	D：不及时	E：无所谓	合计
高校	东部高校	计数（人）	678	705	429	105	357	2274
		占比（%）	30.51	31.78	18.79	3.53	15.4	36.53
	中部高校	计数（人）	216	252	936	570	276	2250
		占比（%）	8.86	10.57	43.14	25.71	11.71	36.14
	西部高校	计数（人）	192	156	675	468	210	1701
		占比（%）	10.44	8.12	41.59	28.24	11.61	27.33
合计		计数（人）	1086	1113	2040	1143	843	6225
		占比（%）	17.45	17.88	32.77	18.36	13.54	100

本题旨在考查现阶段高校网络思政教育话语主体的政治理论素养。实证结果显示，不同地区的高校对这道题的选择结果不尽相同。东部高校大学生认为本校思政教育工作者能够比较及时地学习、推广党的最新理论的占比最高，达31.78%，不及时的占比最低，仅为3.53%；而中部高校大学生认为本校思政教育工作者只能一般及时学习、推广党的最新理论的占比最高，达43.14%，非常及时的占比最低，仅为8.86%；西部高校大学生认为本校思政教育工作者只能一般及时学习、推广党的最新理论的占比最高，为41.59%，比较及时的占比最低，仅为8.12%。由此可见，不同高校的选择结果差异显著，但总体而言，高校网络思政教育工作者对马克思主义中国化最新理论成果的学习、内化、宣传、推广能力一般，自身的政治理论素养和工作能力有待进一步提升。

调查问卷——您所在高校思想政治教育工作者对新媒体技术的应用程

度如何？（见表4-5）

表4-5 交叉表2

指标			您所在高校思想政治教育工作者 对新媒体技术的应用程度如何？					
			A：非常 熟练	B：比较 熟练	C：一般 熟练	D：不熟练	E：不关心	合计
高校	东部 高校	计数（人）	432	756	612	129	345	2274
		占比（%）	18.93	34.18	27.4	4.66	14.83	36.53
	中部 高校	计数（人）	282	84	1068	549	267	2250
		占比（%）	12.00	2.57	49.43	24.71	11.29	36.14
	西部 高校	计数（人）	129	138	1086	144	204	1701
		占比（%）	6.38	6.96	68.09	7.35	11.22	27.33
合计		计数（人）	843	978	2766	822	816	6225
		占比（%）	13.54	15.71	44.43	13.2	13.12	100

本题旨在考查现阶段高校网络思政教育话语主体的网络媒介素养。实证结果显示，不同地区高校针对这道题的选择结果具有差异性。东部高校大学生选择"B选项"的占比最高，达34.18%，其次为一般熟练，占比为27.4%；中部高校大学生选择"C选项"的占比最高，达49.43%，其次为不熟练，占比为24.71%；西部高校大学生选择"C选项"的占比最高，达68.09%，其次为不关心，占比为11.22%。可见，不同区域的高校网络思政教育者的网络媒介素养差异显著，整体上从东部向西部呈现递减趋势，这也表明东部地区的网络化水平、开放度、科技水平高于中西部地区，高校网络思政教育工作者对新媒体技术的接受、学习、内化更强。

3. 现阶段高校网络思政教育专业化队伍建设现状

调查问卷——您所在高校是否有专业的网络思想政治教育队伍对网络舆情进行监督、管理？（见表4-6）

表4-6 交叉表3

指标			您所在高校是否有专业的网络思想政治教育队伍对网络舆情进行监督、管理？					
			A：有，且比较完善	B：有监管队伍，但不够完善	C：有教师监管，但没有监管队伍	D：没有	E：无所谓	合计
高校	东部高校	计数（人）	936	561	252	123	402	2274
		占比（%）	42.66	25.00	10.45	4.38	17.51	36.53
	中部高校	计数（人）	69	253	1338	276	314	2250
		占比（%）	1.86	10.14	62.29	11.71	14.00	36.14
	西部高校	计数（人）	93	132	909	336	231	1701
		占比（%）	4.06	6.58	56.67	19.73	12.96	27.33
合计		计数（人）	1098	946	2499	735	947	6225
		占比（%）	17.64	15.20	40.14	11.81	15.21	100

本题旨在考查现阶段高校网络思政教育专业队伍的发展。调查问卷的实证结果显示，不同区域的高校在这道题的选择结果上不尽相同。东部高校大学生认为高校网络思政教育工作专业团队的建设状况良好，有比较完善监管队伍的占比高达 42.66%，认为没有完备监管队伍的占比仅为 4.38%；中部高校大学生认为本校有教师监管，但没有监管队伍的占比最高，为 62.29%，认为有完善监管队伍的占比最低，仅为 1.86%；西部高校大学生认为本校有教师监管，但没有监管队伍的占比最高，为 56.67%，认为没有老师监管的占比为 19.73%。说明不同区域的高校网络思政教育专业队伍的建设现状差异显著，这种差异性值得深入研究，整体从东部向中西部呈现递减状态，有待进一步加强。

从上述分析不难看出，虽然不同区域的高校网络思政教育话语主体的建设现状具有一定的差异，但总体上看，话语主体建设取得了一定成效，同时也存在不足之处，需要不断扩大网络思政教育工作队伍，转变思政教育理念，增强其政治理论素养、媒介素养。

（二）高校网络思想政治教育话语使用现状

随着知识储备、生活经历的增长，不同年级的大学生对高校网络思政教育话语识别能力、网络话语行使能力都不尽相同。导致各年级大学生运用网络话语表达自身观念、看法的建设现状也不尽相同，现选取三个问题加以分析说明。

1. 现阶段高校大学生的网络思政教育话语使用意识现状

调查问卷——您重视自身拥有的网络话语权吗？（见表4-7）

表4-7　交叉表4

指标			您重视自身拥有的网络话语权吗？					
			A：非常重视	B：比较重视	C：一般重视	D：不重视	E：不关心	合计
高校	大一	计数（人）	109	185	728	113	30	1165
		占比（%）	9.36	15.88	62.49	9.70	2.58	18.73
	大二	计数（人）	147	193	834	132	23	1329
		占比（%）	11.06	14.52	62.75	9.93	1.73	21.37
	大三	计数（人）	158	213	809	129	49	1358
		占比（%）	11.63	15.68	59.57	9.50	3.61	21.37
	大四	计数（人）	141	173	870	105	31	1320
		占比（%）	10.68	13.11	65.91	7.95	2.35	21.23
	研究生	计数（人）	120	193	620	85	29	1047
		占比（%）	11.46	18.43	59.22	8.12	2.77	16.83
合计		计数（人）	675	957	3861	564	162	6219
		占比（%）	10.85	15.39	62.08	9.07	2.61	100

本题旨在考查现阶段大学生对自身网络话语主体性意识的重视程度。实证结果显示，不同年级的大学生的选择结果不尽相同。大学一年级的学生选择一般重视的占比最高，为62.49%，其次为比较重视，占比为15.88%，而非常重视的占比仅为9.36%；大学二年级的学生选择一般重视的占比最高，为62.75%，而非常重视的占比有所上升，占11.06%；大

学三年级的学生选择一般重视的占比有所下降，占59.57%，选择非常重视的占比持续上升至11.63%；大学四年级的学生选择一般重视的比例有所上升，占比为65.91%，而选择非常重视的占比下降至10.68%；研究生选择一般重视的占比为59.22%，非常重视的占比上升至11.46%，可见，不同年级的大学生对自身网络话语主体性意识的重视程度存在一定的差异，这种差异性值得进一步深入研究。

2. 现阶段高校大学生的网络思政教育话语识别能力现状

调查问卷——您是否会轻信网络上的言论，在不确定的情况下盲目跟风、转发、评论？（见表4-8）

表4-8　交叉表5

指标			您是否会轻信网络上的言论，在不确定的情况下盲目跟风、转发、评论？					
			A：总是	B：经常	C：偶尔	D：很少	E：从不	合计
高校	大一	计数（人）	30	33	409	539	154	1165
		占比（%）	2.58	2.83	35.11	46.27	13.22	18.73
	大二	计数（人）	34	55	437	605	198	1329
		占比（%）	2.56	4.14	32.88	45.52	14.90	21.37
	大三	计数（人）	24	55	418	627	234	1358
		占比（%）	1.77	4.05	30.78	46.17	17.23	21.84
	大四	计数（人）	35	59	535	541	150	1320
		占比（%）	2.65	4.47	40.53	40.98	11.36	21.22
	研究生	计数（人）	33	41	421	460	92	1047
		占比（%）	3.15	3.92	40.21	43.94	8.79	16.84
合计		计数（人）	156	243	2220	2772	828	6219
		占比（%）	2.51	3.91	35.70	44.57	13.31	100

本题旨在检测新时代大学生面对繁芜复杂的网络话语时，是否具有理性思维能力，能否有效识别网络话语信息。实证结果显示，不同年级的大学生对这道题的选择结果具有差异性。选择"D选项"的大学生中，大学

一年级的学生占比最高，为46.27%，其次为大学三年级的学生，占比为46.17%，大学四年级的学生占比最少，为40.98%；选择"B选项"的大学生中，大学四年级的学生占比最高，为4.47%，其次为大学二年级的学生，占比为4.14%，大学一年级的学生占比最少，仅为2.83%。从整体来看，在各个选项中，各年级的大学生选择"D选项"的比例均为最高，但仍有很多大学生偶尔甚至经常会轻信网络话语，不能有效识别网络话语信息。可见，大学生虽然具有一定理性思维能力、网络话语识别能力，但是囿于理论素养、知识结构、生活经历，仍然需要不断增强其网络话语识别能力。

3. 现阶段高校大学生规范使用网络话语表达自身观点、看法的现状调查问卷——您参与网络热点讨论时的话语使用情况？（见表4-9）

表4-9　交叉表7

指标			您参与网络热点讨论时的话语使用情况？					
			A：按照规范要求表述	B：言语攻击或抨击过他人	C：因激烈言辞而情绪激动	D：不参与	E：不关心	合计
高校	大一	计数（人）	122	259	252	438	94	1165
		占比（%）	10.47	22.23	21.63	37.60	8.07	18.73
	大二	计数（人）	176	223	303	484	143	1329
		占比（%）	13.24	16.78	22.80	36.42	10.76	21.37
	大三	计数（人）	168	208	237	522	223	1358
		占比（%）	12.37	15.32	17.45	38.44	16.42	21.84
	大四	计数（人）	103	338	249	518	112	1320
		占比（%）	7.80	25.61	18.86	39.24	8.48	21.22
	研究生	计数（人）	292	67	216	384	88	1047
		占比（%）	27.89	6.40	20.63	36.68	8.41	16.84
合计		计数（人）	861	1095	1257	2346	660	6219
		占比（%）	13.84	17.61	20.21	37.72	10.62	100

本题旨在考查当前高校大学生在网络空间正确行使网络话语表达权的能力。从调查结果来看，不同年级的大学生对这道题的选择具有差异性。各年级高校大学生在"D选项"的占比最高，即很多大学生选择只浏览网络热点，不参与社会热点的讨论。对于其他的选项，选择因激烈言辞而情绪激动的大学生中，大学二年级的学生占比最高，为22.80%，其次为大学一年级的学生，占比为21.63%，大学三年级的学生占比最小，为17.45%；选择按照规范要求表述自身话语的大学生中，研究生的占比最高，为27.89%，大学四年级的学生占比最小，为7.80%。可见，不同年级的大学生正确行使网络话语表达权的能力是不同的，但从整体来看，现阶段多数大学生选择只浏览网络热点，而能够规范使用网络话语表达权的大学生从研究生向本科生逐渐递减。

（三）高校网络思想政治教育话语内容建设现状

不同地区的高校网络思政话语内容在满足大学生合理诉求、融合网络流行话语、贴近大学校园真实生活、被大学生有效接受和内化等方面的发展现状存在一定差异，现选取四个问题的交叉表加以分析说明。

1. 现阶段高校网络思政教育话语内容满足大学生需求现状

调查问卷——您所在学校思想政治教育平台发表的内容是否符合您的需求？（见表4-10）

表4-10 交叉表8

指标			您所在学校思想政治教育平台发表的内容是否符合您的需求？					
			A：非常符合	B：比较符合	C：一般符合	D：不符合	E：无所谓	合计
高校	东部高校	计数（人）	525	597	660	162	330	2274
		占比（%）	23.31	26.69	29.66	6.21	14.12	36.53
	中部高校	计数（人）	186	120	1368	282	294	2250
		占比（%）	7.43	4.29	63.71	12.00	12.57	36.14
	西部高校	计数（人）	252	186	681	342	240	1701
		占比（%）	14.31	10.06	41.97	20.12	13.54	27.33

续表

指标		您所在学校思想政治教育平台发表的内容是否符合您的需求？					
		A：非常符合	B：比较符合	C：一般符合	D：不符合	E：无所谓	合计
合计	计数（人）	963	903	2709	786	864	6225
	占比（%）	15.47	14.51	43.52	12.63	13.87	100

本题旨在考查现阶段高校网络思政教育话语内容满足大学生实际需求和话语诉求的情况。实证结果显示，不同地区的高校对此题目的选择具有差异性。在选择"B选项"的大学生中，东部地区高校占26.69%，而中部、西部高校仅占4.29%、10.06%；在选择"C选项"的大学生中，东部地区高校大学生占29.66%，低于中部地区高校的63.71%、西部地区高校的41.97%；在选择"D选项"的大学生，中部地区高校占12.00%，西部地区高校占20.12%，高于东部地区高校的6.21%。可见，高校网络思政教育话语内容满足不同地区大学生实际需求和话语需求的情况不尽相同，从整体上看，现阶段大学生对高校网络思政教育话语内容符合自身需求的满意度并不高，对大学生缺乏吸引力，需进一步围绕大学生的实际需求提升其吸引力。

2. 现阶段高校网络思政教育话语内容时代化现状

调查问卷——您学校的官方网站（网页）、官方微博、微信公众号等新媒体平台发表、传播的思想政治教育内容是否引入网络流行话语元素？（见表4-11）

表4-11 交叉表9

指标		您学校的官方网站（网页）、官方微博、微信公众号等新媒体平台发表、传播的思想政治教育内容是否引入网络流行话语元素？					
		A：总是	B：经常	C：偶尔	D：很少	E：从不	合计
高校	东部高校	计数（人）	237	537	975	273	252	2274
		占比（%）	9.75	23.87	44.49	11.44	10.45	36.53

续表

指标			您学校的官方网站（网页）、官方微博、微信公众号等新媒体平台发表、传播的思想政治教育内容是否引入网络流行话语元素？					
			A：总是	B：经常	C：偶尔	D：很少	E：从不	合计
高校	中部高校	计数（人）	246	129	1017	642	216	2250
		占比（%）	10.29	4.71	47.00	29.14	8.86	36.14
	西部高校	计数（人）	198	174	771	393	165	1701
		占比（%）	10.83	9.28	47.78	23.40	8.70	27.33
合计		计数（人）	681	840	2763	1308	633	6225
		占比（%）	10.94	13.49	44.39	21.01	10.17	100

本题旨在考查现阶段高校网络思政教育话语主体融入网络流行话语元素来阐释其话语内容的现状。调查分析结果显示，不同区域的高校在这道题的选择结果上不尽相同。44.49%的东部地区高校大学生、47.00%的中部地区高校大学生、47.78%的西部地区高校大学生都选择了"C选项"，认为本校网络思政话语只是偶尔融入网络流行话语元素；在选择"B选项"的大学生中，东部地区高校占23.87%，高于中部地区高校的4.71%、西部地区高校的9.28%；在选择"D选项"的大学生中，东部地区高校占11.44%，低于中部地区高校的29.14%、西部地区高校的23.40%。这表明不同区域高校的选择结果确有差异，虽然东部地区高校融入网络流行话语来阐释网络思政话语内容的现状略好于中部、西部高校，但总体上高校融入网络流行话语来提升思政话语内容时代感、吸引力的发展现状并不理想，尚需进一步提升。

3. 现阶段高校网络思政教育话语内容大众化的现状

调查问卷——您所在学校网络平台上的思想政治教育内容是否引入社会热点事件？（见表4-12）

表 4-12　交叉表 10

指标			您所在学校网络平台上的思想政治教育内容是否引入社会热点事件？					
			A：总是	B：经常	C：偶尔	D：很少	E：从不	合计
高校	东部高校	计数（人）	468	591	624	357	234	2274
		占比（%）	20.62	26.41	27.97	15.40	9.60	36.53
	中部高校	计数（人）	141	138	1203	555	213	2250
		占比（%）	5.29	5.14	55.86	25.00	8.71	36.14
	西部高校	计数（人）	210	192	621	507	171	1701
		占比（%）	11.61	10.44	38.10	30.75	9.09	27.33
合计		计数（人）	819	921	2448	1419	618	6225
		占比（%）	13.16	14.8	39.33	22.8	9.91	100

本题旨在考查现阶段高校网络思政教育平台引入社会热点、校园焦点事件对网络思政教育话语内容进行阐释的现状。分析结果显示，不同地区高校的选择结果不尽相同。选择"C 选项"的大学生中，东部地区高校占比 27.97%、中部地区高校占比 55.86%、西部地区高校占比 38.10%；选择"A 选项"的大学生中，东部地区高校占 20.62%，高于中部地区高校的 5.29%、西部地区高校的 11.61%；选择"D 选项"的大学生中，中部、西部地区高校占 25.00%、30.75%，均高于东部地区高校的 15.40%。这表明不同地区高校间的差异显著，总体而言，现阶段高校大学生对高校网络思政教育话语内容引入社会热点事件来阐释马克思主义主流话语的认可度并不高，尚未充分发挥其育人效果。

调查问卷——您接触到的网络思想政治教育话语内容是否贴近校园生活、体现您的真实生活？（见表 4-13）

表4-13　交叉表11

指标			您接触到的网络思想政治教育话语内容是否贴近校园生活、体现您的真实生活？					
			A：非常贴近	B：比较贴近	C：一般贴近	D：不贴近	E：无所谓	合计
高校	东部高校	计数（人）	252	372	678	771	273	2346
		占比（%）	10.45	12.71	30.51	34.89	11.44	37.69
	中部高校	计数（人）	177	213	738	855	267	2250
		占比（%）	7.00	8.71	33.71	39.29	11.29	36.14
	西部高校	计数（人）	219	300	498	393	219	1629
		占比（%）	12.19	22.05	30.17	23.40	12.19	26.17
合计		计数（人）	648	885	1914	2019	759	6225
		占比（%）	10.41	14.22	30.75	32.43	12.19	100

本题旨在考查高校网络思政教育话语内容贴近大学生日常校园生活的现状。实证分析结果显示，不同区域高校在这道题的选择上不尽相同。30.51%的东部地区高校大学生、33.71%的中部地区高校大学生、30.17%的西部地区高校大学生都选择了"C选项"，认为目前接触到的网络思政话语内容与自己真实的校园生活只是一般贴近；选择"B选项"的大学生中，西部地区高校占22.05%，高于东部地区高校的12.71%、中部地区高校的8.71%；选择"D选项"的大学生中，东部地区高校占34.89%、中部地区高校占39.29%，高于西部地区高校的23.40%，这在一定程度上表明不同高校间存在差异性。从整体上看，高校网络思政话语内容未能很好的贴近大学生的日常生活，尚未完全发挥其引领力、感染力。

从表4-12和表4-13可以看出，尽管现阶段高校网络思政教育话语主体主动走进大学生实际校园生活，运用网络流行话语，借助社会热点事件和校园焦点来提升网络思政话语内容的时代化、大众化、吸引力，但不同地区的发展现状确有差异，总体而言现阶段发展状况一般，网络思政话语内容的育人实效性尚未得到有效发挥。

4. 现阶段高校网络思政教育话语内容被大学生认可、内化现状

调查问卷——您是否认可学校思想政治教育官方网站、官方微博、官方微信公众号等网络平台发表、传播的话语内容？（见表4-14）

表4-14 交叉表12

指标			您是否认可学校思想政治教育官方网站、官方微博、官方微信公众号等网络平台发表、传播的话语内容？					
			A：总是	B：经常	C：偶尔	D：很少	E：从不	合计
高校	东部高校	计数（人）	291	441	831	501	210	2274
		占比（%）	12.29	19.35	37.71	22.18	8.47	36.53
	中部高校	计数（人）	339	531	789	402	189	2250
		占比（%）	14.71	23.86	36.14	17.71	7.57	36.14
	西部高校	计数（人）	177	204	741	435	144	1701
		占比（%）	9.48	11.22	45.84	26.11	7.35	27.33
合计		计数（人）	807	1176	2361	1338	543	6225
		占比（%）	12.96	18.89	37.93	21.49	8.73	100

本题旨在考查现阶段大学生对高校网络思政教育话语内容接受、认可的现状。分析结果显示，不同地区高校的选择结果具有差异性。37.71%的东部地区高校大学生、36.14%的中部地区高校大学生、45.84%的西部地区高校大学生都选择了"C选项"，表示自己只是偶尔认可当前的网络思政话语内容；19.35%的东部地区高校大学生、23.86%的中部地区高校大学生表示经常认可当前的网络思政话语内容，这一比例高于西部地区高校的11.22%；26.11%的西部地区高校大学生表示很少认可当前的网络思政话语内容，这一比例高于东部地区高校的22.18%、中部地区高校的17.71%。可见，不同地区高校的选择显著明显，但总的来看，大学生对目前高校网络思政话语内容的接受力、认可度并不高，认为网络思政话语内容的育人实效性并未得到有效发挥。

调查问卷——您是否对学校网络思想政治教育话语内容进行点赞、评论、转发？（见表4-15）

表 4-15　交叉表 13

指标			您是否对学校网络思想政治教育话语进行点赞、评论、转发？					
			A：总是	B：经常	C：偶尔	D：很少	E：从不	合计
高校	东部高校	计数（人）	252	297	744	558	423	2274
		占比（%）	10.45	12.57	33.62	24.86	18.50	36.53
	中部高校	计数（人）	273	366	768	468	375	2250
		占比（%）	11.57	16.00	35.14	20.86	16.43	36.14
	西部高校	计数（人）	183	261	555	432	270	1701
		占比（%）	9.86	14.89	33.85	25.92	15.47	27.33
合计		计数（人）	708	924	2067	1458	1068	6225
		占比（%）	11.37	14.84	33.21	23.42	17.16	100

本题旨在考查现阶段大学生对高校网络思政教育话语内容内化于心、外化于行的现状。结果显示，不同地区高校大学生的选择结果确有差异。在选择"C选项"的大学生中，东部地区高校占33.62%、中部地区高校占35.14%、西部地区高校占33.85%；在选择"A选项"的大学生中，东部地区高校占10.45%、中部地区高校占11.57%，高于西部地区高校的9.86%；在选择"D选项"的大学生中，东部地区高校占24.86%、西部地区高校占25.92%，均高于中部地区高校的20.86%，说明不同学校间的差异显著。从整体上看，大学生对当前高校网络思政话语内容的接受度、认可度并不高，缺乏主动传播的自觉地、积极性、主动性。

（四）高校网络思想政治教育话语方式的建设现状

通过调查问卷分析发现，不同地区的高校网络思政教育话语方式在大众化、具象化、叙事化等方面的建设现状确有差异，现选取二个问题的交叉表加以分析说明。

1. 现阶段高校网络思政教育话语方式大众化现状

调查问卷——您所在高校网络平台上的思想政治教育话语以哪种呈现方式居多？（见表4-16）

表 4-16　交叉表 14

指标			您所在高校网络平台上的思想政治教育话语以哪种方式呈现的居多？					
			A：生动，幽默的生活话语形式	B：国家领导人讲话等的政治话语形式	C：学术概念，理论知识等的学术话语形式	D：其他	E：无所谓	合计
高校	东部高校	计数（人）	110	978	738	70	378	2274
		占比（%）	4.24	44.63	33.33	1.41	16.38	36.53
	中部高校	计数（人）	210	873	774	57	336	2250
		占比（%）	8.57	40.14	35.43	1.29	14.57	36.14
	西部高校	计数（人）	201	651	522	57	270	1701
		占比（%）	11.03	40.04	31.72	1.74	15.47	27.33
合计		计数（人）	521	2502	2034	184	984	6225
		占比（%）	8.37	40.19	32.67	2.96	15.81	100

　　本题旨在考查现阶段高校网络思政教育话语方式的大众化现状。分析结果显示，不同地区高校之间的选择结果存在差异性。在选择"B选项"的大学生中，东部地区高校占44.63%、中部地区高校占40.14%、西部地区高校占40.04%，是各地区大学生在所有选项中占比最高的；在选择"C选项"的大学生中，中部地区高校占35.43%，略高于东部地区高校的33.33%、西部地区高校的31.72%；而在选择"A选项"的大学生中，仅有4.24%的东部地区高校、8.57%的中部地区高校、11.03%的西部地区高校的大学生选择该选项。可见，不同地区高校针对这道题的选择情况不尽相同，从整体上看，现阶段高校网络思政教育话语内容仍然以政治话语、学术话语的表达方式呈现为主，运用通俗易懂、易于接受的生活话语、大众话语来呈现高校网络思政话语内容的能力仍需不断提升。

　　2. 现阶段高校网络思政教育话语方式的吸引力现状

　　调查问卷——目前高校新媒体平台上发表、传播的思想政治教育话语表达方式带给您的感受如何？（见表 4-17）

表4-17　交叉表15

指标			目前高校新媒体平台上发表、传播的思想政治教育话语带给您的感受如何？					
			A：鲜活生动	B：偶尔吸引	C：平平无奇	D：枯燥乏味	E：无所谓	合计
高校	东部高校	计数（人）	297	243	858	540	336	2274
		占比（%）	12.57	10.03	38.98	24.01	14.41	36.53
	中部高校	计数（人）	399	390	795	363	303	2250
		占比（%）	17.57	17.14	36.43	15.86	13.00	36.14
	西部高校	计数（人）	186	171	822	267	255	1701
		占比（%）	10.06	9.09	51.06	15.28	14.51	27.33
合计		计数（人）	882	804	2475	1170	894	6225
		占比（%）	14.17	12.92	39.76	18.79	14.36	100

本题旨在考查现阶段高校网络思政教育话语方式的吸引力现状。调查结果显示，不同高校对这道题的选择不尽相同。38.98%的东部地区高校大学生、36.43%的中部地区高校大学生、51.06%的西部地区高校大学生都选择了"C选项"，认为高校网络思政教育话语方式平平无奇；17.57%的中部地区高校大学生认为高校网络思政教育话语方式鲜活生动，这一比例高于东部地区高校的12.57%和西部地区高校的10.06%；24.01%的东部地区高校大学生认为高校网络思政教育话语方式枯燥乏味，这一比例高于中部地区高校的15.86%、西部地区高校的15.28%，可见，不同高校之间的差异显著。从整体上看，大多数高校学生认为当前网络思政教育话语方式平平无奇，甚至枯燥乏味，对自己缺乏吸引力、感染力。

（五）高校网络思想政治教育话语平台建设现状

通过调查问卷分析发现，不同地区的高校网络思政话语平台的建设情况、吸引力、辐射力现状稍有差异，现选取三个问题的交叉表加以分析说明。

1. 现阶段高校网络思政教育话语平台的建设现状

调查问卷——您所在高校是否开通思想政治教育主题（专题）网站、

官方微博、官方微信公众号？（见表4-18）

表4-18　交叉表16

指标			您所在高校是否开通思想政治教育主题（专题）网站、官方微博、官方微信公众号？					
			A：都开通	B：只开通其中两项	C：只开通其中一项	D：都没有	E：不关心	合计
高校	东部高校	计数（人）	105	639	885	153	492	2274
		占比（%）	3.53	28.67	40.25	5.79	21.75	36.53
	中部高校	计数（人）	450	403	744	173	480	2250
		占比（%）	20.00	18.00	34.00	6.57	21.43	36.14
	西部高校	计数（人）	282	174	792	90	363	1701
		占比（%）	16.25	9.28	49.13	3.87	21.47	27.33
合计		计数（人）	837	1216	2421	416	1335	6225
		占比（%）	13.45	19.53	38.89	6.68	21.45	100

本题旨在考查现阶段高校网络思政教育话语平台的建设现状。成效分布结果显示，不同地区高校在此题目上的选择不尽相同。在选择"C选项"的大学生中，东部地区高校占40.25%、中部地区高校占34.00%、西部地区高校占49.13%；在选择"A选项"的大学生中，中部地区高校占20.00%、西部地区高校占16.25%，均远高于东部地区高校的3.53%；在选择"B选项"的大学生中，东部地区高校占28.67%、中部地区高校占18.00%，均高于西部地区高校的9.28%。这表明不同高校间的选择差异显著，虽然现阶段高校在积极建设网络思政教育话语平台，但建设现状并不理想，话语平台的传播力、辐射力不强。

2. 现阶段高校网络思政教育话语平台版块设计的建设现状

调查问卷——您所在高校思想政治教育网络平台建设现状？（见表4-19）

表 4-19　交叉表 17

指标			您所在高校思想政治教育网络平台建设现状？					
			A：丰富多彩，生机勃勃	B：千篇一律，缺乏新意	C：内容空泛，形式单一	D：不太了解	E：不关心	合计
高校	东部高校	计数（人）	687	198	567	576	246	2274
		占比（%）	30.93	7.91	25.28	25.71	10.17	36.53
	中部高校	计数（人）	0	498	915	573	264	2250
		占比（%）	0	22.29	42.14	25.86	9.71	36.14
	西部高校	计数（人）	33	183	735	558	192	1701
		占比（%）	0.19	9.86	45.45	34.04	10.44	27.33
合计		计数（人）	720	879	2217	1707	702	6225
		占比（%）	11.57	14.12	35.61	27.42	11.28	100

本题旨在考查现阶段高校网络思政教育话语平台板块设计的建设现状。分析结果显示，不同地区高校的选择结果不尽相同。30.93%的东部地区高校大学生选择了"A选项"，认为本校网络思政教育话语平台丰富多样、生机勃勃，中部、西部地区高校大学生几乎无人选择"A选项"；22.29%的中部地区高校大学生选择了"B选项"，认为高校网络思政教育平台千篇一律、缺乏新意，这一比例远远高于东部地区高校的7.91%、西部地区高校的9.86%；42.14%的中部地区高校大学生、45.45%的西部地区高校大学生选择了"C选项"，这一比例高于东部地区高校的25.28%。这表明不同地区高校对此题目的选择确有差异，但从整体上看，现阶段高校网络思政教育话语平台的板块设计形式单一，缺乏创新性和吸引力，在高校网络思政教育话语权建设过程中尚未充分发挥其应有的作用。

3. 现阶段高校网络思政教育话语平台的辐射力现状

调查问卷——您是否浏览并关注学校思想政治教育网（页）、官方微博、官方微信公众号等思想政治教育网络平台？（见表4-20）

表 4-20 交叉表 18

		指标	您是否浏览并关注学校思想政治教育网（页）、官方微博、官方微信公众号等思想政治教育网络平台？					
			A：总是	B：经常	C：偶尔	D：很少	E：从不	合计
高校	东部高校	计数（人）	342	321	804	468	339	2274
		占比（%）	14.69	13.70	36.44	20.62	14.55	36.53
	中部高校	计数（人）	378	369	801	426	276	2250
		占比（%）	16.57	16.14	36.71	18.86	11.71	36.14
	西部高校	计数（人）	300	258	597	312	234	1701
		占比（%）	17.41	14.70	36.56	18.18	13.15	27.33
合计		计数（人）	1020	948	2202	1206	849	6225
		占比（%）	16.39	15.23	35.37	19.37	13.64	100

本题旨在考查现阶段高校网络思政教育话语平台的辐射力现状。从实证分析结果可以看出，不同区域高校在这道题目上的选择存在差异性。36.44%的东部地区高校大学生、36.71%的中部地区高校大学生、36.56%的西部地区高校大学生只是偶尔浏览并关注高校网络思政教育话语平台；16.14%的中部地区高校大学生经常浏览并关注高校网络思政教育话语平台，这一比例高于东部地区高校的13.70%、西部地区高校的14.70%；20.62%的东部地区高校大学生很少浏览并关注高校网络思政教育话语平台，高于中部地区高校的18.86%、西部地区高校的18.18%。可见，不同学校间的选择结果差异显著，从整体上看，现阶段大学生浏览并关注高校网络思政教育话语平台的主动性、积极性不高，高校网络思政教育话语平台的辐射力、引领力不强。

第二节　高校网络思想政治教育话语权
建设的成效

大学生的网络利用率决定着其接受、学习高校网络思政教育话语内容的时间，在很大程度上影响着高校网络思政教育话语权的发展状况，调查问卷结果显示：有 26.31% 的大学生在网络空间的时间超过 8 小时，有 44.16% 的大学生在网络空间的时间在 4~8 小时，有 24.25% 的大学生在网络空间的时间在 1~4 小时（见图 4-2），可见，作为网络的原住民和生力军，大学生的网络利用率非常高，这为高校网络思政教育话语权的顺利运行和有效提升提供了必要的前提条件。同时，根据前文的理论研究和调研问卷的列联表实证分析结果可知，在党和国家的高度重视下，高校网络思政教育话语权的建设总体趋向完善，取得了一定的实质性成效，具体有以下几个方面：

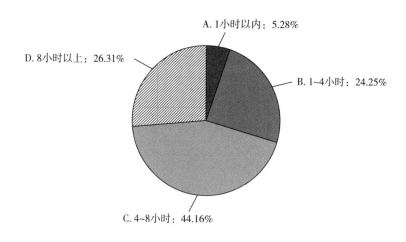

图 4-2　您每天花多少时间在网络上（含手机终端用网时间）

一、话语主客体的主动性不断增强

在网络化生存的新时代，人人都能成为网络话语的传播者和接受者。高校网络思政教育工作者利用自身的话语资源优势地位，积极传播马克思主义主流话语，大学生主动汲取知识，积极创造、传播自身网络话语，主动发出自己的"声音"，积极参与到高校网络思政教育话语权建设中。可见，高校网络思政教育工作者和大学生的话语主动性意识不断增强。

（一）高校网络思政教育话语主体的主导性、主体性意识不断强化

从列联表分析中不难看出，高校网络思政教育话语主体在网络空间通过积极参与网络舆论交锋、主动设置网络话语议题、参与网络热点讨论等方式，合理引导网络舆论走向，不断提升其对高校网络思政教育工作的话语权、领导权。具体而言，一是积极、主动参与网络舆论交锋，把握网络思政教育活动的话语权、主动权。现阶段网络空间充斥着不良信息、网络暴力等负面新闻，要想牢牢掌握网络舆论阵地的主导权、主动权，就要求在日常的工作中，高校网络思政教育话语主体时刻关注并浏览大学生经常浏览的网站，积极掌握网络流行话语。在处理校园网络舆情和突发事件的过程中，坚持以马克思主义主流意识形态和社会主义核心价值观为自身网络思政教育话语的思想内核，积极主动地参与到网络话语交锋中。将党和国家的最新理论用通俗易懂的网络话语、大众话语阐释清楚，坚持问题导向，在网络话语交锋中与错误话语交锋、与错误思想论战，正面、科学地回应大学生的思想疑惑，解决大学生的实际困难。二是主动设置网络话语议题，有效地引导网络舆论方向。高校网络思政教育工作者充分尊重大学生合理、正当表达自身观点和诉求的话语权利，深入大学生群体了解大学生的实际需要，掌握话语先机，针对大学生关注的社会热点、校园焦点设置相关的网络话语议题，主动发起网络讨论，用蕴含马克思主义主流意识形态和社会主义核心价值观的网络话语与大学生进行互动对话，最大限度地防止错误网络言论的诱导，合理疏导网络空间的情绪化话语，健康引导大学生的网络言论和网络行为，从而帮助大学生深刻认识我国的政治优势

和制度优势，筑牢自身所肩负的历史使命和时代责任。

（二）高校大学生的网络话语主体性意识不断增强

在传统的高校思政教育实践活动中，大学生只是被动地接受理论灌输，不会重视自身的思政教育话语表达权、言说权，这种情形在"人人都是宣传员"的网络空间得到根本性转变。网络空间为高校大学生提供了一个更加自由开放的话语环境，作为思想活跃、情感丰富、个性突出的新时代青年，大学生在网络空间敢于质疑、敢于批判，积极参与网络思政教育话语权生成、运行、提升的全过程，不断增强主动性、主体性意识。同时，大学生网络骨干意见领袖凭借自身的影响力和号召力，在微信、微博、抖音等网络平台积极发声，不断对其他大学生网民和高校网络思政教育工作者施加影响，进而在网络空间寻求话语认同，发挥整合、引导网络舆论的效果。调查分析结果显示，10.85%的大学生非常重视自身的网络话语权，15.39%的大学生比较重视自身的网络话语表达权，62.08%的大学生一般重视自身的网络话语表达权（见表4-21），可见，当前大学生越来越重视自身在网络空间的话语表达权、言说权，不断增强其网络话语主体性、能动性意识，在网络空间持续释放自身的网络话语权利，提升自身的网络话语能力。

表4-21　您重视自身拥有的网络话语表达权吗？

选项	数量（人）	百分比（%）	有效百分比（%）	累计百分比（%）
A：非常重视	675	10.85	10.85	10.85
B：比较重视	957	15.39	15.39	26.24
C：一般重视	3861	62.08	62.08	88.32
D：不重视	564	9.07	9.07	97.39
E：不关心	162	2.61	2.61	100
合计	6219	100	100	

具体而言，大学生的网络话语主体性意识不断增强表现在如下两个方面：一方面，大学生日益重视自身的网络话语表达权、言说权，释放自身

的网络话语权利。新媒体平台的开放性、自由性、大众性以及网络话语传播的便捷性、交互性特征凸显，大学生的自觉性、主动性意识不断增强，可以在网络平台自由表达自己的观点、看法和立场，自主选择接受网络话语内容，释放自己网络话语权利。调查分析结果显示，8.71%的大学生总是在网络平台对某一社会热点、校园焦点发表言论，14.47%的大学生经常在网络平台发表言论，57.16%的大学生偶尔在网络平台发表言论（见表4-22），可见，这在一定程度上为大学生释放自己的网络话语权利创造了良好的人群环境，大学生的网络话语权利得到一定程度的发挥。

表 4-22　您是否在网络平台上对某一时事热点或者校园焦点发表言论？

选项	数量（人）	百分比（%）	有效百分比（%）	累计百分比（%）
A：总是	542	8.71	8.71	8.71
B：经常	901	14.47	14.47	23.18
C：偶尔	3558	57.16	57.16	80.34
D：很少	782	12.56	12.56	92.9
E：从不	442	7.1	7.1	100
合计	6225	100	100	

另一方面，在网络空间，大学生具有很强的能动性、主动性。在网络空间，大学生不仅可以根据自己的实际需求、心理诉求，自主选择学习、内化或批判、拒绝高校网络思政教育话语内容，还可以凭借自己突出的网络技术水平、网络交际能力，在网络平台与高校网络思政教育工作者平等互动对话，向高校网络思政教育工作者表达自己的真实需求和想法，对陈旧的思政教育话语信息提出疑问和评价，进而推动高校网络思政教育话语权不断提升。调查分析结果显示，选择总是、经常、偶尔在网络平台表达对高校网络思政教育工作者传播话语内容的真实意见的大学生人数比重分别为14.22%、17.49%、37.19%（见表4-23），从中可以看出，与传统思政教育相比，在新时代网络空间，多数大学生的话语能动性、主动性意识不断增强，敢于向高校网络思政教育工作者表达自己的真实见解，提升

自己的网络话语表达能力。

表4-23　您是否敢于表达对学校思想政治教育平台所传播话语内容的真实意见？

选项	数量（人）	百分比（%）	有效百分比（%）	累计百分比（%）
A：总是	885	14.22	14.22	14.22
B：经常	1089	17.49	17.49	31.71
C：偶尔	2315	37.19	37.19	68.9
D：很少	1107	17.78	17.78	86.68
E：从不	829	13.32	13.32	100
合计	6225	100	100	

总言之，立足新的历史发展阶段，在网络话语空间，高校网络思政教育话语主体和大学生的话语主体性意识不断增强，促使二者在网络空间平等互动对话，促进了话语主客体之间的知识共享、思想共通，共同推动高校网络思政教育话语权的良性发展。

二、话语内容和话语方式不断丰富

高校网络思政教育工作者因时因势利导，坚持"以生为本"的教育理念，深入大学生网民群体，全面了解大学生的所需所想所求，结合新时代的发展特色和青年大学生的利益需求，在与大学生整合信息、互动学习、交流探索的过程中，将高校网络思政教育的需要和网络流行话语、社会焦点事件有效融合起来，推动网络思政话语内容在把控上更广泛、设置上更主动、挖掘上更明确，运用多样化、多元化的表达方式来阐释高校网络思政教育话语内涵，从而激发大学生学习、内化高校网络思政话语内容的主动性、积极性，进而实现思想认同、价值认同。

立足于新时代、新形势，现阶段高校网络思政教育话语主体不断求新求变，积极尝试利用社会热点、校园焦点事件来阐释高校网络思政教育话语内容，调查分析结果显示，14.8%的大学生认为本校的网络思政教育话语内容经常引入社会热点、校园焦点事件来进行阐释，39.33%的大学生认为本校的网络思政教育话语内容偶尔引入社会热点、校园焦点事件来进行阐释，22.8%的大学生认为本校的网络思政教育话语内容很少引入社会热点、校园焦点事件来进行阐释（见表4-24）。

表4-24 您所在学校网络平台上的思想政治教育内容是否引入社会热点事件？

选项	数量（人）	百分比（%）	有效百分比（%）	累计百分比（%）
A：总是	819	13.16	13.16	13.16
B：经常	921	14.80	14.80	27.96
C：偶尔	2448	39.33	39.33	67.29
D：很少	1419	22.80	22.80	90.09
E：从不	618	9.91	9.91	100
合计	6225	100	100	

同时，高校网络思政教育话语主体积极学习、提炼、整合网络流行话语，尝试将网络流行话语元素与高校网络思政教育话语内容融合起来，运用网言网语、微言微语等新颖话语方式呈现话语内容，推动高校网络思政教育话语方式更加具象化、形象化、大众化，13.49%的大学生认为本校发表、传播的网络思政教育话语内容经常引入网络流行话语元素，44.39%的大学生认为本校发表、传播的网络思政教育话语内容偶尔引入网络流行话语元素，21.01%的大学生认为本校发表、传播的网络思政教育话语内容很少引入网络流行话语元素（见表4-25）。

表4-25 您学校的官方网站（网页）、官方微博、微信公众号等新媒体平台发表、
传播的思想政治教育内容是否引入网络流行话语元素？

选项	数量（人）	百分比（%）	有效百分比（%）	累计百分比（%）
A：总是	681	10.94	10.94	10.94
B：经常	840	13.49	13.49	24.43

续表

选项	数量（人）	百分比（%）	有效百分比（%）	累计百分比（%）
C：偶尔	2763	44.39	44.39	68.82
D：很少	1308	21.01	21.01	89.83
E：从不	633	10.17	10.17	100
合计	6225	100	100	

总言之，在新时代，大学生对话语信息的需求不断生活化、碎片化、多元化，面对繁芜复杂的网络话语信息，高校网络思政教育话语主体深入大学生真实生活，尝试结合社会热点、校园焦点，利用大学生喜闻乐见的网络话语、生活话语来阐释高校网络思政教育话语内容，不断丰富高校网络思政教育话语内容和话语方式，取得了一定的成效。

三、话语传播平台和空间不断扩展

作为被广泛使用的新兴传播媒介，网络平台容量大、互动性强、资源丰富，是连接高校网络思政教育话语主体和大学生的桥梁和纽带，对新时代高校网络思政教育话语权的生成、运行、提升具有举足轻重的影响作用。网络技术的迭代革新丰富了高校网络思政教育话语传播途径、拓宽了其时空范围、加快了其传播速度（潘强等，2020），为高校网络思政教育话语权建设提供了新的时代发展机遇。调查分析结果显示，45.03%的大学生选择使用网络来获取自己所需的时政资讯和生活信息，17.31%、6.11%、4.04%的大学生选择通过电视、广播、报纸等传统媒介来获取自己所需的时政资讯和生活信息，26.08%的大学生选择通过与人面对面交流来获取自己所需的时政资讯和生活信息（见表4-26）。由此可见，形式多样、传播便捷的新媒体平台已成为大学生获取最新资讯、日常学习沟通的主要平台和载体，也可以作为高校发表、传播网络思政教育话语内容的主要平台和载体。

表 4-26　您平常获取时政资讯和生活信息的途径是什么？

选项	响应		个案百分比（%）
	数量（人）	百分比（%）	
A：网络	5793	45.03	93.06
B：电视	2226	17.31	35.76
C：广播	786	6.11	12.63
D：报纸	519	4.04	8.34
E：与人面对面交流	3354	26.08	53.88
F：其他	180	1.43	2.89
总计	12858	100	206.56

　　现阶段微博、微信、抖音、论坛等各种集文字、视频、图片、动画于一体的网络平台如雨后春笋般涌现，大学生在网络空间获取信息、发表观点、分享感悟的方式和手段随之增多。调查结果显示，24.08%、30.13%、21.92%的大学生选择通过微博、微信、抖音来获取各种资讯、发表观点，11.88%的大学生选择通过权威网站来获取各种信息，3.59%、3.36%的大学生选择利用贴吧、论坛来获取各种信息、发表观点（见表4-27），由此可见，在丰富多样的网络话语平台中，微信、微博、抖音最受大学生网民的追捧。

表 4-27　您从网络上获取信息的最主要途径是哪些？

选项	响应		个案百分比（%）
	数量（人）	百分比（%）	
A：微博	4710	24.08	75.66
B：微信	5892	30.13	94.65
C：抖音	4287	21.92	68.87
D：权威网站	2324	11.88	37.33
E：贴吧	702	3.59	11.28
F：论坛	658	3.36	10.57
G：其他	984	5.04	15.81

续表

选项	响应		个案百分比（%）
	数量（人）	百分比（%）	
总计	19557	100	314.17

面对这些丰富多样的网络话语平台，高校网络思政教育话语主体深入大学生网民群体之中，了解用途较广泛、功能较全面、方式较新颖的网络平台，并利用微信、微博等这些大学生乐于接受的网络平台来发表、传播高校网络思政教育话语内容。调查结果显示，13.45%的大学生认为本校都开通了网络思政教育主题网站、官方微信公众号、官方微博，19.53%的大学生认为本校的思政教育主题网站、官方微信公众号、官方微博只开通了其中两项，38.89%的大学生认为本校的思政教育主题网站、官方微信公众号、官方微博只开通了其中一项（见表4-28）。可见，形式多样的网络平台推动高校网络思政话语的传播更加高速、高效，网络思政教育主题网站不再是传播网络思政话语内容的唯一途径，很多高校不断探索建立、推广官方微信公众号、官方思政教育微博、官方抖音账号、QQ群来呈现、传播马克思主义主流意识形态和社会主义核心价值观。

表4-28　您所在高校是否开通思想政治教育主题（专题）网站、官方微博、官方微信公众号？

选项	数量（人）	百分比（%）	有效百分比（%）	累计百分比（%）
A：都开通	837	13.45	13.45	13.45
B：只开通其中两项	1216	19.53	19.53	32.98
C：只开通其中一项	2421	38.89	38.89	71.87
D：都没有开通	416	6.68	6.68	78.55
E：不关心	1335	21.45	21.45	100
合计	6225	100	100	

综合来看，在网络化生存的新时代，高校网络思政教育话语权的载体

建设不断具体化、多样化、多元化，经由大学生喜爱的网络平台这一介质，拉近了高校网络思政教育话语主体和大学生之间的距离。可见，网络拓展了高校网络思政教育话语权传播的平台和空间，扩大了高校网络思政教育话语权的辐射范围、影响领域，增强了高校网络思政教育话语权的育人实效性。

第三节　高校网络思想政治教育话语权建设不足归因探析

结合前文关于高校网络思政教育话语权的相关理论研究，以及列联表的实证分析结果，虽然现阶段高校网络思政教育话语权的发展取得了一定的成效，但依然存在高校网络思政教育话语主体调控力较弱、网络话语使用不规范、话语内容吸引力不够、话语方式新颖度不强、话语平台传播力不足等问题。

一、话语主体调控力较弱

调控力主要是指高校网络思政教育话语主体全面掌握、管理网络思政教育话语信息源，在网络思政教育话语信息创造、推送、传播过程中发挥"把关人"的作用。倘若失去高校网络思政教育话语主体这一"把关人"的调控和保护，自由主义、"普世价值"等不良信息会迅速充斥网络空间，危害大学生的思想认知和价值观念，冲击马克思主义主流意识形态在高校中的指导地位，影响高校网络思政教育话语权的良性运行。在传统的思政教育实践活动中，高校思政教育工作者长期处于话语势差的优势地位，可以调控并约束思政教育话语信息的推送和传播，在源头上对有害话语、虚假话语进行过滤，进而将蕴含马克思主义主流意识形态和社会主义核心价值观的思政教育话语信息快速、安全地传播至大学生。然而，在网络化生存的新时代，网络话语信息传播的便捷性、自由性、即时性特征弱化了高校网络思政教育话语主体的信息优势，降低了其对网络话语信息的调控力、管理力，从而削弱了高校网络思政教育话语主体的主导力、调控力、权威力。高校网络思政教育话语主体的话语调控力较弱不仅表现在缺乏专业网络思政教育队伍的调控、引导、宣传，还体现在现阶段高校缺乏针对网络思政教育工作的制度保障。

具体而言，一方面，现阶段高校网络思政教育专业化、职业化队伍建设力度不够。调查结果显示，就高校网络思政教育话语主体对网络信息技术的应用能力而言，13.54%的大学生认为本校网络思政教育工作者对新媒体技术的应用非常熟练，44.43%、13.2%的大学生认为本校网络思政教育工作者对新媒体技术的应用水平一般熟练、不熟练，甚至有13.12%的大学生不关心本校网络思政教育工作者对新媒体技术的应用能力（见表4-29）。

表4-29　您所在高校思想政治教育工作者对新媒体技术的应用程度如何？

选项	数量（人）	百分比（%）	有效百分比（%）	累计百分比（%）
A：非常熟练	843	13.54	13.54	13.54
B：比较熟练	978	15.71	15.71	29.25
C：一般熟练	2766	44.43	44.43	73.68
D：不熟练	822	13.20	13.20	86.88
E：不关心	816	13.12	13.12	100
合计	6225	100	100	

就高校网络思政教育话语主体对网络话语信息的监督、管理而言，高校网络思政教育工作者"把关人"的作用弱化，对网络信息缺乏必要的监管，17.64%的大学生认为本校有且比较完善的网络思政教育队伍对网络话语信息进行监督、管理，40.14%的大学生认为本校缺乏专业的思政教育队伍，但有网络思政教育工作者对网络话语信息进行监督、管理，

11.81%的大学生认为本校没有网络思政教育工作者对网络话语信息进行监督、管理，15.21%的大学生表示无所谓本校有没有网络思政教育工作者对网络话语信息进行监督、管理（见表4-30）。

表4-30　您所在高校是否有专业的网络思想政治教育队伍
对网络舆情进行监督、管理？

选项	数量（人）	百分比（%）	有效百分比（%）	累计百分比（%）
A：有，且比较完善	1098	17.64	17.64	17.64
B：有监管队伍，但不够完善	946	15.20	15.20	32.84
C：有教师监管，但没有监管队伍	2499	40.14	40.14	72.98
D：没有	735	11.81	11.81	84.79
E：无所谓	947	15.21	15.21	100
合计	6225	100	100	

从表4-29、表4-30可以看出，现阶段高校网络思政教育队伍的整体建设水平不强，高校网络思政教育工作者对最新网络信息技术的掌握、运用能力不够，且缺乏数量足够的专业化、职业化网络思政教育队伍，更没有一个独立于高校行政、教学部门的网络思政教育队伍对网络思政教育话语信息进行管理、调控，导致在网络话语场域时有发生网络思政教育工作者缺位的现象，降低了高校网络思政教育话语主体的主导力和调控力。

另一方面，高校的网络思政教育制度建设尚不完善。面对网络空间庞杂化、碎片化的话语信息，高校网络思政教育话语主体进行调控、引导需要强有力的制度保障，才能及时甄别、制止错误言论、有害言论的传播，营造一个风清气正的网络思政教育话语环境。目前，高校一直致力于制定相关的制度规范来为网络思政教育工作者调控网络话语提供制度保障，但这些相关制度的制定、实施滞后于网络的快速发展，对网络安全、数据采集、话语监管等方面的制度规定较为欠缺，导致高校网络思政教育话语主体的话语调控能力不足。调查结果显示，11.37%、20.92%的大学生认为本校针对网络思政教育工作制定的制度非常完善、比较完善，38.02%的大学生认为本校针对网络思政教育工作只提出了相关要求，没有制定相应的规章制度，10.41%的大学生认为本校没有针对网络思政教育工作的相关制度，19.28%的大学生对此表示不关心（见表4-31），可见，现阶段高校针对网络思政教育工作的制度保障尚不完善。

表4-31　您所在高校是否针对网络思想政治教育工作制定了相关制度规定？

选项	数量（人）	百分比（%）	有效百分比（%）	累计百分比（%）
A：有非常完善的制度	708	11.37	11.37	11.37
B：有相对完善的制度	1302	20.92	20.92	32.29
C：仅提出相关要求，没有制度	2367	38.02	38.02	70.31
D：没有	648	10.41	10.41	80.72
E：不关心	1200	19.28	19.28	100
合计	6225	100	100	

高校网络思政教育话语主体承担着向大学生传播马克思主义主流意识形态话语来塑造其思想认知、价值标准、行为规范的主要任务，其整体建设水平在很大程度上影响着高校网络思政教育话语权育人实效性的发挥。在网络化迅速发展的新时代背景下，部分高校网络思政教育话语主体的网络教育理念滞后、个人能力素养不足、专业化教师队伍不够是导致高校网络思政教育话语权实效性不强的主要原因之一，具体表现在如下几个方面：

第一，部分高校网络思政教育话语主体的网络思政教育理念滞后，缺乏互联网思维能力。受传统教育模式的影响，部分高校网络思政教育话语主体在网络空间仍扮演"领导者"角色，未与时俱进地更新思政教育理念，仍沿用陈旧、枯燥的教学方法，导致高校大学生对思政教育内容的接受度低，不利于高校网络思政教育话语权的发展。一方面，高校网络思政教育话语主体的角色定位已转向多元角色，但是部分高校网络思政教育话语主体囿于传统思政教育理念的固化，很难快速转变自身角色。在网络虚拟话语场域，部分高校网络思政教育话语主体固守己见，仍以现实课堂为主，忽视了网络空间的自由性、大众性、交互性、虚拟性特征，只是将网络思政教育平台看作传播思政教育理论的普通工具和手段，不能很好地转变思政教育话语主体的身份和角色定位。另一方面，部分高校网络思政教育话语主体缺少互联网思维能力，仍处于被动适应网络化发展阶段。部分高校网络思政教育话语主体年龄偏大或固守己见，缺少互联网思维意识，网络意识相对薄弱，仍存在经验主义、教条主义等不良作风，对网络知识的学习、内化速度较慢，加之对网络平台的使用频率远低于高校大学生，在网络空间和大学生平等互动对话不足，仍停留在被动适应网络化迅速发展的阶段，导致高校网络思政教育话语权的育人实效性不强。

第二，高校网络思政教育话语主体的能力素养不足。在传统的高校思政教育话语实践中，高校网络思政教育话语主体拥有绝对的话语权、主导权，掌握着思政教育信息源，通过课堂、校园实践活动向大学生灌输思政教育理论知识。在网络化生存的新时代，这一局面得到根本性的转变，大学生的主观能动性不断增强，对多元化、多样化的网络思政教育话语的需求增多。高校网络思政教育话语主体只有不断增强个人能力素养，用大学生喜闻乐见的话语与大学生互动沟通，才能产生话语共鸣、思想共鸣。高校网络思政教育话语主体不仅要熟练掌握思想政治教育学相关学科知识，还要兼备教育学、心理学、管理学、伦理学、法学知识等，才能有力支撑理论的阐释力和网络教学的主导力。但在网络话语平台中，高校网络思政教育话语主体的政治素养、理论素养、媒介素养有待进一步提升，部分高校网络思政教育话语主体对网络这一主战场重视不够，政治敏感度不高，自媒体技术水平不足，运用马克思主义中国化时代化成果指导网络实践的能力不强，降低了高校网络思政教育话语权的感染力和影响力。

第三，高校缺少专业化、职业化的网络思政教育队伍。随着网络信息技术的迭代更新、大学生话语需求的不断变化，高校网络思政教育实践过程更加的专业化、科学化、多变化，对高校网络思政教育话语主体提出了更高要求。各级高校逐渐意识到网络对掌握思政教育话语权的重要性，高校网络思政教师团队规模不断扩大，然而从现阶段高校网络思政教育教师团队人员配备情况来看，我国高校网络思政教育工作专业队伍依然存在总体上数量较少、结构不合理、专业水平不高等问题，专职从事网络思想政治教育的专业化教师在高校教师队伍中占比较低，甚至部分高校没有建立掌握马克思主义中国化时代化的最新成果，且熟练掌握互联网传播规律的专业化、职业化的高校网络思想政治教师队伍，无法充分发挥高校网络思政教育话语主体的价值引领作用。由此可见，高校职业化、专业化网络思政教育队伍的欠缺成为新时代高校网络思政教育话语权发展陷入困境的核心因素之一。

二、网络话语规范度不高

在传统的高校思政教育实践活动中，高校思政教育工作者具有绝对的话语权、领导权，主导着高校思政教育活动的开展，高校大学生的话语表达权、言说权受到一定的限制和制约。在网络化迅速发展的新时代，人人都可成为网络信息的生产者和消费者，"后喻文化"模式凸显，推动大学生的主体性、主动性意识不断增强，尤其是大学生的网络话语表达权诉求不断得到满足。然而，由于大学生自身认知水平的局限性，面对大量难辨真伪的网络信息，自觉性不足，缺乏话语主体责任意识，网络话语识别能力不足，导致时常发生网络话语使用不规范的现象。

一方面，由于大学生自身知识结构的不完善、政治立场的不坚定，对形形色色网络话语信息的辨别力不强，对网络舆论事件缺乏理性思维能力，容易遭受多元价值观念的诱导，受网络中"同道中人"的不良影响，成为有害信息、虚假信息的接收者和传播者。加上大学生网络话语表达的随意性、不理智性，在网络空间表达观点、看法的过程中参照他人的观点，盲目跟风，出现一些与社会主义核心价值观不相适应的不当言论，导致大学生的网络思政教育话语表达和话语使用失范，失去与多元社会价值观进行话语交锋的能力。调查结果显示，13.31%的大学生表示从不会在不确定事件真假的情况下盲目跟风发表意见，44.57%的大学生表示很少会在不确定事件真假的情况下盲目跟风发表意见，然而仍有3.91%、

35.70%的大学生会经常或偶尔在不确定事件真假的情况下，轻信网络言论，盲目跟风发表意见（见表4-32）。可见，虽然经常或偶尔在不确定事件真假的情况下轻信网络言论的大学生比例只有39.61%，但这类大学生群体依然很庞大，仍有很多大学生未能合理、有效、规范地行使自己的网络话语表达权和言说权，对高校网络思政教育话语权的建设带来很大的挑战。高校网络思政教育话语主体应有针对性地教育、引导大学生正确行使自己的网络话语表达权，积极弘扬网络正能量。

表4-32　您是否会轻信网络上的言论，在不确定的情况下
盲目跟风、转发、评论？

选项	数量（人）	百分比（%）	有效百分比（%）	累计百分比（%）
A：总是	156	2.51	2.51	2.51
B：经常	243	3.91	3.91	6.42
C：偶尔	2220	35.70	35.70	42.12
D：很少	2772	44.57	44.57	86.69
E：从不	828	13.31	13.31	100
合计	6219	100	100	

另一方面，青年大学生大多是"95"后、"00"后，正处于思想活跃、追求个性的人生阶段，富有正义感，然而其思想情感尚未完全成熟、理性思维尚未完全形成，容易冲动行事，对生活中发生的不公平事件，在未对事件进行全面、深入了解的情况下，无论自己的话语是否合理、是否有价值，在网络空间随心所欲表达自己的观点、看法，造成自身网络话语表达权、言说权的滥用，不利于高校网络思政教育话语权的发展。调查结果显示，大学生在参与网络讨论时，13.84%的大学生表示会合理、规范地进行话语表达，17.61%的大学生表示在网络空间对他人进行过言语攻击，20.21%的大学生表示在网络空间因激烈的言辞导致自己情绪激动，37.72%的大学生表示不参与网络讨论（见表4-33）。可见，有一部分大学生在网络空间存在情绪化的话语表达，冲动行事，不计后果，使网络成

为一部分大学生不良情绪的发泄场，导致了高校大学生网络话语表达权的滥用，降低了高校网络思政教育话语权的实效性。

表4-33　您参与网络热点讨论时的话语行使情况？

选项	数量（人）	百分比（%）	有效百分比（%）	累计百分比（%）
A：按照规范要求表述	861	13.84	13.84	13.84
B：言语攻击或抨击过他人	1095	17.61	17.61	31.45
C：因激烈言辞而情绪激动	1257	20.21	20.21	51.66
D：不参与	2346	37.72	37.72	89.38
E：不关心	660	10.62	10.62	100
合计	6219	100	100	

总言之，部分大学生对待丰富多彩的网络话语能够保持理性思考，谨慎、理性的使用自身的网络话语表达权，但这并不是全体大学生网民的共性，依然有一部分大学生在网络空间盲目从众、跟风，发布、转译、传播虚假言论、不当言论，导致大学生网络话语表达和使用不规范的现象时有发生，这些不当的话语会迅速被一些特定团体利用、传播，在网络中混淆视听，对其他大学生网民产生思想误导，降低了高校网络思政教育话语权的影响力、号召力。

现阶段高校网络思政教育话语权发展存在的问题和大学生自身的局限性密切相关。当前新时代大学生是伴随网络化飞速发展成长起来的，他们思想活跃、个性突出，求知欲望强烈，乐于接受新鲜事物，富有批判意识、自我意识，敢于表达自己的观点和看法，但由于年龄小、知识结构不完善、社会阅历浅等原因，高校大学生的思想认知、价值判断缺乏稳定性，政治立场也不坚定，易遭受外界不良因素的影响，成为阻碍新时代高校网络思政教育话语权发展的关键因素之一。具体表现在如下三个方面：

第一，高校大学生需求多元化、多样化。当前"95"后、"00"后大学生个性鲜明、追求时尚，具有很强的独立性，自主意识强，与其他年龄段学生相比更加喜欢追求既能满足自身需要又充满个性化、小众化的新鲜事物，但他们又不会一直偏爱于某一新鲜事物，他们往往抱着"猎奇"的心态不断探寻新的刺激和惊喜，这些都表明当前大学生的需求具有鲜明的多样化、多维度、碎片化、易变性特征，为高校网络思政教育话语主体开展思政教育工作提出了更好质量的要求。高校网络思政教育话语主体和大学生在网络空间互动沟通的过程中，过度理性、过度个性都极易遭受大学生的反感和排斥，不利于大学生正确价值观、人生观的塑造，制约高校网络思政教育话语权的有效提升。

第二，高校大学生的认知力不足，话语辨别力不强。当前大学生的认知力不足，话语辨别力较差是新时代高校网络思政教育话语权运行、提升陷入困境的核心因素之一。当代大学生的知识结构尚不完善、思想道德建设尚未完成、心理情感尚未成熟，其自我认知、自我管理、自我教育能力稍显不足，思维的片面性、主观性较强，在遇到困难时容易感情用事、冲动行事，缺少科学分析、准确判断、沉着应对的能力，极易被西方的错误意识形态、错误社会思潮所诱导。同时，大学生思想开放，崇尚自由和探索，具有极强的学习、模仿能力，更加倾向于追求、接受、学习网络新话语等新鲜事物，但大学生的生活阅历浅，认知方式简单，在面对繁芜复杂的网络话语时不能正确的加以识别，网络空间传播的多元意识形态、新鲜话语极易引起大学生的兴趣和关注，导致大学生在参与网络思政教育话语议题讨论时缺少自觉性、主动性、能动性，对理论性强、晦涩难懂的高校网络思政教育话语内容兴趣缺失甚至产生抵触情绪，更有甚者，在网络空间面对高校网络思政教育话语时选择性无视，这在一定程度上不利于高校网络思政教育话语权思想引领、价值引导作用的发挥，也就导致了高校网络思政教育话语权的发展陷入困境。

第三，高校大学生的网络媒介素养不强。高校大学生囿于知识储备、思想认知、社会阅历，面对网络空间海量、多样的话语信息时，其网络话语获取能力、网络话语辨别能力、网络话语传递能力稍显不足，影响了高校大学生网络话语权的规范行使，导致高校网络思政教育话语权的育人功能达不到理想的效果。具体而言，高校大学生网络媒介素养不强主要表现在如下三个方面：一是高校大学生的网络话语信息获取能力不足。作为网络话语场域的"常驻民"，高校大学生时刻面对着海量、多元的话语信息，部分高校大学生由于知识储备不足、科学思维力不强、话语识别力较弱，不能从海量网络话语信息中快捷、高效、准确地获取自己所需的信息，更有甚者，部分高校大学生受到形式多样的西方错误意识形态话语的诱导，滥用网络话语权。二是高校大学生的网络话语信息研判能力不足。不分年龄、性别、教育程度、职业，任何网民都可以在网络平台发布信息，导致网络话语信息鱼目混珠、真假难辨。高校大学生一直与教师、同学、书本为伴，社会阅历不足，是非分辨能力不强，面对海量、多元的话语信息不能有效研判其精华和糟粕，导致大学生网络思政教育话语权行使失范。三是高校大学生的网络话语传递能力不足。在网络化迅速普及的新时代，大学生获取话语信息的方法、途径增多，但每个人对网络话语信息的理解不同，当大学生获取自己所需的网络信息之后，会根据自己的理解、判断对网络话语进行二次加工、转换，再通过网络平台传递给他人，在这一过程中，很可能出现无法真实、准确地传递原信息，发生网络思政教育话语的失真、缺失，影响了高校网络思政教育话语权的实效性。

三、话语内容吸引力不够

新时代，高校网络思政教育话语权建设的主要任务就是将承载新时代中国特色社会主义思想、社会主义核心价值观的网络思政教育话语内容传播至大学生，使大学生接受、认同、内化网络思政教育话语内容，形成话语共识、思想共识、价值共识，进而培养能堪当民族复兴大任的全面发展的时代新人。由此可见，高校网络思政教育话语内容能否坚持与时俱进，符合时代发展潮流，随时更新网络思政话语内容，是否具有吸引力和感染力，是否得到大学生的认可，是判断高校网络思政教育话语权发展状况的重要标准之一。如图 4-3 所示，现阶段有 14.84% 的大学生经常对高校网络思政教育话语点赞、评论、转发，有 33.21%、23.42% 的大学生偶尔或者很少对高校网络思政教育话语点赞、评论、转发，这反映出现阶段高校网络思政教育话语内容对大学生的吸引力不够，高校网络思政教育话语权的育人效果并不明显。

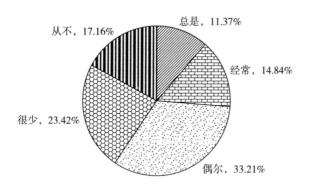

图 4-3　您是否对学校网络思想政治教育话语进行点赞、评论、转发？

高校网络思政教育话语内容一直以富有逻辑性、制度性、真理性为主要特征的"理"来发挥育人作用，具有严谨性、稳定性、规范性特征，因此，现阶段高校网络思政教育话语内容更倾向于重理论知识的阐释而轻思想价值的引导，难以引起大学生的关注。具体而言，高校网络思政教育话语内容的吸引力不够主要表现在如下两个方面：一是高校网络思政教育话语内容不能及时与引入社会热点事件，导致其有效性减弱。一部分高校网络思政教育工作者政治理论素养不强、专业知识结构偏弱、新媒体运用水平不高，不能与时俱进地更新网络思政教育话语内容，在高校网络思政教育平台发表、传播的话语内容大多采用照本宣科的方式，停留在对马克思主义中国化最新理论、思政教育最新成果的理论阐释层面，重视文本话语、精英话语，鲜少与时俱进的将网络思政教育理论内容和大学生关注的社会热点、校园焦点事件有效融合，导致高校网络思政教育话语内容的吸引力、渗透力、包容力不足，难以引起大学生主动、积极的领悟网络思政教育理论内容的精髓，高校网络思政教育话语权只停留在"入眼"的层面，难以实现"入心""入脑"。从表 4-24 可以看出，14.8%、39.33%的大学生认为高校网络思政教育话语内容经常、偶尔引入社会热点和校园焦点事件，22.8%、9.91%的大学生认为高校网络思政教育话语内容很少甚至从不引入社会热点和校园焦点事件。而调查结果却显示，37.12%、36%的大学生认为将网络思政教育话语内容和社会热点、校园焦点相结合，非常或比较具有吸引力，更加有利于自己接受、内化网络思政教育话语内容（见表4-34）。可见，当前高校网络思政教育话语内容对大学生缺乏吸引力、说服力，难以产生凝聚共识、汇聚人心的力量。

表4-34 在您学校新媒体平台上，若教师利用身边案例或社会热点对思想政治教育话语内容进行解读，是否更有利于您理解和认可？

选项	数量（人）	百分比（%）	有效百分比（%）	累计百分比（%）
A：非常有利于	2311	37.12	37.12	37.12
B：比较有利于	2241	36.00	36.00	73.12
C：一般有利于	795	12.77	12.77	85.89
D：用处不大	273	4.39	4.39	90.28
E：无所谓	605	9.72	9.72	100
合计	6225	100	100	

二是高校网络思政教育话语内容不能有效融入网络话语，降低了话语内容的吸引力。新时代高校大学生对于网络文化的盛行持"猎奇参与"的态度，"快餐化"的网络话语信息深受大学生喜爱，这与现阶段严谨、规范、系统的主流价值观所宣传的核心话语内容存在一定的"堕距"。部分高校网络思政教育话语主体不能将实践鲜活事例融入网络话语，无法切合大学生的网络生活，现阶段高校网络思想政治教育内容的政治性、理论性过强，再加上日新月异的各类社会思潮、网络文化产品重新分配了大学生注意力，致使高校网络思政教育话语内容应有的吸引力、亲和力降低，难以引起大学生的价值认同和情感共鸣，甚至使大学生产生抵触心理，使高校网络思政教育话语权内容的传播成为形式化、碎片化，不利于高校思想政治教育话语权的发展。44.39%、21.01%、10.17%的大学生认为本校的网络思政教育话语内容偶尔、很少甚至从不引入网络流行话语元素（见表

4-25），而 35.92%、30.84% 的大学生认为将高校网络思政教育话语内容和网络流行话语相融合，非常或比较具有吸引力（见表4-35）。可见，现阶段高校网络思政教育话语内容不能及时融入网络流行话语元素，这种网络思政话语内容无法吸引大学生的眼球，不利于话语权的发展。

表 4-35　将高校思想政治教育话语与网络流行话语相融合，
对你来讲是否具有吸引力？

选项	数量（人）	百分比（%）	有效百分比（%）	累计百分比（%）
A：非常有利于	2236	35.92	35.92	35.92
B：比较有利于	1920	30.84	30.84	66.76
C：一般有利于	1029	16.53	16.53	83.29
D：用处不大	462	7.42	7.42	90.71
E：无所谓	578	9.29	9.29	100
合计	6225	100	100	

　　高校网络思政教育话语权能否吸引并有效作用于大学生网民，关键在于高校网络思政教育话语内容能否与大学生的现实需求相适应，能否被大学生接受和认可。可见，满足大学生的现实需求是高校网络思政教育话语内容被大学生接受、内化的基础，这就要求高校网络思政教育话语内容的设置必须契合大学生的现实需求，体现大学生网民的价值取向。然而现阶段高校网络思政教育话语内容依然存在"有理说不出、说了传不开"的现象，究其根本，造成这一困境是高校网络思政教育话语内容多以枯燥乏味的理论话语、官方话语为主，话语内容与大学生的现实需求出现脱节的现象，使大学生难以接受并认同高校网络思政教育话语内容，阻碍了新时代高校网络思政教育话语权育人实效性的发挥。网络平台作为大学生获取信息、表达观点、展开交往的主要途径，大学生对高校网络产品和文化的需求迅速增长，对高校网络思政教育话语内容的多样性、精细化要求更高，然而，高校网络思政教育话语内容的广度、深度、厚度稍显不足，高校网络文化产品原创性、时代性不强，精品项目不足，高校网络思政教育话语

内容的设置不够接地气、不够蕴底气，对高校大学生的吸引力、亲和力、引领力不强，无法满足高校网络思政教育话语权迅速发展的美好愿望，具体表现在如下几个方面：

第一，高校网络思政教育话语内容的设置"底气不足"。高校网络思政教育工作者发布思政教育内容的底气来源于高校思政工作者的理想信念坚定，只有自己信念坚定，自觉做中国特色社会主义理论的坚定信仰者和实践者，才能在与其他意识形态交锋中充满底气，并最终取胜。然而在具体实践活动中，一些高校网络思政教育工作者对思想政治教育缺乏认同感、责任感和归属感，在网络中出现其他意识形态话语时，出现不敢发声、不愿发声的困境，这在一定程度上降低了高校网络思政教育话语权的思想引领力和价值塑造力。

第二，高校网络思政教育话语内容的设置"地气不强"。如前文所述，我国高校网络思政教育话语内容，主要是在马克思主义中国化最新成果为理论基础，以我国社会主义现代化建设为实践基础的前提下，逐步形成发展的网络政治认同教育、网络思想道德教育、网络文化素质教育等方面为核心的话语内容。因此，要想将网络思政教育话语内容讲深、讲透、讲活，高校网络思政教育工作者要扩宽自己的视野格局，适应新形势，针对新热点，更新自身的知识结构，将思政教育内容与时代要求、大学生话语需求结合起来，增强高校网络思政教育话语内容的地气。部分高校网络思政教育工作者囿于理论、经验，在网络平台中不能用通俗易懂的大众化话语对马克思主义思想经典理论进行解读，话语内容不能贴合大学生的日常生活，话语内容吸引力不高，导致大学生对这类网络思政教育内容贴上"免疫标签"，难以使高校大学生获得思想认同感。

第三，高校网络思政教育话语内容的设置"生气不够"。高校大学生的特点与其他年龄段的学生特征差异明显，"95"后、"00"后高校大学生更加倾向于追求新奇事物，不断寻求新的惊喜和刺激，他们对趣味、新颖的话语需求度更高。然而，一些高校思想政治教育工作者对在大学生群体中广泛传播的网络话语重视度不够，在网络空间中，仍直接转述教科书上的思政教育话语内容，导致话语内容缺乏生气，显得死气沉沉，进而导致高校大学生参与网络思政话语内容设置的积极性不高，与高校思政教育工作者互动较少，话语内容感染力不够，导致高校大学生在浏览网络思政教育内容时"选择性失聪"。

由此可见，现阶段我国高校网络思政教育话语内容的设置与大学生网民的新需求状况和新时代变革不适应，出现重实践工作，轻理论研究的问题，极大地降低了高校网络思政教育话语权的权威性、主导性。

四、话语方式新颖度不强

新时代，高校网络思政教育话语方式直接影响着其话语权的有效发展。高校网络思政教育话语权具有经过时间和实践双重检验的特有的表达范式，具有引领价值、规范认知、引导行为的作用，而新时代大学生更加倾向于随意且富有个性化、多样化的话语方式，可见，高校网络思政教育话语方式的新颖度明显滞后于网络话语方式的日新月异。新时代网络环境下，高校大学生的需求更加多元化，话语方式更加凸显个性，追求标新立异，推崇能体现自身个性的表达方式，借助一些字母缩写、方言、谐音等，不断创新"网言网语""微言微语"等个性化的话语方式，这在一定程度上降低了高校网络思政教育话语的吸引力。

通过收集整理近年流行话语方式不难发现，"YYDS""后浪""内卷""凡尔赛"等张扬个性、生动形象的网络新词是高校大学生使用最多的话语表达方式，在一定程度上反映了大学生强烈的求异心理。因此，多样化网络话语方式的发展更加凸显了高校网络思政教育话语方式的新颖度不足，不利于高校网络思政教育话语权的发展。现阶段高校网络思政教育话语权表达方式的新颖度不强，难以吸引大学生的眼球。调查结果显示，40.19%、32.67%、8.37%的大学生认为现阶段高校网络思政教育话语内容以政治话语方式、学术话语方式、生活话语方式来呈现（见表4-36），而9.40%、44.14%、31.71%的大学生认为文字、微视频、微漫画的话语表达方式更能引起自己的关注（见表4-37）。由此可见，现阶段，高校网络思政教育话语的表达方式多以单调、严谨的政治话语、学术话语方式呈现，与大学生喜爱的视频、图片、漫画等生动活泼的话语方式结合度不高，很难引起大学生的关注，导致高校网络思政教育话语权发展陷入困境。

表4-36 您所在高校网络平台上的思想政治教育话语以哪种呈现方式居多？

选项	数量（人）	百分比（%）	有效百分比（%）	累计百分比（%）
A：生动、幽默的生活话语方式	521	8.37	8.37	8.37
B：国家领导人讲话等政治话语方式	2502	40.19	40.19	48.56
C：学术概念、理论知识等的学术话语方式	2034	32.67	32.67	81.23
D：其他	184	2.96	2.96	84.19
E：无所谓	984	15.81	15.81	100
合计	6225	100	100	

表4-37 您认为高校新媒体平台上的思想政治教育内容以哪种话语
方式呈现更能引起您的关注？

选项	数量（人）	百分比（%）	有效百分比（%）	累计百分比（%）
A：文字	585	9.40	9.40	9.40
B：微视频	2748	44.14	44.14	53.54
C：歌曲传唱	702	11.28	11.28	64.82
D：微漫画	1974	31.71	31.71	96.53
E：其他	216	3.47	3.47	100
合计	6225	100	100	

从话语权实践发展总结经验可知，科学合理的高校网络思政教育话语方式对于增强高校网络思政教育话语内容的感染力、影响力，丰富高校网络思政教育话语体系至关重要。我国高校传统的思政教育话语方式多是以政治性为特点的理论灌输为主，随着网络信息技术的发展，高校网络思政

教育话语方式不断丰富，采用动画、视频、音频等话语方式向高校大学生阐述观点，有利于增强高校网络思政教育话语内容的可知可感。但是，现阶段高校网络思政教育学术话语和政治话语向大众话语转变的力度不够，影响话语主体讲清"中国故事"、讲好"中国精神"的效果，导致大学生网民的接受度不高，不利于对高校大学生的思想引领和价值塑造。

一方面，高校网络思政教育话语方式的创新力滞后于网络话语方式的日新月异。在人人都是宣传员的网络空间，网络话语涉及政治、经济、文化等各方面，网络话语方式千变万化。总结归纳近年网络流行话语，从中可以看出，每年在高校大学生群体中流行的"一切都是浮云""蓝瘦香菇""YYDS""打 Call"等大量多样化的新兴话语，虽然这些多样化的网络话语方式带给人一种焕然一新的感觉，但在一定程度上会引起高校网络思政教育话语方式的调整不及时，降低了高校网络思政教育话语内容的感染力。不难发现，这些偏离主流话语、缺乏理论支撑的网络流行语很不稳定，很快会被其他流行话语所取代。

另一方面，网络话语方式的泛娱乐化降低了高校网络思政教育话语方式对大学生的感染力。随着自媒体技术和人工智能的不断发展，多元网络文化影响着高校大学生的思想认知和价值观念的形成，导致大学生的网络话语方式更加娱乐化、情绪化、随意化，他们更加倾向于在网络平台用图片、表情包、反讽的话语对主流价值观进行点赞、转发、评论。而为了迎合大学生群体的娱乐心理和消费心理，微信、抖音等网络平台会追踪并分析大学生的浏览偏好，自动过滤青年大学生不感兴趣的话语内容和话语方式，而持续推送大学生喜欢的网络内容，很容易将娱乐化、低俗化、庸俗化的话语方式引入到话语内容之中，使大学生沉浸在自己的网络社交群，使得其信息获取面变窄，形成"信息茧房"效应，高校大学生很难对网络话语进行理性思考和选择，降低了大学生对社会主流舆论的关注。更有甚者，一些微博、抖音等网络"大V"为了博取网民的关注，获取不当利益，在网络平台上发布一些浮夸、低媚恶俗的网络信息，造成大学生思想的困惑，冲击了社会主义核心价值观，阻碍了高校网络思政教育话语权的生成和发展。

因此，如何将马克思主义中国化的丰富内涵和时代要求用通俗化、具象化表达方式生动阐述出来，如何主导高校大学生的"鼠标走向"是我国高校网络思政教育话语权建设急需解决的问题。

五、话语平台传播力不足

高校只有借助一定的网络思政教育话语平台才能向大学生推送、传播网络思政教育话语内容，抢占思政教育的网络舆论阵地制高点，发挥高校网络思政教育话语权的育人实效性。倘若没有高校网络思政教育话语平台这一重要载体，高校网络思政教育工作只能是流于形式，无法发挥其育人功能。现阶段大部分高校虽然设立了思政教育主题（专题）网站、官方微信公众号、官方微博、QQ群等思政教育网络平台，但这些网络平台的建设、运营、管理不完善，部分高校只是简单、粗暴地将传统思政教育话语内容照搬到网络平台，这些晦涩难懂的思政教育理论知识和政治话语很难引起大学生的关注，导致高校的网络思政教育平台建设形同虚设，无法有效教育和引导大学生的思想与行为，对高校网络思政教育话语权的提升带来很大的挑战。调查结果显示，14.12%、35.61%的大学生认为高校网络思政教育平台千篇一律、缺乏新意，内容空泛、形式单一，27.42%、11.28%的大学生表示不太了解甚至不关心高校网络思政教育话语平台的建设情况，仅有11.57%的大学生认为高校网络思政教育话语平台的建设丰富多彩、生机勃勃（见表4-38）。可见，高校网络思政教育话语平台的建设缺乏新意、板块单一、形式单调，专业特色不明显，导致其传播力较弱，阻碍了高校网络思政教育话语权的有效提升。

表4-38 您所在高校思想政治教育网络平台建设现状？

选项	数量（人）	百分比（%）	有效百分比（%）	累计百分比（%）
A：丰富多彩、生机勃勃	720	11.57	11.57	11.57
B：千篇一律、缺乏新意	879	14.12	14.12	25.69

选项	数量（人）	百分比（%）	有效百分比（%）	累计百分比（%）
C：内容空泛、形式单一	2217	35.61	35.61	61.3
D：不太了解	1707	27.42	27.42	88.72
E：不关心	702	11.28	11.28	100
合计	6225	100	100	

具体而言，现阶段高校网络思政教育话语平台的传播力较弱主要体现在两个方面：一是高校网络思政教育话语平台的关注度低。网络话语平台的关注度是衡量网络话语平台传播力度、广度的主要指标，而大学生主动浏览、关注高校网络思政教育话语平台是衡量网络话语平台关注度的重要标准之一。调查结果显示，16.39%、15.23%的大学生总是、经常浏览并关注高校网络思政教育平台，35.37%、19.37%、13.64%的大学生偶尔、很少甚至从不浏览并关注高校网络思政教育平台（见表4-39）。由此可见，高校网络思政教育工作者对网络思政教育话语平台的重视不足、宣传力度不强，很难吸引大学生的兴趣和关注，使高校网络思政教育平台的关注度不高、吸引力不强，导致高校网络思政教育话语平台的传播力较弱。

表4-39 您是否浏览并关注学校思想政治教育网（页）、官方微博、官方微信公众号等思想政治教育网络平台？

选项	数量（人）	百分比（%）	有效百分比（%）	累计百分比（%）
A：总是	1020	16.39	16.39	16.39
B：经常	948	15.23	15.23	31.62
C：偶尔	2202	35.37	35.37	66.99
D：很少	1206	19.37	19.37	86.36
E：从不	849	13.64	13.64	100
合计	6225	100	100	

二是高校网络思政教育话语平台更新话语内容频数较慢。高校网络思政教育话语平台更新话语内容的频率在很大程度上反映了高校网络思政教育话

语平台传播马克思主义主流意识形态和社会主义核心价值观的现状。调查结果显示，13.98%、14.02%、37.88%的大学生认为高校网络思政教育话语平台信息更新频率非常及时、比较及时、一般及时，19.13%认为高校网络思政教育话语平台信息更新的频率不及时（见表4-40）。可见，从整体上看，高校网络思政教育话语平台的内容更新缓慢，话语信息和大学生的实际需求关联较弱，不能与时俱进的满足大学生的话语需求，故而大学生不会主动浏览、关注高校网络思政教育话语平台，导致高校网络思政教育话语平台的传播力、影响力较弱，无法实现高校网络思政教育话语平台理想的育人效果，更有甚者，有些高校的网络思政教育话语平台更像一个"门面"。

表4-40　您所在高校的思想政治教育网络平台信息更新频率情况？

选项	数量（人）	百分比（%）	有效百分比（%）	累计百分比（%）
A：非常及时	870	13.98	13.98	13.98
B：比较及时	873	14.02	14.02	28.00
C：一般及时	2358	37.88	37.88	65.88
D：不及时	1191	19.13	19.13	85.01
E：无所谓	933	14.99	14.99	100
合计	6225	100	100	

从前文的分析可知，新时代高校网络思政教育话语平台承载着高校网络思政教育话语主体的意识和表达，展现着高校网络思政教育话语权育人实效性的实现途径和方法。高校网络思政教育话语平台是高校网络思政教育话语权生成和传播的依托，而高校网络思政教育话语平台建设效果欠佳是现阶段高校网络思政教育话语权辐射力不强的主要因素之一，主要表现在以下两个方面：

一方面，各高校网络思政教育话语平台之间信息共享、信息联动效力欠佳。不同类型的网络平台依托自身独特的信息资源优势、传播优势，具有不同的角色定位，在高校网络思政教育实践活动中发挥着不同的功能和作用。随着校园网的迅速发展，高校网络思政教育话语主体要整合联动高校官方网站、官方微信公众号、官方微博、QQ 群、抖音等多样性的自媒体平台，不断提升其话语主导力、权威性，使高校不同网络话语平台在网络思政教育实践过程中实现优势互补、协作共进，形成高校网络思政教育的话语合力，最大限度地降低社会主义主流思想舆论和核心价值观念的重复传播、过度传播、无效传播，实现社会主义主流意识形态对高校网络空间的高效率、全方位、全维度的融合，避免造成大学生网民的抵触情绪和社会公共资源的浪费，进而增强高校网络思政教育话语权的辐射力和影响力。然而从现阶段高校网络思政教育话语权的实践来看，高校网络思政教育话语传播平台的建设较为零散，新兴网络平台与传统宣传平台、网络传播平台与现实传播平台以及不同类别的高校网络话语平台之间的信息共享和信息联动效果不强，无法满足新时代下大学生网民的需求变化，限制了高校网络思政教育话语权传播广度和育人实效性的作用发挥。

另一方面，高校网络思政教育话语平台及其内容建设现状不平衡、不充分。一是在"流量即效果、数据即影响"的利益机制驱动下，各高校为了赢得更多的点击率、转发量，将高校网络思政教育话语平台和网络社交平台结合起来，利用"信息传播+社交"的方法来开发和运营网络思政教育话语传播平台，以此增强话语平台的用户黏性和感染力。虽然这有利于扩大高校思政教育网络媒体用户规模，但也会导致各高校网络思政教育平台过度关注网络话语信息的"趣味性、娱乐性"，而相对忽略了网络话语信息的"引导性、价值性"（蒋成贵，2019）。从现阶段高校网络思政教育话语平台的发展现实来看，部分高校受限于网络信息技术、人才和资金等因素，对于话语平台的构建仅限于简单的开发和运营，导致话语平台的建设情况不太理想。二是虽然现阶段高校广泛推行的"标题+短视频""标题+图片"这一网络微文本的趣味性更强，但其碎片化的阐述方式也使高校网络思政教育话语平台附带一些低俗的"文化赝品"，致使高校大学生被迫置于"虚假真实"的困境中，导致高校网络思政教育话语权的影响深度不强，思想竞争力较弱。三是部分高校网络思政教育平台过度重视大学生网民的"用户本位"，在网络思政教育话语平台"投其所好"的进行网络话语信息推送，在无形中增强了大学生网民对这类网络话语平台的信息依赖，导致"成瘾机制"的不断形成和蔓延（张林，2021）。这在一定程度上放松了对高校网络思政教育话语平台信息的严格把控，致使一些泛娱乐化的"有意思"的网络话语信息逐渐取代"有意义"的话语内容，加剧了大学生"想要看"与"应该看"网络话语信息之间的矛盾，使大学生固化思想认知、撕裂价值共识（栗蕊蕊，2021），降低了马克思主义主流意识形态的影响力，阻碍了新时代高校网络思政教育话语权的有效提升。

虽然新时代高校网络思政教育话语权的生成是在虚拟网络空间进行的，但始终与经济、政治、社会、文化等现实环境因素交互影响，而新时代复杂多变的话语环境从各个层面不断释放消极作用，成为阻碍高校网络思政教育话语权建设的重要因素之一。

第一，政治因素的负面影响。有序、良好的政治环境可以加速高校网络思政教育话语权的有效提升，而混乱、不良的政治环境却会阻碍高校网络思政教育话语权的良性发展。可见，高校网络思政教育话语权实效性、影响力的效果与当前政治环境状况息息相关。现阶段我国的政治生态建设取得了举世瞩目的成就，政治制度日益完善，但我国政治生态环境依然存在诸多问题。随着网络社会化和社会网络化的持续推进，个性化、碎片化、交互式的网络平台层出不穷，大学生网络参与的主动性不断增强，他们的思想认知、实际诉求经过网络舆论共振能够快速散布，各网络意见领袖都可以依托自身的网络话语权不断传播话语信息内容，由于现阶段存在网络立法不健全、网络监管不到位、网络执法不透明、网络诚信欺诈等一系列问题，将导致我国网络政治生态环境更加复杂多变，这在一定程度上降低了大学生对马克思主义主流意识形态和社会主义核心价值观的认同感，黯淡了大学生对高校网络思政教育话语权的正面感受，与新时代高校网络思政教育话语权的提升要求相背离。

第二，经济因素的负面影响。新时代市场经济的快速发展在提升我国综合竞争力、人民生活水平的同时，也扩大了不同群体之间的收入差距，加剧了个人利益与国家利益、各利益主体之间的矛盾和冲突，促使意识形态结构、社会价值结构不断分化。在此背景下，享乐主义、消费主义、利己主义、拜金主义等社会思潮在高校大肆传播，很多大学生被西方错误思潮所诱导，部分大学生的思想认知、价值标准不同程度的表现出功利主义，导致物质至上的价值取向在大学生群体中过度传播，消解了大学生对我国社会主义主流意识形态的价值认同。高校网络思政教育话语权发展的意义在于丰富大学生的精神世界，其作用的发挥不能简单地用经济价值来衡量，因此，过度重视追求物质享受的大学生很难积极地参与高校网络思政教育话语权的建设，更有甚者对我国社会主义主流意识形态话语提出疑问、反对、抵制，在一定程度上扰乱了社会主义主流价值导向，不利于高校网络思政教育话语权的有效提升。

第三，社会因素的负面影响。立足于新的历史发展阶段，随着我国社会主要矛盾的变化，人们特别是新时代大学生不再只追求物质享受，而是更加注重个体的需求。然而，理想与现实总是存在一定的差距，社会在资源配置和个人自我发展需求不相匹配导致社会信任危机等一系列社会负面影响不断显现，极易诱发大学生的不满情绪，影响高校网络思政教育话语权的发展方向和育人效果，甚至导致"群体极化"现象（王楠，2021），严重阻碍高校网络思政教育话语权育人效果的发挥。

第四，文化因素的负面影响。随着网络全球化进程的加快，扁平式、交互式的网络信息传播渠道为多元文化涌入我国高校网络空间提供了机会，各种社会文化、价值观念相互交织、彼此交锋。其中包括各种低俗、庸俗的娱乐文化、草根文化，各种社会文化在网络空间广泛传播过程中形成了不同的思想认知、价值观念，不断抢占社会主义主流文化的话语空间，降低了社会主义主流思想舆论和价值观念的权威性、凝聚力，削弱了大学生对马克思主义主流文化的追求激情，甚至使社会公共事务成为一种消费或娱乐（胡伯项和吴隽民，2021），使大学生在网络空间"围观吃瓜"的过程中丧失是非判断能力和理性思考能力，扭曲自身的思想认知、价值标准，动摇了高校网络思政教育话语权的社会根基，成为高校网络思政教育话语权提升陷入困境的催化剂。

第五章

新时代高校网络思想政治教育话语权的提升对策

大国网络安全博弈，不仅只是技术博弈，还是理念博弈、话语权博弈。牢牢掌握高校网络思政教育话语权，事关党对高校的领导，事关能否落实立德树人的根本任务，事关"为谁培养人、培养什么人、怎样培养人"的根本性问题，是办好中国特色社会主义高校的前提。新时代高校网络思政教育话语权的建设受多种因素的影响，表现为话语权整体与外部环境相互作用，话语权内部各构成要素相互影响的特征。因此，遵循网络发展规律，结合新时代高校网络思政教育话语权的内涵特征、生成逻辑，针对当前高校网络思政教育话语权建设出现的新情况、新问题，立足于内外两个视角，从宏观和微观两个层面，找准科学的提升路径，深入探讨新时代高校网络思政教育话语权的提升对策，有助于巩固党在高校网络意识形态领域中的领导地位，有助于落实立德树人的根本任务。

第一节　加强新时代高校网络思想政治教育话语权主体建设

高校网络思政教育话语主体具有主导力、领导力（李超民，2019），是高校网络思政话语的创造者和传播者，是网络思政教育话语的"把关人"。领导力是高校网络思政话语主体在发挥主导性话语力量的过程中，其话语权利、话语权力、话语权威、话语能力的具体展现，倘若缺乏话语主体的主导力、领导力，其话语权内部各构成要素将变为相互孤立的符号，思想和意义的生产和再生产将无法进行，话语权的提升更是无从谈起。从前文分析可知，高校网络思政话语主体的功能主要涵盖"谁在说""说什么""怎么说""说的效果"等内容，因此，应着重加强网络话语主体的思想、能力、队伍建设，激发其提升话语权建设的主体性、主动性，自觉推动话语权建设提质增效。

一、聚焦思想建设，发挥主体意识

新时代网络技术推动形成了新型的人际交往方式，由于各种意识形态在网络空间的激励交锋，致使高校网络思政教育话语主体的话语权威不断降低，传统的思政教育话语模式已不能适应新时代的变化。这就要求高校网络思政教育话语主体聚焦自身思想建设，高度关注大学生，坚定以生为本的教育理念，不断更新自身网络教育观念，激发大学生提升话语权建设的主体意识和主动意识，努力发挥自身主导力、领导力的作用。

（一）重视高校大学生的实际需求，树立以生为本的思政教育理念

部分高校网络思政教育话语主体教育观念陈旧，导致话语内容对大学生缺乏吸引力，话语育人效果不佳。这就要求高校网络思政话语主体要以大学生为中心，尊重大学生的学习需求、生活需求、心理诉求，切实做到大学生需要什么就有针对性地提供什么，以便满足大学生的利益需求和价值需求，争做青年友，不做青年"官"，达到理想的育人效果。由此可见，高校网络思政教育话语主体要保持"永远在路上"的积极状态，努力增强自身话语领导力，坚持问题导向、现实导向的原则，找准新时代高校网络思政教育话语权提升的着力点，聚焦高校大学生的关注点和需求点，进而合理设置话语议题。高校网络思政教育话语主体可利用大数据信息技术，在网络空间追踪大学生的学习、生活、思想动态，在大学生陷入思想误区时，以马克思主义立场和观点坚定大学生的思想认知；在大学生陷入生活

困惑时，以朋友的角色为大学生提供帮助，通过潜移默化的方式以自身行动引领大学生的思想认知和价值观念。总而言之，高校网络思政教育话语主体只有坚定不移地坚持以生为本的思政教育理念，将高校网络思政教育话语和大学生的实际需要有效结合起来，才能增强自身的领导力和影响力。

（二）更新网络教育理念，推动高校网络思政教育话语主体和大学生平等对话

现阶段高校网络思政教育话语权并不能很好地满足时代新要求、网络新诉求、大学生新需求，造成这种问题的原因主要是部分高校网络思政教育话语主体教育理念固化，仍采用自上而下的教育模式，与大学生之间缺乏有效沟通，导致话语双方的需求不匹配，使得话语内容很难被大学生关注和接受。这就要求高校网络思政教育话语主体要抓住问题的本质，转变网络教育理念，培育网络教育新思维，通过与大学生平等对话，寻求话语双方需求的平衡点，从而不断创新高校网络思政教育话语内容和话语方式，进而增强高校网络思政教育话语权的实效性。倘若高校网络思政教育话语主体思维固化、不求创新，依然使用单一、乏味的思政教育话语与大学生互动沟通，势必无法吸引当代大学生的注意力，甚至引起大学生的逆反心理，降低高校网络思政教育话语权的主导力和影响力。由此可见，高校网络思政教育话语主体要时刻掌握大学生的思想动态和话语方式的变化，与时俱进地更新自身网络教育观念，运用大学生喜闻乐见的话语方式与大学生平等互动沟通，进一步巩固新时代高校网络思政教育话语权的主导地位。

（三）充分发挥大学生的主动性

高校网络思政教育话语主体传播马克思主义主流意识形态和社会主义核心价值观，说到底聚焦的是培养具备正确价值观、人生观的社会主义合格建设者和接班人。高校大学生能否成长为德才兼备的时代新人，在很大程度上取决于新时代高校网络思政教育话语权能否充分发挥其育人功能。网络空间是一个"无边界"、开放自由、互动多变的话语场域，新时代大

学生的独立思维能力、科学思维能力较强，他们会根据自我需求主动获取话语资源，经过主观的二次加工和创造，形成自己的观点和看法。可见，高校大学生虽然以受教育者身份参与高校网络思政教育，但大学生并不是处于完全被动接受的地位，具体表现在网络快捷隐蔽的特点激发了大学生的话语主动性，大学生可以根据自身实际需求在网络空间积极主动的获取信息、表达观点，反作用于高校网络思政教育话语权的建设。由此可见，探索新时代高校网络思政教育话语权的提升策略，要着重培养大学生的网络责任意识，提升大学生的主观能动性和话语创造性。但是当前部分高校大学生由于自身年龄、知识结构、生活经历的限制，出现网络话语的识别能力不强、网络责任意识淡薄、网络话语行为不够规范等问题，这些问题在无形中弱化了高校思政教育话语权的权威性和主导性。因此，要想提升高校大学生的主动性，一方面要深入分析大学生的现实需求和价值需要，用大学生喜闻乐见的视频、图片、动画等话语方式呈现话语内容。另一方面要关心大学生的网络话语情感体验，主动引导其网络情绪方向，创造一个轻松愉快的网络思政教育话语环境，引导大学生树立理性的情感世界（任昊和傅秋野，2022）。

二、强化能力建设，夯实主导作用

立足于新的发展阶段，高校网络思政教育话语主体的自身素养深刻影响着新时代高校网络思政教育话语权的育人实效。目前高校网络思政教育话语主体的自身素养高低直接决定了新时代高校网络思政教育话语权的发展方向和育人效果。因此，高校网络思政教育话语主体应不断提升自身的政治素养、理论素养、信息素养以及人文素养，强化自身网络思政话语的理论阐释力和话语批驳力，进而维护和巩固马克思主义意识形态话语权的核心地位。

（一）提升高校网络思政教育话语主体的政治素养

政治素养关乎高校网络思政教育话语主体的政治立场、政治观念、政治方向等问题，在各类素养中占据核心位置。高校网络思政教育话语主体作为大学生的政治引路人和网络思政教育话语传播的把关人，他们的政治素养强不强、理想信念是否坚定，直接影响着新时代高校网络思政教育话语权的建设方向和实践效果。这是因为高校网络思政教育话语主体传播的网络思政话语内容承载的不是个人意志，而是毫不动摇地坚持马克思主义的主导地位、突出马克思主义政治导向的思想认知和价值方向。马克思曾强调，要想感化别人，自己首先要是一个能激励别人的人。倘若高校网络思政教育话语主体自身的政治立场不坚定、政治方向不明确、政治鉴别力不强，将无法在多元化社会思潮中"站稳脚跟"，更不用去谈教育引导大学生。由此可见，一定要"让有信仰的人讲信仰"。高校网络思政教育话语主体要常怀"本领恐慌"之感，贯彻终身学习理念，自觉用习近平新时代中国特色社会主义思想武装头脑，筑牢自身的思想之基，坚定自身的政治立场和政治信仰，提升自身的政治敏锐性和政治鉴别力，筑牢自身思想之基，增强自身的主导性和权威性，坚定地传播马克思主义中国化时代化的最新成果，弘扬社会主义核心价值观，引导网络舆论发展方向，将中国特色社会主义理论的精髓根植于大学生内心，为大学生的成长成才输送充足的精神价值养分，进而牢固掌握高校网络思政教育话语权。

（二）强化高校网络思政教育话语主体的理论素养

理论是信念的前提、行动的指南，具有极强的引导性和前瞻性特征。理论素养的高低决定着高校网络思政教育话语主体是否具有开阔的视野、宽广的胸怀、长远的眼光，只有提升高校网络思政教育话语主体的理论素养，才能坚定其政治立场，增强其实践自觉，自觉抵制西方错误社会思潮的不良影响，促进高校网络思政教育话语权提质增效。新时代高校网络思政教育话语权建设具有较强的系统性和综合性，高校网络思政教育话语主体要想将高校网络思政教育内容讲清、讲透、讲活，就要在提升自身政治素养的基础上完善理论知识结构，从而进一步提升自身的理论素养。基于此，高校网络思政教育话语主体可以从以下两个方面提升自身的理论素养：一方面，熟练掌握与网络思政教育相关的学科知识，包括教育学、心理学、管理学、伦理学、法学等知识理论，同时与时俱进地更新知识结构、扩宽知识领域，在丰富的理论知识中获取"话语营养"，将历史要素、时代要素、网络实践要素融入网络思政教育话语实践中，增添高校网络思政教育内容的说服力。另一方面，要紧跟新时代发展步伐，加强马克思主义中国化、时代化最新理论成果的学习，扩展自身视野格局，强化使命与担当，增强自身的理论阐释力、思想辨别力和话语主导力，凝聚力量、汇聚共识，进一步强化马克思主义主流话语的影响力和感召力。

（三）增强高校网络思政教育话语主体的媒介素养

新时代网络信息技术的发展对高校网络思政教育话语主体的能力提出了更高的要求，不知网、不懂网，就无法融入网络话语空间，无法与大学生网民互动沟通，更无法有效开展网络思政教育工作。可见，媒介素养事关高校网络思政教育话语主体在网络空间"发声"的深度，事关话语主体"说了有人信、信了照着做"的程度，事关话语主体掌握话语主导权的力度。因此，高校网络思政教育话语主体要紧跟时代发展需求，遵循网络发展规律，提升网络应用能力和网络话语空间掌握能力，不断更新话语传播方式，掌握话语资源，熟练运用网络平台，广泛传播网络思政教育话语信息。当前，部分高校网络思政教育话语主体将主要精力放在日常管理中，缺乏创新学习的主动性和积极性，导致自身网络应用能力不足，网络信息辨别能力不强。事实证明，如果话语主体的网络媒介素养滞后于网络技术的发展，将会导致话语主体"失声""失语"，其思想引领和价值引导作用将难以发挥。因此，高校网络思政教育话语主体要紧跟时代发展步伐，培养正确用网习惯，提升自身网络技术使用力、网络信息鉴别力、网络舆论引领力，成为善用网络平台的"超级传播者"（张晓坚，2020）。同时，通过筛选网络信息的优秀把关人，培养引领网络舆论的意见领袖，实现"稳坐网中"，找准大学生的兴奋点和兴趣点，实现与大学生的情感共鸣，增强高校网络思政教育话语权的时效性。具体而言，一是增强话语主体对媒介素养重要性的认知。高校要创造良好的学习氛围，帮助话语主体充分发挥其主观能动性，全面深入地掌握新媒体技术以及传播规律；引导话语主体主动向高校网络技术人员或身边先进榜样学习先进的网络技术，自觉遵守网络道德规范，严格规范自己的网络行为；培养话语主体的网络信息甄别能力，便于在日常工作中面对海量复杂的网络话语信息时，能迅速准确地筛选、识别、解读网络话语信息。二是高校积极开展网络思政理论知识的教育学习，坚定话语主体的政治立场，增强话语主体使用网络媒介的主动意识。高校要贯彻教育者先受教育的工作理念，将高校网络思政教育话语主体的网络技术培训纳入学校人才培养规划，紧扣网络热点和校园焦点，通过专题培训、交流学习等方式定期开展网络技能培训，提升话语主体的新媒体应用技巧、网络舆情监管能力、大数据统计与分析能力和网络平台管理能力，增强话语主体的网络媒介素养，为高校网络思政新话语的创造和传播提供动力。三是利用网络创新媒介素养教育，提升话语主体规范行使网络话语的能力。立足于新的历史阶段，高校网络思政教育话语权必然由同时具备正确的思想认知和先进网络应用技能的人所掌握。因此，高校要创新媒介素养理论知识的学习模式，将媒介素养教育融入高校日常思政教育体系之中，推动话语主体正确解读、准确研判繁芜复杂的网络话语信息，坚决批判错误网络话语信息，促使网络媒介素养内化为自身的思想认知、外化为自身的行为自觉。

（四）加强高校网络思政教育话语主体的人文素养

新时代高校网络思政教育话语主体强大的人格魅力、朴素的人文情怀对大学生具有极强的示范作用，打破"一言堂"，争做"有仁爱之心"的好老师，对学生真心关怀，用真情换真心，有利于提升网络思政话语的亲和力，有利于在潜移默化中以自己的实际行为引导大学生的思想和行动。高校网络思政教育话语主体可以从以下两个方面提升自身人文素养：一方面，贴近大学生实际生活。高校网络思政教育话语权建设的目的是疏导大学生的思想困惑、解决大学生实践中遇到的实际问题，增强大学生的思想认同、话语认同、价值认同。因此，话语主体要主动贴近大学生实际生活，以朋友的角色与大学生互动对话，了解大学生的实际学习需求、生活需求、话语需求，拉进与大学生之间的情感距离，在设置网络思政话语议题时，运用情景引入法将大学生关注的社会焦点、校园热点引入网络话语议题之中，利用具体事例激发大学生的情感共鸣，使高校网络思政教育话语充满真情实意。另一方面，创造、传播的思政教育话语要融入人文关怀。高校网络思政教育话语主体要转变传统理论说教的话语模式，与大学生"零距离"接触，掌握大学生喜闻乐见的网络话语，增强网络思政话语创造和灵活调整的话语转换能力，寻求话语共鸣，有效防止网络思政教育脱离大学生群体变成自说自话，从而增强高校网络思政教育的影响力和感召力。

三、加强队伍建设，整合主导力量

新时代高校网络思政教育话语权建设的系统性、复杂性决定了仅仅依靠某一群体的单独力量将无法达到全员、全过程、全方位的思政育人效果（张瑞等，2021），需要多主体协同联动发挥合力。在高校网络思政教育话语具体实践中，话语主体承担着社会主义核心价值观的创造者、沟通者、传播者等多种角色，发挥着不同的功能。当前，高校网络思政教育工作者占比较少且分布较散，较难实现主流话语合力，因此，除了专职网络思政教师，还应将在网络空间具有影响力的广大党员干部、媒体宣传工作者、辅导员、专家学者、网络意见领袖等纳入高校网络思政教育话语主体队伍，加强"三专两兼"话语主体队伍建设，选拔、培养、发展复合型的高校网络思政教育话语主体队伍（何为和赵新国，2019），进而持续为话语权的建设注入新鲜主体力量，从而构建网络"大思政"工作格局，有效推动高校网络思政教育话语权的建设和提升。

（一）加强"三专两兼"的高校网络思政教育队伍建设，建立健全话语主体的内部联动机制

主要包括：一是高校网络思政教育理论课专业教师。我国高校开设的有思想政治教育理论课，有专门的教师团队对大学生进行思想政治教育和引导，这些专业教师自然而然地成为高校网络思政教育的中坚力量，在高校思政教育主题（专题）网站、官方微信公众号、官方微博等网络平台，传播马克思主义中国化时代化的最新理论成果，弘扬网络正能量，成为高校网络思政教育话语主体的主力军（闫树和李良栋，2021）。二是高校课程思政专业教师团队。全国高校都在积极构建课程思政专业教师团队，有

益于结合当代大学生的特点和用网习惯，有效提升课程思政教师在网络空间的责任和担当，有助于教师在知识传授、思想引领过程中合理利用网络开展思政教育工作，提升育人质量。三是高校辅导员队伍。高校网络思政教育话语主体创造传播网络思政教育话语的目的就是解决大学生的实际问题。高校辅导员作为一线的思政教育管理服务工作者，与大学生接触最为密切，这一独特优势有助于在解决大学生具体事务中引导大学生的思想认知和价值观念的形成。因此，要积极提升辅导员的政治理论素养、专业素养、媒介素养和用网能力，在网络平台与大学生经常性地开展平等互动对话，从而增强高校网络思政教育话语内容的亲和力。四是高校网络督学导学兼职团队。网络空间开放性、自由性、隐蔽性的特征凸显，高校网络思政教育专业教师和思政辅导员无法做到面面俱到。因此，高校应当选配理论知识结构完善、网络应用能力强的专业教师、管理人员、专家学者组成高校网络督学导学兼职团队，在大学生经常浏览、使用的网络平台进行网络舆论引导，同时建立健全考核监督制度，督促兼职团队发挥作用。五是高校教师网络意见领袖兼职队伍。在高校教师队伍中有些教师凭借完善的知识结构、幽默的话语、亲和的态度，在一些社会焦点和校园热点的传播过程中，总能将网络舆论引向理性的发展方向。这些教师虽不是专业的思政教育教师，但其在话语权提升过程中的积极作用不容小觑，高校应加大力度培养网络舆论意见领袖，将其纳入高校网络思政教育话语主体队伍中，充分发挥其积极作用。

（二）培育大学生网络意见领袖，加强学生自我约束和自我管理能力，为话语主体建设注入新鲜力量，建立健全话语主体的外部协同机制

网络意见领袖一般位于网络话语权力的优势一方，存在于不同年龄、不同职业之中，代表着不同阶层、不同群体的利益和需求，具有丰富的话语资源、广阔的网络社交范围、深刻的媒体接触程度、复杂的人员构成等特征，不仅有专家学者、先进典型、党政干部，还有网络名人、媒体记者、学生团体等。高校大学生作为"触网""用网"最频繁的群体，有些大学生凭借自己丰富的专业知识、出色的网络交流能力、强大的亲和力、先进的网

络信息技术等方面的优势被其他大学生网民所熟知，对其他网民产生较强的话语影响力，逐渐发展成为大学生网络意见领袖。在新时代网络空间，高校网络思政教育话语主体需要通过中介将网络思政教育话语内容传播至大学生，在这一过程中大学生网络意见领袖起着话语桥梁的作用，大学生网络意见领袖更加了解当代大学生的实际需要和利益诉求，话语更加诙谐有趣，其话语更具有说服力和影响力。因此，通过大学生网络意见领袖来教育感染其他大学生，能够贴近大学生的现实生活，拉进与大学生之间的情感距离，从而增强高校网络思政教育话语的亲和力和感染力，有效引导其他大学生的思想认知、思维方式、行为习惯。然而，当前大学生网络意见领袖总体数量少，话语引领力相对有限，难以发挥话语的影响力，因此，培养一批政治立场坚定、综合素养突出、网络技术先进的学生成为网络意见领袖，有益于帮助大学生接受网络思政教育话语内容，有利于引导校园网络舆论方向，有助于提升新时代高校网络思政教育话语权的影响力和感召力。

　　具体而言，可从以下几个方面来培养大学生网络意见领袖：一是高校网络思政教育者要高度重视建设大学生网络意见领袖队伍的重要意义。尽管大学生网络意见领袖不是高校网络思政教育话语创造、传播的主要力量，但因其在大学生同辈群体中的巨大影响力，对提升高校网络思政教育话语权发挥着不可小觑的积极作用。这是因为大学生网络意见领袖通常以普通大学生的角色去领悟、传播马克思主义主流意识形态，以切合大学生的实际需要创新网络思政教育话语表达方式，通过对网络话语的筛选、把关和加工，将传统网络思政教育话语方式转换为普通大学生喜闻乐见的话语方式，潜移默化地增强了高校网络思政教育话语的关注度和亲和力，开拓了高校网络思政教育话语权提升的新局面。因此，高校网络思政教育工作者应着重向大学生网络意见领袖传播马克思主义主流意识形态和社会主义核心价值观，宣传党和国家的方针政策，确保他们具备坚定的政治立场和政治方向，帮助他们在网络空间与其他意识形态交锋时，能够赢得学生群体的认同和响应，进而引导普通大学生的思想认知和行为实践。二是善于发掘和宣传大学生网络意见领袖。高校网络思政教育工作者要发挥自身主观能动性，关注各种自媒体平台中那些发帖数量足、质量高，并在大学生网民中拥有较多粉丝受众的群体，引导并培养他们成为大学生网络意见领袖。在日常实践中，完善长效对话机制，及时了解大学生网络意见领袖的思想变化、行为动态，主动发掘大学生网络意见领袖的擅长话语领域和闪光点，并在网络空间对大学生网络意见领袖的优秀事迹进行宣传和推广，塑造先进典型，树立正面形象，进一步提升大学生网络意见领袖的知名度，增强大学生网络意见领袖的影响力和号召力。三是与时俱进地对大学生网络意见领袖进行教育、引导。大学生网络意见领袖在自己擅长的话语领域里具有很强的话语说服力、引导力，在其他领域的话语影响力相对较弱，加上各种自媒体平台层出不穷，各种网络"大V"迅速出现，为了增强大学生网络意见领袖的影响力和说服力，保障他们更好地发挥同辈群体效应，高校网络思政教育工作者应当有针对性地对大学生网络意见领袖进行教育培训。通过健全大学生网络意见领袖成长服务体系，加强他们对网络应用技能、思政教育理论知识的学习，不断提升其综合素养，引导他们在网络空间坚定马克思主义意识形态的指导地位，合理看待网络舆论事件，利用网络信息技术对网络舆论的发展趋势做出客观判断，有针对性地引导大学生的思想认知和行为习惯，进一步提升新时代高校网络思政教育话语权。

第二节　丰富新时代高校网络思想政治教育话语权内容设置

在网络化生存的新时代，高校网络思政教育话语权建设是以马克思主义主流意识形态为指导展开的说理过程，创造、传播具有真理性、价值性的网络思政话语内容是新时代高校网络思政教育话语权的生存依托和提升基础。可见，网络思政教育话语内容数量的多少已不是衡量高校网络思政教育话语权强弱的唯一标准，更多的在于网络思政话语内容质量的提升，"内容为王"已成为新时代高校网络思政教育话语权提升的重要方法。因此，立足于新的发展阶段，紧跟时代发展脉搏，汲取丰富的网络话语资源滋养，紧扣大学生实际生活，增强高校网络思政教育话语内容的渗透力和说服力，提高话语内容供给的质量，已然成为新时代高校网络思政教育话语权提升的核心。具体而言，丰富高校网络思政教育话语内容设置的关键在于提升话语内容"讲得对""讲得好"的效果：网络思政教育话语内容鲜明的政治性、意识形态性关乎话语内容能否科学客观的"讲得对"；网络思政教育话语内容的时代性、大众性关乎话语内容能否推陈出新的"讲得好"。在日常的教育实践中，高校网络思政教育话语主体应当坚持高校网络思政教育话语内容的"科学性、意识形态性"，创造有品质、有内涵的话语内容（徐璐和朱炳元，2019）：强化高校网络思政教育话语内容的"时代性"，与时俱进地打造有情怀、意象高远的原创性话语内容；增强高校网络思政教育话语内容的"大众性"，塑造面向高校大学生群体大众化、接地气的话语内容，不断充实新时代高校网络思政教育的话语内容，全方位扩展高校网络思政教育话语的影响维度，达到最佳的育人效果。

一、创新话语内容，增强话语内容的科学性

高校网络思政教育话语内容具有鲜明政治立场、坚定政治方向的"一元价值属性"，是通过与时俱进的创新发展形成的切合新时代"实然"主题的内容，是具有理论阐释力、实践推动力、社会号召力的科学话语内容。新时代，我国社会内部矛盾不断变化，高校网络思政教育话语内容迅速发展的美好愿望与当前高校网络思政教育话语发展不充分的现象之间的矛盾日益凸显（谢玉进和赵玉枝，2019），网络意识形态领域的碰撞和斗争不断加剧。虽然当今世界正在经历广泛而深刻的变化，但是马克思主义的科学性、真理性仍然璀璨生辉，彰显出强大的生命力、持久的影响力，是凝聚思想共识、价值共识的核心（盛红，2020）。因此，新时代高校网

络思政教育话语内容的创新发展并不是固守某些"教义"，而是保持开放、与时俱进的心态，因时而变、因势而新，在动态中契合时代要求、大学生需求，以马克思主义主流意识形态作为根本内核，积极拓宽马克思主义理论特别是中国特色社会主义理论"保护带"的边界，科学把握马克思主义中国化时代化的最新成果，不断选择性吸收、批判性完善新的理论资源；以社会主义核心价值观来建构多层次的高校网络思政教育话语内容，提升新时代高校网络思政教育话语内容的科学性和真理性，真正做到以理服人、以理育人。在新时代复杂多变的网络话语空间，高校网络思政教育话语主体创新高校网络思政教育话语内容，坚持马克思主义的发展方向，可主要从以下三个方面进行。

（一）通过理论的批判和斗争，创新网络思政教育话语

批判的最终目的是揭露，而揭露是高校网络思政教育展开话语斗争的内在要求（吴倩，2019）。新时代各种意识形态和社会思潮在网络空间展开交锋、争斗，高校网络思政教育话语内容随着时代的变迁、话语需求的变化不断进行更新和修正，要想马克思主义理论被大学生持续认同并用于指导实践，必须经过批判和斗争，解决好高校网络思政教育话语内容创新、修正问题，也即是实现马克思主义的大众化，才能为高校掌握并提升网络思政教育话语权奠定坚实的基础。由此可见，高校网络思政教育话语主体要立足于我国高校网络思政教育现实实践、新时代发展特征，与时俱进地汲取马克思主义中国化时代化的最新理论成果，批判性地吸收西方马克思主义的有益内容，在批判中找准创新着力点，通过将马克思主义中国化时代化理论的正面宣传和对"反马克思主义"理论的彻底批判有机结合，在动态中创新高校网络思政教育话语内容，接受高校网络思政教育实践活动的检验，进而增强高校网络思政教育话语内容的真理性和科学性，从而促使马克思主义主流意识形态在大学生内心牢牢扎根。

（二）寻求马克思主义理论与话语主客体双方的话语认同和情感认同，增强话语内容的科学性

创新高校网络思政教育话语内容的目的是帮助大学生认识世界、改造

世界，将马克思主义主流意识形态内化为大学生的思想认知，外化为自身的行为自觉。高校网络思政教育话语内容具有科学性和政治性的特征，在内容措辞和表达上严肃、规范，因此，在创新高校网络思政教育话语内容的同时要注重高校网络思政教育话语主体和大学生共同参与、共同协作，以主客体双方的共同认同为标准，增强话语内容的科学性。由此可见，创新高校网络思政教育话语内容需要综合考虑多方因素，采用多方认同的方式增强高校网络思政教育话语内容的说服力、解释力、穿透力，进而扩展高校网络思政教育话语内容的覆盖面。总而言之，只有立足于我国高校网络思政教育的具体实践，与时俱进地坚持理论的批判和斗争，增强高校网络思政教育话语内容为高校网络思政教育话语主体"立言"的效力，才能在动态中创新高校网络思政教育话语内容，以优质的高校网络思政教育理论供给保障高校网络思政话语主体"说理"的底气。

（三）科学的话语内容可以帮助大学生对各种网络话语做到"心中有数"

当下，世界百年未有之大变局加速演进，西方国家意识形态的渗透呈现出渗透方式日常化、渗透手段综合化、渗透技术先进化等特点，网络空间交织着各种意识形态，他们之间相互博弈导致各种网络话语此起彼伏。在此背景下，为了提升高校网络思政教育话语权，必须使用科学的网络思政教育话语加强对大学生的培育，进而影响大学生的思维方式和行为方式，引导大学生将个人利益与国家利益相统一，将有区别的个人思想认识与无分歧的社会思想共识相统一。因此，高校网络思政教育话语主体只有传播科学、真实的思政教育话语内容，才能经得起各种话语的论证和实践的检验，从而引导大学生积极主动获取科学的思政教育话语内容，崇尚科学精神，坚定理想信念。

二、彰显时代特色，增强话语内容的时代性

在新时代网络空间，僵化、严谨、枯燥的高校思政教育话语内容已无法体现时代特色，无法引起大学生的关注和认同，这就要求高校网络思政教育话语主体要紧扣新时代发展脉搏，借鉴中华民族优秀传统文化，将网

络流行话语融入高校网络思政教育话语内容，创造富有时代情怀、彰显时代特色的高校网络思政教育话语内容，不断增强高校网络思政教育话语内容的时代性，将高校网络思政教育话语内容讲好、讲清、讲透。

（一）紧扣新时代发展脉搏，增强高校网络思政教育话语内容的时代性

习近平强调："今天，我们比历史上任何时期都更接近、更有信心和能力实现中华民族伟大复兴的目标"①，这就对新时代高校网络思政教育话语权建设提出了新的实践要求和发展方向。高校网络思政教育话语内容要彰显时代特色是新时代发展的内在要求、是新时代复兴的应有之义、是新时代奋斗的本质内涵。因此，高校网络思政教育话语主体要用发展、开放的眼光紧跟新时代发展要求，主动适应新变化，紧跟新形势，落实新要求，推动高校网络思政教育话语内容与新时代接轨，增强话语内容的时代感。倘若高校网络思政教育话语内容故步自封、因循守旧，就无法满足新时代发展要求，就会变成单调、僵化的理论教条，从而在多元化意识形态斗争激烈的新时代丧失竞争力、影响力。由此可见，高校网络思政教育话语主体要紧扣新时代发展脉搏，认真研判当前国内外最新发展形势、掌握国家方针政策的最新变化、关注时事热点的最新进展、把握大学生实际需求的最新要求、了解网络技术发展的最新动态，主动汲取新时代为思政教育话语发展带来的新资源、新营养，不断推陈出新，扩展高校网络思政教育话语内容的时代内涵，用大学生喜闻乐见的时代话语做好马克思主义中国化时代化最新理论成果的阐释工作，从而解决大学生的思想困惑，保持高校思政教育话语与时代话语之间的张力，不断增强高校网络思政教育话语内容跨时代的生命力和竞争力。

（二）融入网络流行话语，增强高校网络思政教育话语内容的吸引力

在这个人人都有表达权、发言权的网络话语空间，作为网络空间的"原住民"，新时代大学生的话语模式随着网络技术的发展发生了巨大的变化。大学生立足于自身实践，突破传统话语禁锢，勇于创新、敢于创造，

---

① 《习近平谈治国理政》（第三卷），北京：外文出版社2020年版，第12页。

结合方言、俚语、谐音、字母等元素，创造了一些接地气、形象生动、别具一格的网络话语，并迅速在大学生群体流行，这些网络流行话语因其简洁性、趣味性、形象性的特征给人一种耳目一新的感觉，更容易被大学生接受、吸收、传播，有益于补充高校网络思政教育话语内容资源。而高校网络思政教育话语内容因其自身严谨的政治性、学术性、意识形态性，难免存在趣味性低、生动性不足、亲和感不强的问题，难以激起大学生主动接收并积极思考的兴趣，这些现象并不利于新时代高校网络思政教育话语权的提升。因此，立足于新的历史发展阶段，高校网络思政教育话语主体要积极消除对网络流行话语的固有偏见，因时而新、因势而新，积极主动拉近与大学生的距离，努力掌握各种新媒体平台中出现的网络流行话语，汲取网络流行话语的营养，根据高校网络思政教育要求和大学生的实际需求、话语诉求，有选择性地将富有生活化、时代化的网络流行话语与高校网络思政教育的理论话语、学术话语相互融合，与时俱进的创新蕴含社会主义核心价值观的高校网络思政教育话语内容，进而不断产生原创性的网络话语内容，通过使用具有时代性和趣味性的高校网络思政教育话语内容，使高校网络思政教育话语内容政治有高度、理论有温度、思想有深度，同时在网络思政教育过程中运用大学生易于接受的话语内容与大学生达成话语共识，帮助大学生主动接受、自觉内化、努力践行，从而增强网络思政教育的实效性。

（三）积极发掘中华民族优秀传统文化，增强高校网络思政教育话语内容的合理性

中华民族传统文化中蕴含了丰富的高校网络思政教育话语资源，而高校网络思政教育话语内容的时代特色又是对中华民族优秀传统文化的继承和创新发展，对大学生的思想引导、价值塑造、行为规范具有一定的推动作用（李仕波和张玲，2018）。可见，中华优秀传统文化为高校网络思政教育话语权建设提供了符合时代潮流的精神指引，具有鲜明的时代特色。毛泽东曾提出，我们是历史主义者，只有讲历史才能说服人。习近平也多次强调讲好中国故事、传播好中华优秀传统文化对青年大学生成长成才的重要意义。现阶段，高校网络思政教育话语主体应当深入挖掘中华民族优

秀传统文化中的话语资源，汲取话语营养，利用创新思维和科学方法提炼中华民族优秀传统文化中的精粹，将中华民族优秀传统文化和高校网络思政教育话语内容有机融合，激发中华民族优秀传统文化的生命力，转化成符合新时代发展要求的话语内容，进一步提升高校网络思政教育话语内容的质量，引导大学生认识到中华民族优秀传统文化中蕴含的人生哲学、政治哲学、心理哲学等，帮助大学生积极主动地传承和发展中华民族优秀传统文化，增强大学生的文化认同感。

三、贴近现实生活，增强话语内容的大众性

新时代的大学生是随着网络迅速发展成长起来的，他们的思想更加独立、知识结构更加完善、情感更加丰富。他们通过网络平台获取最新、最前沿的教育信息资源，有着自己的话语偏好，更倾向于接受个性生动、轻松幽默的网络话语，对高校网络思政教育话语内容的质量和数量提出了更高的要求。不难发现，脱离大学生角色需求、脱节大学生实际生活、背离大学生真实意愿的高校网络思政教育话语内容终将被大学生所抛弃，高校网络思政教育话语权的建设更是无从谈起。由此可见，高校网络思政教育话语主体的任务不是将严谨、枯燥的思政教育内容简单复制到网络平台，而是要遵循当代大学生的个性特征和用网规律，立足于网络思政教育话语具体实践，紧扣青年大学生实际生活、紧贴大学生的真实需求、紧跟大学生的切身问题，打破高校思政教育话语死板、乏味的窘境，将马克思主义中国化时代化的最新理论融入日常网络话思政教育语内容，深挖大学生"看见过"的先进典型和榜样模范，捕捉大学生"经历过"的社会热点和校园问题，用大学生喜闻乐见的网络话语在思政教育话语内容上制造"意外"和"惊喜"，引起大学生的思想共鸣、情感共鸣，形成行动共振，将"大我"和"小我"、集体利益和个人利益有效结合，促使高校网络思政教育话语内容的核心思想根植于大学生内心，增强高校网络思政教育话语内容的说服力、渗透力和感召力，彰显高校网络思政教育话语内容的时代价值。

（一）贴近大学生实际生活，获取高校网络思政教育话语素材

在新时代高校网络思政教育话语实践活动中，高校网络思政教育话语

吸引力不足问题的根本原因在于高校网络思政教育话语内容脱离了大学生的实际生活。这是因为，高校网络思政教育话语内容多是以马克思主义理论、社会主义核心价值观、党和国家方针政策为核心内容的政治话语以及学术话语，这种宏大叙事的话语内容在一定程度上脱离了大学生的实际生活和心理诉求，对追求个性、时尚的大学生而言，显得单薄、乏味和无趣，不利于大学生对高校网络思政话语内容的理解和接受，反而削弱了新时代高校网络思政教育话语权的影响力和感召力。在此情形下，贴近大学生现实生活，创造大众化、通俗化的高校网络思政教育话语内容已成为探索新时代高校网络思政教育话语权提升路径的主要任务。因此，高校网络思政教育话语主体应主动深入大学生群体、贴近现实生活，充分重视大学生网络交往实践活动的自主性，注重与大学生平等互动沟通，把握大学生的所思、所想、所盼。在大学生的校园实践生活中获取高校网络思政教育话语素材、提炼高校网络思政教育新鲜话语，针对大学生实际生活中的具体需求、思想疑惑、兴趣爱好，创新高校网络思政教育话语内容，从而增强高校网络思政教育话语内容的吸引力和影响力。例如，以大学生身边的鲜活事例或先进典型作为案例，将直接的理论说教转变为间接的教育引导，让社会主义核心价值观深入人心。

（二）贴近当前社会焦点和校园热点，增强高校网络思政教育话语内容的大众性

青年大学生是祖国的未来和民族复兴的希望，他们通过系统的学习初步形成了自己的知识结构、思想认知和价值判断，这些生活经历潜移默化地影响着他们对高校网络思政教育话语内容的选择和接受。网络空间时刻充斥着高校网络思政教育话语和西方意识形态话语激烈的交锋和争斗，通过价值博弈，获胜的一方就获得了针对热点问题和焦点问题的发言权，获得了引导舆论方向的主导权，获得了蕴含自身思想观念和价值观念的话语权。因此，高校网络思政教育话语主体要运用大数据分析技术全面掌握社会焦点话题发生的原委，在网络平台客观、准确、全面地还原社会焦点的真实面貌。同时，将社会焦点、校园热点事件与大学生的关注点、兴趣点

深度结合，将国家的政治经济生活和大学生的日常现实生活有效结合，合理设置网络话语议题（仲昭慧，2021），用高校网络思政教育话语解释社会焦点、网络热点背后隐藏的深刻内涵和意义，用理论与实践相结合的办法引导大学生规范自身网络话语行为，用大学生身边发生的具体事件和生活话语来"证明真理"，发挥好马克思主义主流话语发声、表态、带头的作用，帮助大学生理性判断社会焦点和校园热点问题，增强大学生参与政治经济社会生活的主动性。

（三）解决大学生的实际困难，增强高校网络思政教育话语的认同感

新时代高校网络思政教育话语权提升的主要目的是解决大学生的思想困惑、实践困难，培养德才兼备的时代新人。然而解决大学生的思想困惑、实践困难不能只停留在认识、解决问题中，而是要坚持理论与实践相统一，将解决问题的方法放入实践中进行检验，从而增强高校网络思政教育话语内容的针对性和有效性。由此可见，高校网络思政教育话语主体要积极利用大数据信息技术，以马克思主义理论为思想指导和行动指南，将大学生关心的、存在困惑的问题掰开了、揉碎了，从大学生日常生活、学习中发现困扰大学生的新问题，掌握大学生关心的真问题，聚焦影响大学生成长成才的大问题，有针对性地寻求解决措施，从而确保高校网络思政教育话语内容的可靠性和真理性。

第三节　创新新时代高校网络思想政治教育话语权方式选择

新时代，高校大学生对高校网络思政教育话语的传播、接受、内化具有一定的自主性，他们不仅关心高校网络思政教育话语内容，即"说什么"，还关心高校网络思政教育话语方式，即"怎么说"。基于此，创新新

时代高校网络思政教育话语方式的选择，可以有效增强高校网络思政教育话语的传播效果，是探索新时代高校网络思政教育话语权提升路径的关键（李丽，2019）。在网络化新时代，网络话语的表达方式不断丰富，其生动性、形象性、碎片化特征日益凸显，网络话语内容不仅可以通过文字、文件表达，还可以通过图片、动画、视频、音频等方式呈现和传播，迅速吸引网民的"眼球"。当前，高校网络思政教育话语方式比较单一，多以理论性文字为主，对于思维活跃、追求个性的新时代大学生的吸引力、感染力不强，甚至引起大学生的反感和抵触，如不与时俱进的创新高校网络思政教育话语方式，增强其吸引力、感染力，提升高校网络思政教育话语权只能成为一句空谈。由此可见，为了契合新时代网络社会的发展要求、大学生网民的不同需求，高校网络思政教育话语主体应该在稳定网络思政话语内核的基础上，进一步完善多层次的高校网络思政教育话语表达方式，实现不同话语方式之间的流畅转换，增强网络思政教育话语方式的吸引力，对大学生形成视觉、听觉等多重感官刺激，便于多维度、多层次传播社会主义核心价值观。正如技艺高超的语言大师，将各种网络话语资源加工成话语大餐，不仅要具备好的话语内容这一"主料"，还需要具备好的表达方式这一"佐料"，才能形成精彩绝伦的话语盛宴（朱诚蕾和骆郁廷，2020）。

一、善用具象化的表达方式，促进话语形象表达

在新时代网络空间，网民时常用动画、图片、视频、音频、字母、表情包等独特、新颖的表达方式来呈现网络话语内容，这些网络二次元化的表达方式因其独特的创意、简洁的表述、形象的风格深受大学生的喜爱，增强了大学生的参与感、获得感、认同感（王贤卿和董扣艳，2018）。由此可见，高校网络思政教育话语方式理应顺应新时代发展潮流，与时俱进地利用大数据信息技术，通过图片、动画、视频、音频、表情包、符号等具象化的方式创新高校网络思政教育话语表达方式，实现高校网络思政教育话语内容的形象化呈现、视觉化表达，从而进一步提升高校网络思政教

育话语权的育人效果。然而仅仅简单地将网络二次元化表达方式套入高校网络思政教育话语中，并不能增强高校网络思政教育话语内容的吸引力和感染力。高校网络思政教育话语主体可从以下两个方面推动高校网络思政教育话语表达方式具象化：

（一）深入大学生的网络世界，了解、把握网络流行话语

新时代各种自媒体平台大量涌现，人人都有麦克风、事事都可上网、人人都是"网红"，大学生可以按照自身的喜好在网络空间借助图片、符号、字母、视频等，创造大量生动活泼、接地气的网络话语，并迅速在大学生群体中流行，而网络流行话语更新快，上年的网络热词和流行语，在今年的网络平台就销声匿迹（刘余勤和刘淑慧，2017）。因此，高校网络思政教育话语主体要深入大学生的网络世界，全面掌握网络文化产品，了解网络流行话语的最新发展，创造大学生喜闻乐见的网络话语表达方式，努力弥补由于高校网络思政教育话语内容理论性强导致大学生难以理解和接受的缺点。

（二）善于利用图片、动画、视频、表情包、音乐等具体形象化的方式创新高校网络思政教育话语方式

高校网络思政教育话语主体要深刻领悟高校网络思政教育话语内容蕴含的思想观念、时代价值，在网络平台发布、传播马克思主义主流意识形态和社会主义核心价值观时，善于将当前网络空间流行的话语表达方式和高校网络思政教育话语内容深度融合，利用大学生广泛使用的富有新意、具体形象且蕴含正能量的表情包、图片、动画、字母符号来表达高校网络思政教育话语内容，与大学生建立密切的话语关系，从而迅速吸引大学生的"眼球"，增强高校网络思政教育话语内容的思想感染力、情感冲击力。例如，小红军系列微信表情包凭借生动、有趣的小红军形象和切合大学生实际生活的话语，迅速走红网络，深受大学生的喜爱，圈粉无数；《厉害了，我的国》通过视频的方式展现了中国特色社会主义现代化建设取得的成就，使大学生在轻松有趣的氛围中领会我国的制度优势、道路优势，纪录片一经播出，迅速在大学生群体中引起热议；高校网络思政教育话语主

体拍摄快闪小视频，弘扬马克思主义主流意识形态，增强了大学生的代入感、体验感、获得感，迅速在大学生群体中引起一股潮流。因此，通过将马克思主义主流意识形态、社会主义核心价值观等理论内容运用具体形象的表达方式呈现，有利于取得显著的网络思政教育效果。

由此可见，高校网络思政教育话语主体在坚持运用马克思主义中国化时代化最新成果的基础上，摆脱教条式理论"灌输"，将马克思主义理论和大学生网络实践有效结合起来，善用具象化的表达方式，不断创新"灌输"方式，进一步扩展了高校网络思政教育话语内容的表达空间和影响范围，有利于提升网络思政教育话语权的育人效果。

二、善用大众化的表达方式，明晰话语传播内容

习近平总书记说，一个道理要能用大众化的方式深入浅出地阐述明白，讲的话群众爱听，才能使马克思主义主流意识形态入耳、入脑、入心。当前，部分高校网络思政教育话语主体囿于教育理念、网络技术应用能力、自身综合素养水平，只是将马克思主义中国化时代化的最新成果、党和国家的政策方针等高校思政教育话语内容简单照搬到网络传播平台，依然采用理论性文字表达这一传统的话语呈现方式。而新时代的大学生富有探索精神，热衷于追求新鲜事物，思想和行为稳定性差，他们很少愿意花费大量的时间和精力去深入学习那些晦涩难懂的理论性文本话语。因此，高校网络思政教育话语主体应在坚持社会主义核心价值观的原则下，结合新时代网络社会的新变化和大学生现实生活需要，将高校网络思政教育抽象、严谨的理论文本话语运用简洁易懂、生动活泼的大众化表达方式呈现和传播，不断创造新的高校网络思政教育话语元素，有效增强高校网络思政教育话语内容的感染力、穿透力，提升高校网络思政教育话语权的育人效果。例如，习近平总书记经常用一些接地气、大众化的话语表达方式来阐释自己的观点、立场、看法，大家耳熟能详的"打铁还需自身硬""让青春在不懈奋斗中绽放绚丽之花""拔节育穗期""补补钙"等简洁易懂、乐于接受的大众话语，就是将政治话语用大众化表达方式呈现，引起

人民群众的情感共鸣，实现人民群众对中国特色社会主义制度、道路、理论的思想认同、价值认同。由此可见，在网络平台将马克思主义主流意识形态和社会主义核心价值观用大众化的表达方式呈现出来，已经成为提升新时代高校网络思政教育话语权的重要途径。具体来说，高校网络思政教育话语方式大众化本质就是将马克思主义理论、中国特色社会主义思想和大学生实际生活有效结合起来，将严谨抽象的理论话语和政治话语转换为大学生喜闻乐见、通俗易懂、简洁明了的大众话语进行阐释。高校网络思政教育话语主体可从以下两个方面推动高校网络思政教育话语方式大众化：

（一）高校网络思政教育话语主体转变教育理念，与大学生平等对话

高校网络思政教育话语主体和大学生建立平等对话关系的关键在于消除双方之间的网络话语习惯差异，促使双方拥有共同的网络话语基础。不难发现，随着大学生的主观能动性不断增强，他们对不感兴趣的网络话语内容会一掠而过，甚至直接忽视。高校网络思政教育话语主体不再是高高在上的，而是在网络空间与大学生平起平坐，高校网络思政教育话语主体的表达方式是引领和对话，而不是批判和压制。因此，高校网络思政教育话语主体要及时转变教育理念，以朋友的角色、思想引路人的角色，主动走进大学生的现实生活，通过新媒体互动沟通，从而把握大学生的思想动态和实际需求，在了解大学生喜爱的话语表达方式的基础上，将严谨、晦涩难懂的理论话语用大众化的表达方式呈现，使高校网络思政教育话语内容变为大学生真正愿意听、乐意听的大白话、大实话。

（二）建立健全网络思政话语表达方式转化机制

高校网络思政教育话语主体要在坚持高校网络思政教育话语内容理论性、政治性、价值性的前提下，在网络话语资源选取、网络话语议题设置、网络话语内容传播等方面进行全方位的表达转化，增强自身将政治话语转化为大众话语的能力。这就要求高校网络思政教育话语主体回归大学生校园生活，关注大学生日常生活和话语表达习惯，深度挖掘形象、鲜活的网络话语要素，在此基础上，及时进行话语表达方式的转化，用深入浅

出、通俗易懂的大众话语阐释深刻的理论内容，增强高校网络思政教育话语方式的生活化、大众化魅力。

三、善用叙事化的表达方式，增强话语情感共鸣

现阶段，高校网络思政教育话语内涵的呈现方式依然以宏大叙事的方式为主来讲述马克思主义相关理论、国家方针政策走向、国内外最新发展形势，这种话语方式虽然学术性和理论性较强，但是对新时代大学生接受、学习、内化的吸引力、感染力却有待提高。而叙事化的表达方式则是从大学生现实校园生活的具体鲜活故事出发，以生活化、接地气的叙事手法为切入点，向大学生讲解马克思主义主流意识形态、国家政策方针对自身的影响等，激起大学生的情感共鸣、话语共鸣（杨林香，2017），进而提升高校网络思政教育话语权。因此，采用叙事化的表达方式可更好地呈现高校网络思政教育话语内容的核心思想和内在价值，使高校网络思政教育话语内容既有价值、有情节，又有深度、有温度，使大学生听有所思、听有所感、听有所获。由此可见，高校网络思政教育话语主体要与时俱进转变教育理念，用叙事化的表达方式将政治话语、学术话语和故事话语充分融合，围绕提升高校网络思政教育话语权的目标，深挖大学生身边发生的日常小事、身边出现的先进典型案例，以身边故事、身边案例为切入点，讲好身边事、讲好身边人，用事实来讲理、让事例来说话（曹洪军和曹世娇，2022），把充满理论性的大道理用充满真情实感的小故事表达出来，解决大学生面临的实际困难和思想困惑，以润物细无声的方式将高校网络思政教育话语内容内化大学生的思想自觉，增强高校网络思政教育话语内容的感染力和影响力。高校网络思政教育话语主体可从以下两个方面将高校网络思政教育话语表达方式叙事化：

（一）在网络空间营造叙事化的小微叙事情景

高校网络思政教育话语主体要发挥主导效应，主动在网络空间以大学生身边发生的故事、社会主义现代化建设中涌现的感人事迹来设置叙事化

的网络话语议题和话语情景，通过情景设置将身边小故事讲述出来，让大学生有一种身临其境、感同身受的感觉，引起大学生的思想共通、情感共鸣，增强高校网络思政教育话语内容的感染力、影响力。

（二）增强高校网络思政教育话语主体讲好故事的能力，讲好"四类"故事

中国到处充满着生动的故事、鲜活的校园事例，高校网络思政教育话语方式叙事化关键在于增强高校网络思政教育话语主体讲好中国故事的能力，通过具体故事来阐释中国特色、中国道路、中国理念、中国话语，在深入浅出、以小见大中增强大学生的思想认同、价值认同、情感认同。主要包括在各种自媒体平台中结合大学生身边的现实事例，一是讲好革命故事，通过观看纪录片、情景模拟等方式真实地讲述革命期间发生的英勇事迹，让大学生接受红色故事、红色文化的精神洗礼。二是讲好建设故事，通过拍摄小视频、邀请老一辈现代化建设者网络座谈等方式，讲述中国现代化建设过程中出现的感人事迹，让大学生感受中国人民奉献精神、奋斗精神的可贵。三是讲好改革故事，通过改革前后人民生活对比，讲述改革过程的历史脉络、人物事迹，让大学生理解实事求是、奋勇争先等改革精神的新时代内涵。四是讲好身边创业故事，通过邀请大学生身边创业榜样，富有情感地讲述自己的创业事迹，让大学生领悟勇于创新、自觉将小我融入大我的民族精神、拼搏精神的时代价值。

由此可见，新时代高校网络思政教育话语方式叙事化的表达方式有利于大学生发现榜样、学习榜样，有利于大学生自觉践行中国故事的时代内涵，进而增强高校网络思政教育话语内容的科学性和时代性，在引人入胜、润物无声中引导大学生形成正确的思想认知、价值观念和行为规范，充分发挥高校网络思政教育的育人优势。

第四节　完善新时代高校网络思想政治教育话语权平台建设

新时代高校网络思政教育话语权提升的最终目的是提升大学生的担当和能力，培育能堪当民族复兴大任的时代新人，说到底是做大学生的工作，大学生在哪里，高校网络思政教育话语就应该在哪里。高校大学生作为网络空间的生力军和原住民，各种融媒体平台成为大学生表达思想观点、分享心理情感的重要场所，网络平台也发展为高校网络思政教育话语传播的主阵地、主渠道。2020 年发布的《关于加快构建高校思想政治工作体系的意见》指出，要增强高校新媒体平台的吸引力、服务力、引领力，发挥网络平台对高校思政教育工作的推动作用。由此可见，高校网络思政教育话语平台是否坚实、是否畅通已然成为新时代高校网络思政教育话语权能否有效提升的主要影响因素。因此，高校要顺应新时代网络的发展趋势，与时俱进地学习、掌握现代化网络信息技术，通过加快高校网络阵地建设、完善全媒体传播平台、优化平台板块设计进一步完善高校网络思政教育话语平台建设，提升高校网络思政教育话语平台的传播、引领、凝聚、服务作用，构建话语双方沟通对话的桥梁和平台，解决高校网络思政教育话语内容如何"可达可传"的现实问题，从而进一步提升高校网络思政教育话语权的实效性。

一、加快网络阵地建设，提升话语平台引领力

在新时代，谁掌握了网络平台，谁就掌握了网络主动权、话语权。网络空间是各种意识形态相互交锋和争夺的前沿主阵地，先进的思想不去占领，落后、腐朽的思想必然会趁虚而入。随着中国特色社会主义进入新时

代，各种新媒体平台方兴未艾，要想坚守网络主阵地，对高校网络思政教育话语平台建设提出了更高的要求，网络主阵地的强弱、网络平台政治方向正确与否，事关高校网络思政教育话语权能否发挥效用，事关能否正确引导网络舆论。可见，新时代高校网络思政教育话语平台的建设具有很强的政治性和意识形态属性，讲政治、政治强是话语平台建设的首要要求。

高校在建设网络思政教育话语平台的过程中，要时刻掌握网络传播规律，具有网络阵地不能丢的思想认知，全面贯彻党管网络的核心原则，巩固网络思政教育的主阵地，牢牢把握高校网络思政教育话语平台建设的正确政治方向和建设目标，紧跟党和国家的政策方针，用积极的网络大众话语引导高校网络舆论走向，维护网络阵地的安全稳定，有效提升网络思政教育话语权。具体而言，一是坚持网络阵地意识。在网络平台建设过程中，主动学习新时代的发展要求、发展目标，将习近平新时代中国特色社会主义思想作为建设网络话语平台的核心思想，增强网络话语平台建设的时代感和责任感。二是借助大思政工作格局，引导高校网络舆论走向。高校网络思政教育话语平台的运行和管理涉及高校宣传部、学生处、二级学院等多个部门，因此，高校应建立由学校党委统一领导，各部门、各学院协调共抓的大思政工作格局，统筹网络话语资源的配置，在日常高校网络思政教育话语平台的建设过程中，坚持构建话语平台的正确方向和政治立场，加强对各种自媒体平台的监督管理，全面掌握高校网络思政教育话语主体和大学生团体开设的微信公众号、微博账号、抖音视频账号等自媒体平台建设情况，时刻关注一些粉丝受众多、号召力强、互动活跃的自媒体账号，并进行备案登记，积极引导其宣传马克思主义中国化时代化的最新成果，对网络错误社会思潮进行彻底批判，正确引导网络舆论方向，形成风清气正的网络生态环境。三是用马克思主义主流话语占领网络话语平台。面对多样化的自媒体网络平台，高校网络思政教育话语主体要紧扣新时代发展步伐，积极学习、内化马克思主义主流意识形态和社会主义核心价值观，积极主动与学校网络宣传部门沟通交流，在自媒体平台上大力宣传党和国家的最新政策方针，紧紧围绕国家的思政教育工作重心，切合社会重大焦点、学生关注校园热点展开深入讨论和交流，用马克思主义主流意识形态话语占领高校网络话语高地，占领网络舆论制高点，从而进一步强化高校网络思政教育话语平台的引领力。

二、完善媒体传播平台，加强话语平台辐射力

新时代网络信息技术突飞猛进，各种新媒体平台迅速更新换代，大学生乐于使用的新媒体平台随之不断转变和升级。因此，高校网络思政教育话语主体要牢牢把握新兴网络平台的发展趋势，不断探索新兴网络平台的功能、作用，完善高校全媒体传播平台建设，增强网络话语平台的辐射力，扩展高校网络思政教育话语权的覆盖面。全媒体网络传播平台具有极强的话语资源整合能力、话语信息承载能力、话语内容传播能力，这些优势增强了高校网络思政教育话语平台的系统性、整体性、协同性特征，能够有效提升高校网络思政教育话语权的实效性。然而，现阶段高校网络思政教育话语平台的建设却不尽如人意，高校各种网络话语平台分属于不同的职能部门，各部门之间缺乏协同性和联动性，不能有效进行优势互补，导致高校网络话语平台的话语资源整合能力、协同传播能力不足，这在一定程度上阻碍了新时代高校网络思政教育话语权的提升。总而言之，高校要正确看待各个网络传播平台的两面性，进一步完善全媒体传播平台建设，形成平台传播合力，从而增强新时代高校网络思政教育话语平台的辐射力和影响力。

（一）正确认识高校网络思政教育话语平台的优缺点

高校网络思政教育话语平台的发展为新时代高校网络思政教育话语权的生成、运行、提升带来了难得的时代发展机遇，但高校网络思政教育话语平台建设也存在一些不足之处。高校在完善网络思政教育话语全媒体传播平台建设的过程中，必须认清各种网络平台的优缺点，对各种网络平台进行动态评估和改进。这是因为，一是新时代人工智能、自媒体技术发展日新月异，微信、微博、超星、抖音、快闪等各种新媒体平台不断涌现，高校网络思政教育话语主体可以通过教育者角色、朋友角色，在网络平台

与大学生平等对话，潜移默化地对大学生进行引导、教育，扩大了网络话语传播渠道，增强了高校网络思政教育话语权传播的深度、广度，使高校网络思政教育处于全天候、全方位、全过程状态。二是每个网络传播平台的侧重点、主要功能都是有差别的，如学习强国、慕课、超星侧重于马克思主义理论、中国特色社会主义思想的学习、教育；抖音、快闪小视频、知乎侧重于日常娱乐；微信、QQ侧重于大学生日常交往交流等。高校网络思政教育话语不可能完全占据每一个网络传播平台，加之现阶段的网络监管也存在一定的漏洞，这在一定程度上冲击了高校网络思政教育话语权的发展，即使在高校官方网站、官方思政教育主题（专题）网页等网络话语平台依然存在话语内容在传播过程中被篡改或是被恶意解读的风险，这些因素大大降低了高校网络思政教育话语权的实效性。因此，高校要以辩证的思维看待各种高校网络思政教育话语平台，加强高校内部各个部门的沟通协调，推动各种网络话语平台优势互补，扩大高校网络思政教育话语的传播覆盖面。

（二）完善高校网络思政教育话语的全媒体传播平台，增强网络思政教育传播效果

立足于新的历史阶段，高校要加快建设网络思政教育话语全媒体传播平台，打造独具特色和优势的网络传播平台矩阵，形成高校网络思政教育话语传播平台合力，打破"困在网中"的困境，提升"稳坐网中"的能力。主要有以下几个方面：一是将高校传统传播渠道和新时代网络传播渠道有效融合，创新高校融媒体平台建设。通过平台优化、传播升级，将各种媒介资源、信息资源优势有效整合，达到新技术运用、话语内容、网络平台、平台管理共通共融，增强一体化效能。不难发现，要想使高校网络思政教育话语平台发挥最大作用，就必须按照媒体动态融合发展的趋势，将校内报刊、宣传屏、宣传栏等高校思政教育的传统传播渠道与微信、微博、抖音、超星等新兴传播渠道有效融合，把线下面对面互动沟通的优势和网络数字化、个性化、即时化、移动化的优势进行有效互补，建立线上与线下双轨话语传播模式，形成全方位的高校网络思政教育话语全媒体传

播平台新格局，从而增强高校网络思政教育话语平台的辐射力、传播力。二是有效整合高校多样化、多元化的网络话语平台，完善高校新媒体一体化传播矩阵。我国高校要坚持大思政、大宣传工作格局，完善以学校官方新媒体平台为主导，各行政部门、各二级学院新媒体平台为主体，有影响力的教师和学生团体、个人新媒体平台为支撑的高校新媒体一体化传播矩阵，优化高校网络思政教育话语的全媒体传播平台结构。同时，高校网络思政教育话语主体和大学生要提升自身媒介素养水平，抓准时机、有效融合高校各新媒体平台的优势，使高校各新媒体平台形成融合发展、相互协同、相互支撑的一体化新格局。

（三）加强对高校全媒体传播平台的监管，优化高校全媒体传播平台

新时代网络话语信息的内容具有多元化、更新速度快、传播范围广、发布自由化等特征，致使高校网络思政教育话语平台充斥着繁芜复杂的话语信息，甚至是反马克思主义的话语内容，在一定程度上冲击了社会主义核心价值观的传播实效性，不利于高校网络思政教育话语权的提升。因此，高校在完善网络思政教育话语的全媒体传播平台过程中，不仅要不断培养并提升高校网络思政教育话语主体和大学生的整体素养，还要加强对全媒体传播平台的监管，针对所发现的蕴含西方错误社会思潮的话语信息，在准确把握、合理判断的基础上做好解释，主动引导高校网络舆论的发展方向。

三、优化平台板块设计，增强话语平台吸引力

现阶段，部分高校的网络思政教育话语平台并没有切合大学生的实际需求和心理诉求的平台板块内容，导致平台板块设置不规范、不合理，对大学生的吸引力、影响力不强。例如，部分高校的官方网站，校内通知、校内新闻等板块虽然设计完善、更新迅速，但关于思想政治教育、马克思主义理论学习板块设置粗糙、更新缓慢，致使大学生很少浏览这些板块内容。因此，高校网络思政教育话语主体应深入开展调查研究，切合新时代高校网络思政教育需要和大学生的实际需求，优化高校网络思政教育话语

平台板块设计，不断完善高校网络思政教育话语平台信息反馈板块，增强新时代高校网络思政教育话语平台的辐射力和吸引力。具体而言，高校可通过以下几个方面优化网络平台板块设计：

（一）深入开展调查研究，切合大学生需求更新板块设计

网络的迅速发展改变了高校师生的学习、生活和交往方式，因此，高校网络思政教育话语主体要牢固树立网络思维意识，掌握最新的网络信息技术，全面了解大学生日常学习交往所使用的网络平台，将网络思政教育话语的传播和大学生实际需求有效结合，加强教育学习类网络平台的开发和使用。同时，以朋友的角色和大学生在各种网络互动平台沟通交流，通过点赞、评论、转发、互动聊天等方式深入大学生的日常生活，通过了解大学生的实际需求和话语诉求，紧贴实际生活设计优化网络平台板块内容，增强高校网络思政教育话语传播平台板块设计的针对性。

（二）优化高校网络思政教育话语平台板块内容设计

新时代，网络话语具有明显的更新速度快、传播速度快特征，加之高校大学生的个性化特征和易变性话语需求，致使高校网络思政教育话语平台板块内容的设计要因时而变、因势而进。高校要根据各个网络传播平台的优缺点，紧扣新时代、新技术发展要求，贴合大学生的实际需求，整合高校网络话语资源，明确问题导向、强化实践需求，以与时俱进更新各个网络思政教育话语平台板块内容为根本，将统一化、大众化的传播理念转变为差异化、分众化的传播理念。切实加强高校网络思政教育话语平台的思想层次、实践层次、艺术层次、交往层次等多层次的板块内容建设，实现高校网络思政教育话语的精准化传播。同时高校网络思政教育话语主体要不断提升自己的整体素养和综合能力，做好对网络话语平台的板块内容细分，大力推动网络思政教育话语平台根据自身的发展定位及优势，在网络平台板块内容的设计上展现出各有特色、各有侧重的特点。从不同的角度联动发声，形成千差万别、"千媒千律"的新局面，避免网络话语平台同质化发展（邸燕茹，2018），从而增强高校网络思政教育话语平台的吸引力和传播力。根据前文的分析，网络话语平台可大致分为师生教育网络

话语平台、朋友互动网络话语平台。具体而言，就师生教育网络话语平台来看，这类平台具有理论性强、指导性明的优势，但同时具有话语枯燥严谨、吸引力弱等劣势，导致多理论性内容板块、少实践性内容板块。因此，在学习强国、慕课、超星等高校师生教育类网络话语平台建设中，在满足平台自身所需基本内容板块的基础上，根据社会焦点、大学生的需求增设或完善思政教育主题板块，如社会热点板块、互动交流板块、身边榜样板块等，贴合大学生的实际生活，将政治性话语和大众性话语有效结合起来，坚定地传播马克思主义主流意识形态和社会主义核心价值观。就朋友互动网络话语平台来看，这类网络平台用户数量大、更加接地气，深受大学生的喜爱，但政治性、理论性不强。因此，在微信、微博、抖音、快闪小视频等高校朋友互动话语平台中，结合国家政策方针最新动态、新时代高校思政教育要求，完善与高校网络思政教育相契合的话题板块，发布、传播一些生动有趣的中国化时代化的高校网络思政教育话语内容，有利于增强高校网络思政教育话语平台的吸引力。

（三）完善高校网络思政教育话语平台信息反馈板块

高校网络思政教育话语的评价和反馈是衡量高校网络思政教育话语权是否有效提升的重要指标，有助于高校网络思政教育话语主体找出具体问题和差距，为进一步探索高校网络思政教育话语权的提升路径提供重要依据。因此，在完善高校全媒体传播平台中，完善高校网络思政教育话语平台信息反馈板块显得必不可少。在高校网络思政教育话语平台中设置网络话语信息反馈板块，与大学生平等互动沟通，及时掌握大学生的思想动态、话语需求变化，运用大数据信息技术对大学生的反馈信息进行归类、分析、总结，可以动态掌握、分析高校网络思政教育话语平台的传播效果和不足之处，及时调整高校网络思政教育话语平台上的话语内容、话语方式，从而形成一个良性动态循环机制，增强高校网络思政教育话语平台的引领力、辐射力、吸引力。

第五节　推进新时代高校网络思想政治教育话语权空间治理

新时代高校网络思政教育话语权的提升不是一蹴而就的，而是一个持续、反复的动态发展过程。在高校网络思政教育话语实践过程中应持续推进长效化、常态化的网络空间治理机制，牢牢掌握高校网络思政教育的话语权和领导权。现阶段，虽然高校网络思政教育话语空间治理建设取得了一定的效果，但我国网络法治体系和网络监管机制依然存在一些漏洞，导致网民缺乏自觉自律精神，容易丧失网络交往准则。因此，现阶段应着力完善网络法治体系，净化网络法治环境；优化网络监管机制，引导网络舆论走向；健全话语保障机制，营造网络良好生态，从而形成人人积极践行和传播马克思主义主流意识形态和社会主义核心价值观的良好网络环境，为新时代高校网络思政教育话语权的有效提升提供坚实的保障。

一、完善网络法治体系，净化网络法治环境

与现实社会一样，网络话语空间在提倡自由平等的同时，也强调保持网络秩序、构建网络治理体系的重要性。可见，在新时代高校网络思政教育话语权建设的过程中，应坚持完善网络法治体系，深层次思考网络与个人发展、话语输出、话语权建构的关系，净化网络法治环境。法治是社会治理、社会管控的核心内容和外在展现，通常呈现为"他律"的形式，是能够引领个体理性发展、培养合乎道德要求的思维方式，是维护和巩固主流意识形态，是形成和谐人际交往规则的制度性、真实性力量（崔聪，2021）。由此可见，为了有效解决新时代高校网络思政教育话语权建设过程中出现的新问题、新矛盾，完善向上向善的高校网络思政教育话语环

境，在依靠高校网络思政教育话语主客体理性自律的基础上，还应发挥网络法律规范、制度规则的"硬性"约束和管理作用，利用网络法治的制度性、现实性力量来预防网络话语行使不规范现象，为牢牢把握新时代高校网络思政教育话语权提供更加稳定、安全的法治环境保障。

（一）强化现代化治理理念，保障高校网络法治的科学规划和顺利实施

现代化网络治理高度重视以人为本的治理理念，强调汇聚党和政府、高校组织、高校师生等多元化主体力量，凝聚网络治理共识，坚持德法同步的协同治理模式，不断协调多元化主体依法依规共同参与网络治理，做到调动和团结一切能够调动和团结的力量，发挥一切积极因素形成具有影响力和号召力的公共心态及公共理性，建立并完善科学合理的综合网络治理体系，维护网络空间的良好秩序，从而形成风清气正的网络环境。党和国家高度重视从观念、立法、执行等各个层面加强网络治理，坚持将网络法治作为国家治理体系和治理能力现代化建设的重要构成部分。因此，在新时代高校网络思政教育实践中，应从立法层面加强高校网络治理制度供给，改变传统"应激式"事后立法方式，不断完善与高校网络思政教育相配套的网络法规和网络制度，明确高校网络思政教育话语创造、输出、传播过程中各要素的权利和权力，强化问责追溯和责任追究机制，有针对性地将必要网络道德要求法律化，强化高校网络思政教育话语主客体自我制约、自我把关、自我监督的能力，增强高校网络法治体系的科学性、有效性和前瞻性，从制度层面涵养高校网络思政教育话语权提升社会土壤。

（二）探索符合网络技术发展规律的高校网络法治模式

网络信息技术深刻改变着高校网络思政教育话语主客体的思维认知、行为方式，重塑着网络思政教育话语议题、话语传播的活动机制。网络技术只需要网民"数字化在场"，摆脱了"物理在场"的限制，导致传统法治已经无法解决网络虚拟交往中出现的话语失范、话语滥用等问题，需要探索面向网络信息技术的高校网络法治模式。高校网络思政教育话语主体应高度重视以法治网，运用网络技术和数据思维全面梳理繁芜复杂的网络信息，深刻分析高校网络思政教育现实问题，有效治理网络话语行使不规

范问题，建立完善与网络信息技术同向同行的高校网络法治模式，实现针对高校网络思政教育话语权构建实践的精准立法、有效执法。

（三）完善高校党委领导、网络思政教育工作者主导、大学生自觉参与的综合治网格局

一是综合治网是巩固马克思主义意识形态在高校网络空间指导地位的必然要求，是防范和化解高校网络舆情危机的本质规定，应将综合治网纳入高校重要议事日程中，并入高校网络管理建设的框架中。二是高校肩负起网络治理主导者责任，建立健全权责分明的各级网络治理部门和工作机制，完善各部门综合治网履职情况的管理评价机制，推动各网络治理部门合理分工、优势互补、全程配合，通过整合治网资源，实现网络治理资源的共建共享，自觉把好高校网络信息关，共同提高用网管网能力，实现全过程、全方位网络治理体系。三是大学生在自我管理、自我发展的过程中承担起高校网络治理的"生力军"职责，在高校网络规章制度的外部约束下，自身也要明确权责一致的网络治理理念，提高自身网络责任感、网络道德感，增强筛选、识别、整合网络信息的媒介素养，自觉提高对网络话语信息的科学认识、理性批判，在用好网络的同时主动摒弃负面网络话语。

二、优化网络监管机制，引导网络舆论走向

新时代高校网络思政教育话语实践是高校网络思政教育话语主体凭借自身的话语优势地位，运用丰富的网络话语资源、条件，根据大学生的实际需求，创造承载社会主义核心价值观的网络思政教育新话语，通过多种方式呈现、传播至大学生，教育、引导大学生的思想和行为，增强高校网络思政教育话语主导效用的动态过程，这一过程的顺利进行离不开高校网络思政教育话语主体对网络舆论的管控引导。为了科学引导高校网络舆论走向，不断优化网络监管机制，高校网络思政教育话语主体应全面掌握最新大数据信息技术，为高校网络思政教育话语实践做好事前准备；完善网络舆情分析监管机制、网络话语预警机制，对高校网络思政教育话语实践

做好事中实时监管；完善高校网络思政教育话语评价反馈机制，及时阻止网络错误话语的扩散，对高校网络思政教育话语实践做好事后改进，进一步增强马克思主义主流话语的引领力和影响力。

（一）与时俱进地更新网络舆情监管技术，为高校完善网络监管机制提供技术支撑，为高校网络思政话语实践做好事前准备工作

新时代，人工智能和大数据信息技术飞速发展，西方错误意识形态话语在我国网络空间的渗透逐渐呈现出渗透方式日常化、渗透技术先进化等特征，不利于我国大学生正确思想认知、价值观念、行为习惯的形成。在此背景下，高校网络思政教育话语主体不断加大对网络监管技术的开发和使用力度，借力网络信息技术创新推动自身与网络技术研发部门、融媒体中心的交流学习，建立并完善智慧化网络学习中心。树立主动学习、终身学习的理念，使用最新网络技术实现网络信息技术的开放共享，增强自身数据思维能力、精准研判能力，推动网络监管技术与网络追踪技术协同发展，维护网络信息安全和稳定。

（二）完善网络舆情分析监管机制，引导网络舆论走向

一是组织设置专业的高校网络舆情监管部门，为完善网络舆情监管机制奠定坚实的组织基础。现阶段我国大部分高校尚未设置专门网络舆情分析监管部门，多数高校仅由某一个职能部门执行这一职责。因此，为了更好的提升高校网络思政教育话语权，高校要建立健全有坚定的政治立场、崇高的理想信念、敏锐的话语识别能力，并能熟练运用网络技术的专业化、职业化人员组成的网络舆情监管队伍，全面跟踪、分析大学生的网络浏览记录，对大学生发布、传播的"异常信息"保持高度的警惕性，全面把握高校网络舆情的起因、发展态势、发展趋势，第一时间在网络平台向大学生还原舆论事件的真实面貌，精准化的推送、传播网络思政话语内容，引导网络舆论的正确走向。二是创新网络舆情监管方式，为完善网络舆情监管机制形成合力。现阶段高校网络思政教育话语传播平台多样化、传播方式多元化、传播速度即时化，仅仅依靠监管部门很难全面把握网络思政话语发布、传播状况，这就需要高校各部门、各学院协同联动，形成

合力。高校宣传部、学工部、各学院等部门注重与时俱进地创造网络文化产品和品牌，与大学生平等对话，回应大学生的实际需求，解决学生的思想困惑、生活困难；高校网络舆情监管部门侧重于利用网络技术进行话语信息的收集、筛选、监测、研判，对网络话语发布、传播、接受的全过程实时监管，提高高校网络舆情的监管能力；高校网络技术部门着重于管理和维护校园网络基础设施，保证网络基础设施有序、安全地运行。简言之，高校要调动各部门的积极性和主动性，形成全方位的网络舆情监管机制，净化网络思政教育话语环境。同时，及时更新高校校园安全防火墙，利用网络技术建立、完善现代化信息安全防护体系，强化网络信息隔离区，自动过滤不良网络话语，从源头上减少网络负面舆论的产生和传播。

（三）完善高校网络思政教育话语评价反馈机制

高校网络思政教育话语主体要坚持以生为本，遵循高校网络思政教育发展规律、网络交往规律，主动倾听、积极回应网络舆论，对大学生的困惑进行正面沟通、解答，形成多维度、多层次的长效评价反馈机制。借助网络化工具，在与时俱进更新网络舆情监管技术、完善高校网络监管部门设置、创新网络舆情监管模式的基础上，科学设置指标体系，内容涵盖高校网络思政教育话语主体的理论素养、政治立场、理想信念、人文情怀；大学生接受、内化、实践网络思政话语状态；网络思政话语内容的真理性、时代性、大众性状态；网络思政话语方式的网络化、故事化转化能力；网络思政话语平台的类型、特征、辐射范围；网络思政话语环境的氛围、效果等要素，进一步健全相互衔接、逐次递进、相互影响的评价标准，建立并完善科学性、合理性的长效评价反馈机制，在"以评促改"的过程中科学引导网络舆论走向，实现对高校网络监控机制的动态调整和持续优化，推动新时代高校网络思政教育话语权的良性发展。

三、健全话语保障机制，营造网络良好生态

新时代高校网络思政教育话语权的研究关键在于"如何提升"，这就涉及建立健全高校网络思政话语保障机制，明确新时代高校网络思政教育

话语权由谁掌握、服务于谁,如何将各种网络话语资源合理分配、如何激励话语主客体的主观能动性。

（一）完善新时代高校网络思政教育话语权的领导机制

想要提升新时代高校网络思政教育话语权,必须完善高校网络思政教育话语权的领导机制,明确话语权提升的领导责任主体,夯实话语权提升的政治保障和组织保障。一是完善高校网络思政教育话语权提升工作的领导选拔、任用机制。虽然高校大学生在网络空间的主观能动性不断增强,但高校网络思政教育话语主体仍然占据主导地位,因此,"选什么人""怎么选"成为高校网络思政教育话语权构建选拔工作的重点。优秀的领导团体可以充分发挥主导作用,积极创新高校网络思政教育的话语内容和话语方式,有效调动大学生的积极性、能动性,增强高校网络思政教育话语权的影响力和生命力。高校在选拔网络思政教育话语权领导团队时,要坚持民主集中制原则,充分考虑大学生的意愿趋向、话语诉求,选拔既具备坚定的政治立场、崇高的理想信念、丰富的马克思主义理论知识、强大的网络应用能力,同时又在大学生群体中拥有较高影响力的思政教育工作者,组成领导团队,牢牢掌握高校网络思政教育的话语权和领导权,明确其话语权的发展方向、目标导向,切实增强其话语权的育人实效。二是落实高校网络思政教育话语权工作领导的主体责任。高校在做好网络思政教育话语权提升工作领导团队"把关人"的前提下,依据新时代的发展要求、大学生的实际需求,确定现阶段高校网络思政教育的工作重点,对话语权提升的各项工作做到权责明确,在公平公正公开的基础上树立危机意识,优胜劣汰,增强高校网络思政教育工作者的话语责任感和积极性,保障高校网络思政教育话语权有效提升。

（二）健全新时代高校网络思政教育话语权的激励机制

在新时代高校网络思政教育话语权构建过程中,高校要完善合理的激励机制,主动加大人力、物力、财力的投入力度,使各种网络资源达到最优化的分配效果。一是加大经费投入力度。高校应提升高校网络思政教育工作者的待遇,加大对马克思主义中国化时代化最新理论研究、网络技术研究和运用的专项经费投入。利用情感激励、表率激励、奖惩激励、荣誉激励等激励方法，激发高校网络思政教育话语主体增强话语主导力的内在动力，增强话语主客体的主观能动性，推动话语主客体以全新的姿态、饱满的热情投入提升高校网络思政教育话语权的建设工作中，增强高校网络思政教育话语权的实效性。二是加大校园网络基础设施建设的投入力度。我国部分高校的校园网络设备陈旧，更新换代缓慢，影响了高校网络平台传播发挥作用，不利于校园全媒体传播平台的优化。因此，高校应加大对校园网络基础设施的投入，及时更新校园网络基础设备，为占领高校网络思政教育话语阵地奠定坚实的物质基础。三是加大网络信息技术投入。西方在国际舞台上仍位于国际话语的优势一方，高校要加大对网络信息技术的研究、开发和应用，加大对高校网络思政教育工作者的培训力度，提升高校网络思政教育工作者的网络应用能力、话语传播能力，力争打破西方国家在国际舞台上的技术垄断、话语垄断现象，提升高校网络思政教育话语权的国际竞争力和影响力。

参考文献

［1］艾四林、吴潜涛：《新时代思想政治教育创新发展研究——第八届全国思想政治教育高端论坛论文集萃》，北京：人民出版社 2020 年版。

［2］［古希腊］柏拉图：《柏拉图全集第二卷·克拉底鲁篇》，王晓朝译，北京：人民出版社 2003 年版。

［3］蔡薇：《高校网络思想政治教育平台构建与作用发挥研究》，《黑龙江教育学院学报》，2019 年第 2 期。

［4］曹洪军、曹世娇：《论大学生网络思想政治教育话语表达的独特性及效力提升》，《理论导刊》，2022 年第 3 期。

［5］陈佳湘、赵文静：《新时代高校思想政治教育网络话语权的构建研究》，《黔南民族师范学院学报》，2022 年第 6 期。

［6］陈锡喜：《平易近人——习近平的语言力量》，上海：上海交通大学出版社 2018 年版。

［7］陈雄军、苏景荣：《高校思想政治教育网络话语权建构策略》，《重庆邮电大学学报（社会科学版）》，2016 年第 28 期。

［8］陈永峰：《从围观到行动 从被动到主导——通过网络意见领袖的网络思想政治教育创新》，《思想政治教育研究》，2021 年第 5 期。

［9］崔聪：《论网络空间道德秩序构建的法治保障》，《思想理论教育》，2021 年第 1 期。

［10］崔海英：《网络思想政治教育话语权探析》，《思想理论教育》，2017 年第 8 期。

［11］邓鹏、陈树文：《网络话语场高校思想政治教育话语权论析》，《思想理论教育导刊》，2019 年第 9 期。

［12］邓卓明、宋明江：《新时代思想政治教育质量评价的六个维度》，《思想理论教育导刊》，2020 年第 9 期。

［13］邸燕茹：《构建高效舆论引导新格局的四个着力点》，《思想教育研究》，2018 年第 1 期。

［14］丁凯、宋林泽：《试论自媒体时代高校思想政治教育话语权的建构》，《思想理论教育导刊》，2018 年第 6 期。

［15］丁科：《网络思想政治教育话语权的生成研究》，《电子科技大学学报（社会科学版）》，2017 年第 2 期。

［16］丁梅君、徐建军：《论网络思想政治教育话语权效能的提升》，《中南大学学报（社会科学版）》，2019 年第 5 期。

［17］都晓琴、黄福寿：《人工智能时代社会思潮传播的新特点及其引导》，《思想理论教育》，2021 年第 9 期。

［18］窦星辰：《新时代高校思想政治教育话语体系建构研究》，河北大学博士学位论文，2021 年。

［19］杜敏：《思想政治教育话语权研究》，兰州大学博士学位论文，2018 年。

［20］樊福利：《新时代网络思想政治教育话语权的缺失与重塑》，《湖北开放职业学院学报》，2019 年第 2 期。

［21］范丽君：《大学生网络思想政治教育创新研究——以接受理论为借鉴》，山东大学博士学位论文，2020 年。

［22］方伟：《对新时代高校网络思想政治教育的思考》，《学校党建与思想教育》，2020 年第 18 期。

［23］方曦、孙绍勇：《网络圈群视域下高校青年思想引领的路径探析》，《思想理论教育导刊》，2017 年第 10 期。

［24］房书帆、丁成：《新时代高校网络思想政治教育话语权的问题与对策》，《林区教学》，2020 年第 9 期。

［25］［荷］冯·戴伊克：《社会心理话语》，施旭、冯冰译，北京：中华书局1993年版。

［26］付政、苏向荣：《习近平网络空间命运共同体理念的三重维度探析》，《理论导刊》，2020年第1期。

［27］高飞：《意识形态安全视域下议题设置论析》，《思想教育研究》，2021年第11期。

［28］宫长瑞、轩宣：《从大数据到小数据：思想政治教育精准发展的新思考》，《思想教育研究》，2021年第1期。

［29］谷慧玲：《习近平关于网络意识形态工作重要论述研究》，华中师范大学博士学位论文，2021年。

［30］管秀雪：《人工智能时代思想政治教育者角色探析》，《思想理论教育》，2022年第1期。

［31］郭湛、桑明旭：《话语体系的本质属性、发展趋势与内在张力——兼论哲学社会科学话语体系建设的立场和原则》，《中国高校社会科学》，2016年第3期。

［32］［德］哈贝马斯：《交往与社会进化》，张博树译，重庆：重庆出版社1989年版。

［33］韩建旭：《习近平关于网络强国的重要思想研究》，中央财经大学博士学位论文，2019年。

［34］韩震、董立河：《论西方历史哲学的"语言学转向"》，《北京大学学报（哲学社会科学版）》，2005年第5期。

［35］［美］汉斯·摩根索：《国家间政治：权力斗争与和平》，徐昕等译，北京：北京大学出版社2006年版。

［36］何为、赵新国：《新时代高校网络思想政治教育队伍建设》，《广西社会科学》，2019年第9期。

［37］何毅亭：《以习近平同志为核心的党中央治国理政新理念新思想新战略》，北京：人民出版社2017年版。

［38］侯丽羽、张耀灿：《论思想政治教育话语的三种基本形态》，

《马克思主义研究》，2018 年第 12 期。

［39］侯勇：《权力话语与话语权力：思想政治教育话语权建构与转型》，《理论与改革》，2016 年第 3 期。

［40］胡伯项、吴隽民：《新媒体时代泛娱乐主义对我国主流意识形态的冲击及其应对》，《思想教育研究》，2021 年第 10 期。

［41］胡刚：《人工智能与高校思想政治教育话语权建构的融合创新研究》，《黑龙江高教研究》，2021 年第 12 期。

［42］胡恒钊：《思想政治教育网络话语权的失落与提升》，《中学政治教学参考》，2020 年第 29 期。

［43］胡洪彬：《系统思维与新时代思想政治教育资源的整合优化》，《思想理论教育》，2021 年第 12 期。

［44］胡玉宁、薛云云：《融媒传播环境下高校思想政治教育话语权的变迁与形塑》，《思想教育研究》，2017 年第 9 期。

［45］胡中月：《新时代高校思想政治教育话语优化的三维审视》，《思想教育研究》，2020 年第 9 期。

［46］贾绍俊：《中国共产党思想政治教育话语权建设研究》，哈尔滨师范大学博士学位论文，2021 年。

［47］蒋成贵：《算法推荐对网络意识形态建设的挑战及应对》，《思想理论教育》，2019 年第 7 期。

［48］蒋春燕、孙琪：《新时代高校网络思想政治教育的现实困境及发展路径》，《学校党建与思想教育》，2021 年第 12 期。

［49］李超民：《新时代提升网络思想政治教育话语权研究》，北京：人民出版社 2019 年版。

［50］李丹丹：《网络文化环境下大学生思想政治教育研究》，辽宁大学博士学位论文，2016 年。

［51］李合亮：《提高思想政治教育可接受性的策略探析》，《思想教育研究》，2020 年第 1 期。

［52］李合亮：《要深化对思想政治教育获得感的认识》，《思想理论

教育》，2021 年第 2 期。

［53］李合亮、张旭：《思想政治教育获得感内涵的全面性认识》，《思想理论教育导刊》，2020 年第 8 期。

［54］李积伟：《网络思想政治教育话语权建构研究》，《科教导刊（下旬刊）》，2020 年第 8 期。

［55］李建军、张文龙：《新时代党的自我革命的出场语境、价值意蕴与实践理路》，《理论视野》，2020 年第 5 期。

［56］李江静：《互联网舆论场演化机理视角下的主流意识形态建设》，《江海学刊》，2017 年第 5 期。

［57］李金水：《中国公民话语权研究》，长春：吉林人民出版社 2009 年版。

［58］李娟：《试论新媒体语境下思想政治教育话语建设面临的挑战及对策》，《思想理论教育导刊》，2021 年第 3 期。

［59］李珏、袁勋：《高校网络思想政治教育话语体系考量》，《学校党建与思想教育》，2019 年第 9 期。

［60］李丽：《网络思想政治教育话语权研究》，长春：吉林大学出版社 2019 年版。

［61］李丽：《新时代网络思想政治教育话语权的建构路径》，《思想理论教育导刊》，2019 年第 3 期。

［62］李丽、李艳：《协同视域下网络思想政治教育话语权构成要素研究》，《学校党建与思想教育》，2018 年第 1 期。

［63］李仕波、张玲：《理解新时代大学生思想政治教育话语优化的几个维度》，《思想教育研究》，2018 年第 13 期。

［64］李小丽：《微时代高校思想政治教育话语分析及发展前沿问题探讨》，北京：新华出版社 2017 年版。

［65］李琰、杨威：《十八大以来网络思想政治教育过程研究述评》，《江西师范大学学报（哲学社会科学版）》，2021 年第 3 期。

［66］李艳：《思想政治教育话语权的内在规定》，《马克思主义研

究》，2016 年第 3 期。

[67] 李智：《从权力话语到话语权力——兼对福柯话语理论的一种哲学批判》，《新视野》，2017 年第 2 期。

[68] 栗蕊蕊：《推荐算法影响大学生价值观的内在逻辑与引导策略》，《思想理论教育》，2021 年第 12 期。

[69]［法］列维·施特劳斯：《结构人类学》，张祖建译，北京：中国人民大学出版社 2009 年版。

[70] 刘建军：《试论中国特色社会主义新时代的历史起点》，《思想理论教育》，2017 年第 15 期。

[71] 刘建军、邱安琪：《论新时代思想政治教育的高质量发展》，《思想理论教育》，2021 年第 4 期。

[72] 刘俊、胡智锋：《媒介融合时代主流媒体如何提升舆论引导力》，《人民论坛》，2019 年第 6 期。

[73] 刘亚旭：《大学生网络思想政治教育话语权的提升》，《文学教育（下）》，2017 年第 9 期。

[74] 刘艳：《新时代中国网络意识形态话语权建构的三维审思》，《理论月刊》，2021 年第 6 期。

[75] 刘艳、谭亚莉：《泛娱乐化背景下高校思想政治教育话语权的式微与重塑》，《黑龙江高教研究》，2022 年第 7 期。

[76] 刘余勤、刘淑慧：《网络思想政治教育话语表达的"说理"逻辑和转换机制》，《思想理论教育》，2017 年第 10 期。

[77] 刘运显、舒大凡：《论如何提升辅导员在大学生网络思想政治教育中的话语权》，《学校党建与思想教育》，2016 年第 8 期。

[78] 陆林召：《全媒体时代高校思想政治教育话语权建构的多维审思》，《江苏高教》，2022 年第 3 期。

[79] 骆郁廷：《思想政治教育引论》，北京：中国人民大学出版社 2018 年版。

[80] 骆郁廷、魏强：《论大学生思想政治教育的网络文化话语权》，

《教学与研究》，2012 年第 10 期。

［81］骆郁廷、余杰：《论网络时空的思想互动及其引导》，《思想教育研究》，2021 年第 6 期。

［82］［美］马克·波斯特：《信息方式》，范静哗译，北京：商务印书馆 2014 年版。

［83］马建青、顾青青：《"微"时代创新高校网络思想政治教育的思考》，《思想理论教育》，2014 年第 8 期。

［84］马云霞：《"互联网+"时代高校思想政治教育研究》，北京：人民日报出版社 2017 年版。

［85］毛娜、胡树祥：《善用分众传播方式 提升网络思想政治教育的传播影响力》，《思想教育研究》，2020 年第 6 期。

［86］毛英：《新时代高校思想政治教育话语权构成要素研究》，电子科技大学硕士学位论文，2022 年。

［87］孟佳琳、谢晓娟：《论思想政治教育话语对网络语言的借鉴与引导》，《学校党建与思想教育》，2019 年第 5 期。

［88］［法］米歇尔·福柯：《规训与惩罚》，刘北成、杨远婴译，北京：生活·读书·新知三联书店 2003 年版。

［89］［法］米歇尔·福柯：《性经验史》，余碧平译，上海：上海人民出版社 2005 年版。

［90］［法］米歇尔·福柯：《知识考古学》，谢强、马月译，北京：生活·读书·新知三联书店 2003 年版。

［91］［美］莫里斯：《指号、语言和行为》，罗兰、周易译，上海：上海人民出版社 1989 年版。

［92］聂玉娇、张瑞：《新时代高校网络思想政治教育话语权提升策略探析》，《高教论坛》，2022 年第 2 期。

［93］牛韵瑜：《高校网络思想政治教育话语权建构机理初探》，《西部学刊》，2021 年第 7 期。

［94］潘强、陈岩、陈子谦：《提升网络思想政治教育话语有效性探

究》，《教育教学论坛》，2020 年第 11 期。

［95］彭丽丽：《互联网语境下高校思想政治教育话语权审视与重塑》，《新西部》，2018 年第 24 期。

［96］齐琳娜：《网络舆情环境下高校思想政治教育话语权研究》，郑州：黄河水利出版社 2017 年版。

［97］齐琳娜：《网络舆情环境下高校思想政治教育话语权研究》，郑州：黄河水利出版社 2018 年版。

［98］钱中文：《巴赫金全集》第 2 卷，石家庄：河北教育出版社 1998 年版。

［99］［法］乔治·埃利亚·萨尔法蒂：《话语分析基础知识》，曲辰译，天津：天津人民出版社 2006 年版。

［100］邱仁富：《中国特色思想政治教育话语权构建》，《学术论坛》，2015 年第 8 期。

［101］任昊、傅秋野：《高校网络思想政治教育创新研究》，《现代管理研究》，2022 年第 2 期。

［102］盛红：《新时代高校思想政治教育话语权的构建》，《河海大学学报（哲学社会科学版）》，2020 年第 6 期。

［103］［美］斯坦利·巴兰、丹尼斯·戴维斯：《大众传播理论——基础、争鸣与未来》，曹书乐译，北京：清华大学出版社 2010 年版。

［104］申文杰：《高校意识形态工作领导权、话语权研究》，北京：光明日报出版社 2020 年版。

［105］孙晓琳：《新时代思想政治教育话语发展研究》，东北师范大学博士学位论文，2019 年。

［106］［瑞士］索绪：《普通语言学教程》，高明凯译，北京：商务印书馆 2008 年版。

［107］唐登然：《论主流意识形态的微传播》，《思想理论教育》，2021 年第 6 期。

［108］唐登蕓：《网络思想政治教育的整体性回溯与系统性创新》，

《思想理论教育》，2022 年第 2 期。

[109] 唐亚阳：《网络思想政治教育学北京》，北京：人民出版社 2016 年版。

[110]［英］特伦斯·霍克斯：《结构主义和符号学》，霍铁鹏译，上海：上海译文出版社 1987 年版。

[111]［美］托马斯·库恩：《科学革命的结构》，金吾伦、胡新和译，北京：北京大学出版社 2012 年版。

[112] 王斌：《新时代中国共产党意识形态话语权建构研究》，河北大学博士学位论文 2021 年版。

[113] 王蒙雅：《大数据背景下高校思政教育网络话语权研究》，《淮南职业技术学院学报》，2022 年第 2 期。

[114] 王鹏：《高校网络思想政治教育话语权的 SWOT 分析》，《南昌师范学院学报》，2018 年第 1 期。

[115] 王伟光：《马克思主义中国化的最新成果：习近平治国理政思想研究》，北京：中国社会科学出版社 2017 年版。

[116] 王贤卿、董扣艳：《网络二次元叙事对提高主流意识形态传播力的启示》，《毛泽东邓小平理论研究》，2018 年第 5 期。

[117] 王晓雅：《网络文化视域下高校思想政治教育话语权提升研究》，山西师范大学硕士学位论文，2019 年。

[118] 王延隆、范宏民：《增强网络空间社会主义意识形态的凝聚力和引领力》，《思想政治教育研究》，2021 年第 6 期。

[119] 王永进：《高校意识形态工作话语权研究》，上海：上海交通大学出版社 2017 年版。

[120] 王永进：《网络意识形态工作话语权研究》，杭州：浙江大学出版社 2019 年版。

[121] 王哲、邱雪：《错误思潮的感性渗透与应对建议》，《思想教育研究》，2021 年第 4 期。

[122] 韦吉锋：《关于网络思想政治教育界定的科学审视》，《学校党

建与思想教育》，2003 年第 2 期。

　　［123］魏荣、戚玉兰：《高校思想政治教育网络话语权研究》，《学校党建与思想教育》，2017 年第 9 期。

　　［124］魏薇、毛萍：《融媒体时代高校思想政治教育话语的变迁与进路》，《现代教育管理》，2020 年第 7 期。

　　［125］魏晓文、李晓虹：《大学生思想政治教育网络话语权建构的策略探讨》，《思想理论教育》，2014 年第 10 期。

　　［126］［美］沃尔特·李普曼：《舆论》，常江、肖寒译，北京：北京大学出版社 2018 年版。

　　［127］吴倩：《论新时代宣传思想工作正面宣传与舆论斗争的统一》，《思想教育研究》，2019 年第 8 期。

　　［128］吴琼：《论思想政治教育范式的转换》，《学校党建与思想教育》，2010 年第 8 期。

　　［129］吴姗、王让新：《论提升"课程思政"建设有效性应遵循的基本原则》，《思想教育研究》，2020 年第 9 期。

　　［130］谢群、徐建军：《高校辅导员网络思想政治教育话语权的建构——基于网络语言视角》，《湘潭大学学报（哲学社会科学版）》，2018 年第 1 期。

　　［131］谢玉进、赵玉枝：《新时代网络思想政治教育的新矛盾及其新要求》，《思想政治教育研究》，2019 年第 1 期。

　　［132］熊钰：《高校网络思想政治教育理念的发展和完善》，《思想理论教育》，2018 年第 7 期。

　　［133］熊钰：《基于互联网思维的高校网络思想政治教育研究》，西南交通大学博士学位论文，2021 年。

　　［134］［美］休梅克：《大众传媒把关》，张咏华译，上海：上海交通大学出版社 2007 年版。

　　［135］徐建军：《大学生网络思想政治教育理论与方法》，北京：人民出版社 2010 年版。

［136］徐璐、朱炳元：《高校网络思想政治教育话语构建研究》，《学校党建与思想教育》，2019 年第 11 期。

［137］徐耀魁：《西方新闻理论评析》，北京：新华出版社 1998 年版。

［138］许占鲁：《高校网络思想政治教育话语权生成机制研究——基于福柯话语权理论的思考》，《广西教育学院学报》，2018 年第 1 期。

［139］雅克·德里达. 他者的单语主义［M］. 台湾桂冠出版社, 2000。

［140］闫长丽、郑士鹏：《新媒体时代思想政治教育话语权建构的动力机制》，《黑河学刊》，2018 年第 5 期。

［141］闫树、李良栋：《论高校网络思想政治教育话语权的提升》，《武汉理工大学学报（社会科学版）》，2021 年第 9 期。

［142］闫艳红：《网络思想政治教育话语权的生成机制研究》，《知与行》，2017 年第 5 期。

［143］杨林香：《高校社会主义核心价值观培育微传播与主渠道融合研究》，《社会主义核心价值观研究》，2017 年第 4 期。

［144］杨文华、何翘楚：《网络意识形态领导权研究》，沈阳：东北大学出版社 2017 年版。

［145］杨英：《碎片化传播对高校思想政治教育话语权的挑战及对策》，《学校党建与思想教育》，2021 年第 10 期。

［146］杨英：《网络环境下高校思想政治教育话语权研究》，《教育评论》，2020 年第 2 期。

［147］杨雨林：《马克思恩格斯意识形态"话语权思想"的内涵与引申》，《湖北社会科学》，2018 年第 9 期。

［148］叶方兴：《大思政课：推动思想政治理论课的社会延展》，《思想理论教育》，2021 年第 10 期。

［149］余芳：《高校意识形态工作话语权建设研究》，南昌大学博士学位论文 2021 年版。

［150］曾令华、尹馨宇：《"范式"的意义——库恩〈科学革命的结构〉文本研究》，《武汉理工大学学报（社会科学版）》，2019 年第 6 期。

［151］翟中杰：《大学生网络思想政治教育过程导论》，北京：人民日报出版社 2017 年版。

［152］［美］詹姆斯·保罗·吉：《话语分析导论：理论与方法》，杨炳钧译，重庆：重庆大学出版社 2011 年版。

［153］占建青：《网络思想政治教育有效话语权的建构》，《黑龙江高教研究》，2012 年第 10 期。

［154］张巧利：《新媒体环境下高校思想政治教育改革研究》，北京，中国纺织出版社 2019 年版。

［155］张东亮：《互联网背景下的思想政治教育话语权研究》，北京：中国社会科学出版社 2022 年版。

［156］张王楠：《网络舆情群体极化的形成机理与传播路径研究》，《思想教育研究》，2021 年第 9 期。

［157］张宝君、孙志林：《智媒时代高校微空间思想政治教育的审视与创优》，《思想理论教育》，2021 年第 2 期。

［158］张东亮：《互联网背景下思想政治教育话语权的困境与出路》，《湖北社会科学》，2020 年第 7 期。

［159］张改凤：《当代中国主流意识形态网络话语权建设研究》，西南交通大学博士学位论文，2018 年。

［160］张国祚：《关于打造话语体系与改进文风的几点思考》，《思想政治工作研究》，2013 年第 4 期。

［161］张瑞、刘辉、冉文捷：《四全媒体视域下高校网络思想政治教育实践策略探究：以桂林理工大学为例》，《高教论坛》，2021 年第 4 期。

［162］张澍军：《思想政治教育理论前沿论略》，北京：人民出版社 2015 年版。

［163］张晓坚：《复杂社交网络背景下的高校思想政治教育创新路径探究》，《江苏高教》，2020 年第 11 期。

［164］张轩语：《新时代高校网络思想政治教育功能研究》，吉林大学硕士学位论文，2022 年。

〔165〕张耀灿：《推进思想政治教育学科创新发展的若干思考》，《思想理论教育》，2017 年第 7 期。

〔166〕张耀灿、钱广荣：《思想政治教育学科范式简论》，芜湖：安徽师范大学出版社 2018 年版。

〔167〕张瑜：《高校网络思想政治教育发展与创新研究》，北京：人民出版社 2014 年版。

〔168〕张再兴：《我国高校网络思想教育的 10 年历程与发展》，《思想教育研究》，2005 年第 7 期。

〔169〕张智：《新时代科学研判和引领社会思潮的现实意义》，《马克思主义研究》，2020 年第 3 期。

〔170〕掌海啸：《自媒体语境下高校思想政治教育话语权建设的策略》，《学校党建与思想教育》，2020 年第 16 期。

〔171〕赵癸平：《辅导员思想政治教育话语权的本质研究》，《思想理论教育》，2016 年第 6 期。

〔172〕赵一凡：《从卢卡奇到萨义德：西方文论讲稿续编》，北京：生活·读书·新知三联书店 2009 年版。

〔173〕郑凯文：《高校思想政治教育网络话语权建构研究》，北京：中国矿业大学出版社 2019 年版。

〔174〕郑永廷：《思想政治教育学原理》，北京：高等教育出版社 2016 年版。

〔175〕郑永廷、曹群：《坚持思想政治教育学科的话语权与主导权》，《思想理论教育》，2015 年第 3 期。

〔176〕郑元景、周亚辉：《网络思想政治教育话语权：生成机理与提升路径》，《重庆工商大学学报（社会科学版）》，2019 年第 5 期。

〔177〕仲昭慧：《高校思想政治教育网络空间话语权掌控研究》，《学校党建与思想教育》，2021 年第 10 期。

〔178〕周春晓：《高校网络舆情视域下思想政治教育话语权研究》，《学校党建与思想教育》，2018 年第 10 期。

［179］朱诚蕾、骆郁廷：《论网络思想政治教育话语魅力的生成》，《思想教育研究》，2020年第9期。

［180］朱文琦：《新时代巩固中国共产党意识形态工作领导权研究》，山东师范大学博士学位论文，2021年。

［181］左路平：《论新时代主流意识形态说理及其话语权提升》，《思想理论教育》，2021年第7期。

附　录

关于高校网络思想政治教育话语权现状的调查问卷

亲爱的同学：

　　您好！我们正在进行一项关于高校网络思想政治教育话语权现状的问卷调查，感谢您在百忙之中抽出宝贵时间参加。问卷共分为个人基本情况、网络话语权认知情况、高校网络思想政治教育开展情况三个部分，本问卷采用匿名制，所有数据仅用于科学研究，请您根据自己的实际情况如实填写。

　　感谢您的配合！

一、个人基本情况

　　1. 您的性别：

　　A：男　　　　　　　　B：女

　　2. 您目前就读的院校所在省份：

　　3. 您的政治面貌：

　　A：中共党员　　　　　B：共青团员　　　　C：群众

　　4. 您的户籍：

　　A：城镇　　　　　　　B：农村

　　5. 您目前的教育程度：

　　A：专科　　　　　　　B：本科　　　　　　C：硕士

　　D：博士

6. 您所在的年级：

A：大一　　　　　　　B：大二　　　　　　　C：大三

D：大四　　　　　　　E：研究生

二、个人对网络话语权认知情况

7. 您每天花多少时间在网络上（含手机终端用网时间）：

A：1 小时以内　　　　B：1~4 小时　　　　　C：4~8 小时

D：8 小时以上

8. 您上网的时间多用于（多选）：

A：浏览新闻网页

B：娱乐（观看视频、听音乐、打游戏等）

C：查阅资料、完成作业等学习任务

D：社交聊天　　　　　E：其他

9. 您平常获取时政资讯和生活信息的途径是：

A：网络　　　　　　　B：电视　　　　　　　C：广播

D：报纸　　　　　　　E：与人面对面交流　　F：其他

10. 您从网络上获取信息的最主要途径是：

A：微博　　　　　　　B：微信　　　　　　　C：抖音

D：权威网站　　　　　E：贴吧　　　　　　　F：论坛

G：知乎

11. 您在网络上经常使用哪种社交软件进行沟通、交流（多选）：

A：微博　　　　　　　B：微信　　　　　　　C：QQ

D：抖音　　　　　　　E：论坛　　　　　　　F：其他

G：都不使用

12. 您对高校网络思想政治教育话语权了解多少：

A：非常了解　　　　　B：比较了解　　　　　C：一般了解

D：不了解　　　　　　E：不关心

13. 您重视自身拥有的网络话语权吗？

A：非常重视　　　　　B：比较重视　　　　　C：一般重视

D：不重视　　　　　　E：不关心

14. 您在网络平台如微信、微博、QQ、抖音等看到时政信息或校园焦点的态度是：

A：仔细阅读并思考评论

B：大概浏览，不发言　C：一眼扫过　　　　　D：置之不理

E：不关心

15. 您是否在网络平台上对某一时事热点或者校园焦点发表言论？

A：总是　　　　　　　B：经常　　　　　　　C：偶尔

D：很少　　　　　　　E：从不

16. 您是否会轻信网络上的言论，在不确定的情况下盲目跟风、转发、评论？

A：总是　　　　　　　B：经常　　　　　　　C：偶尔

D：很少　　　　　　　E：从不

17. 您参与网络讨论时的立场了吗？

A：发表自己独特的见解

B：为了维护公平正义，促成社会舆论

C：盲目跟风　　　　　D：仅仅是吐槽

E：不参与网络讨论

18. 您参与网络热点讨论时的话语行使情况：

A：按照规范要求表述　　　　　B：言语攻击或抨击过他人

C：因激烈言辞而情绪激动　　　D：不参与

E：不关心

三、高校网络思想政治教育开展情况

19. 您所在高校是否开通思想政治教育主题（专题）网站、官方微博、官方微信公众号？

A：都开通　　　　　　B：只开通其中两项

C：只开通其中一项　　D：都没有　　　　　　E：不关心

20. 您是否浏览并关注学校思想政治教育网（页）、官方微博、官方

微信公众号等思想政治教育网络平台？

A：总是　　　　　　B：经常　　　　　　C：偶尔

D：很少　　　　　　E：从不

21. 您所在高校思想政治教育网络平台建设现状？

A：丰富多彩、生机勃勃

B：千篇一律、缺乏新意

C：内容空泛、形式单一

D：不太了解　　　　E：不关心

22. 您所在高校的思想政治教育网络平台信息更新频率情况？

A：非常及时　　　　B：比较及时　　　　C：一般及时

D：不及时　　　　　E：无所谓

23. 您所在学校网络平台上的思想政治教育内容是否引入社会热点事件？

A：总是　　　　　　B：经常　　　　　　C：偶尔

D：很少　　　　　　E：从不

24. 您所在学校思想政治教育平台发表的内容是否符合您的需求？

A：非常符合　　　　B：比较符合　　　　C：一般符合

D：不符合　　　　　E：无所谓

25. 您是否敢于表达对学校思想政治教育平台所传播话语内容的真实意见？

A：总是　　　　　　B：经常　　　　　　C：偶尔

D：很少　　　　　　E：从不

26. 您接触到的网络思想政治教育话语内容是否贴近校园生活、体现您的真实生活？

A：非常贴近　　　　B：比较贴近　　　　C：一般贴近

D：不贴近　　　　　E：无所谓

27. 在您学校新媒体平台上，若教师利用身边案例或社会热点对思想政治教育话语内容进行解读，是否更有利于您理解和认可？

A：非常有利于 B：比较有利于 C：一般有利于

D：用处不大 E：无所谓

28. 您是否喜欢使用网络流行语，如"躺平"、"yyds"、"接地气"等？

A：非常喜欢 B：比较喜欢 C：一般喜欢

D：不喜欢 E：不关心

29. 您学校的官方网站（网页）、官方微博、微信公众号等新媒体平台发表、传播的思想政治教育内容是否引入网络流行话语元素？

A：总是 B：经常 C：偶尔

D：很少 E：从不

30. 将高校思想政治教育话语与网络流行话语相融合，对您来讲是否具有吸引力？

A：非常吸引 B：比较吸引 C：一般吸引

D：不吸引 E：无所谓

31. 您所在高校网络平台上的思想政治教育话语以哪种呈现方式居多？

A：生动、幽默的生活话语方式

B：国家领导人讲话等的政治话语方式

C：学术概念、理论知识等的学术话语方式

D：其他 E：无所谓

32. 目前高校新媒体平台上发表、传播的思想政治教育话语表达方式带给您的感受如何？

A：鲜活生动 B：偶尔吸引 C：平平无奇

D：枯燥乏味 E：无所谓

33. 您认为高校新媒体平台上的思想政治教育内容以哪种话语方式呈现更能引起您的关注？

A：文字 B：微视频 C：歌曲传唱

D：微漫画 E：其他

34. 您通过校园网络平台发表的观点、看法能否得到思想政治教育工作者的有效回应、反馈与互动？

　　A：总是　　　　　　B：经常　　　　　　　C：偶尔

　　D：很少　　　　　　E：从不

35. 您所在高校思想政治教育工作者对新媒体技术的应用程度如何？

　　A：非常熟练　　　　B：比较熟练　　　　　C：一般熟练

　　D：不熟练　　　　　E：不关心

36. 您所在高校是否针对网络思想政治教育工作制定相关制度规定？

　　A：有非常完善的制度　　B：有相对完善的制度

　　C：仅提出相关要求，没有制度

　　D：没有　　　　　　E：不关心

37. 您所在高校是否有专业的网络思想政治教育队伍对网络舆情进行监督、管理？

　　A：有，且比较完善　　B：有监管队伍，但不够完善

　　C：有教师监管，但没有监管队伍

　　D：没有　　　　　　E：无所谓

38. 您所在高校的宣传部、学工部、二级学院及思政教师等对思想政治教育最新理论的宣传、推广情况？

　　A：非常及时　　　　B：比较及时　　　　　C：一般及时

　　D：不及时　　　　　E：无所谓

39. 您是否在微博、微信、抖音、今日头条、论坛等网络平台上看到高校思想政治教育话语议题？

　　A：总是　　　　　　B：经常　　　　　　　C：偶尔

　　D：很少　　　　　　E：从不

40. 您是否认可学校思想政治教育官方网站、官方微博、官方微信公众号等网络平台发表、传播的话语内容？

　　A：总是　　　　　　B：经常　　　　　　　C：偶尔

　　D：很少　　　　　　E：从不

41. 您是否对学校网络思想政治教育话语内容进行点赞、评论、转发？

A：总是   B：经常   C：偶尔

D：很少   E：从不

42. 您所在高校的思想政治教育者利用网络进行思想政治教育的效果情况：

A：非常成功   B：比较成功   C：一般成功

D：不成功   E：无所谓

43. 您认为当前高校网络思想政治教育话语权的核心要素是：

A：话语主体的说服力   B：话语客体的接受度

C：话语内容的感染   D：话语方式的创新度

E：话语环境的优化度   F：话语传播的覆盖度

结　语

在网络化新时代，必须牢牢掌握党对高校工作的领导权、对思想政治工作的主导权。随着互联网的飞速发展，高校思政教育工作正在由传统单一的线下课堂模式转变为线上线下互通的新模式，网络凭借其即时性、便捷性、互动性的独特优势逐渐成为高校开展思政教育工作的主阵地。因此，如何牢牢掌握高校网络思政教育话语权至关重要，事关"为谁培养人、培养什么人、怎样培养人"的根本问题，事关落实立德树人的根本任务。本书立足于新时代的历史发展方位，置于网络空间的虚拟话语环境下，通过厘析新时代高校网络思政教育话语权的基本内容和生成逻辑，客观分析了现阶段高校网络思政教育话语权建设取得的成效和面临的挑战，进而提出高校网络思政教育话语权提升的对策，具有一定的理论意义和现实价值。

新时代高校网络思政教育话语权研究具有一定的理论意义。首先，有助于丰富高校网络思政教育话语权研究的理论资源。在梳理马克思主义经典作家关于意识形态话语权的相关理论、历届党和国家主要领导人关于思政教育话语权的相关论述、西方学者关于话语权的相关理论的基础上，重点阐释了习近平总书记关于意识形态话语权、高校思想政治教育、网络强国战略思想的重要论述。通过总结归纳相关理论资源，为今后开展高校网络思想政治教育话语权研究提供科学依据。其次，从静态的视角厘清了新时代高校网络思政教育话语权的内涵特征。随着网络信息技术发展、大学生成长成才需求的变化，高校网络思政教育话语权的内涵特征不断变化。

本书探讨了新时代高校网络思政教育话语权的相关概念，分析了话语权的构成要素和基本特征，有利于科学把握高校网络思政教育话语权的内涵。最后，从动态视角探究了新时代高校网络思政教育话语权的生成逻辑。新时代高校网络思政教育话语权的生成不是主观臆想，而是在话语权内部各构成要素相互影响、相互作用下动态生成的。总而言之，通过理论基础研究，从"应然"和"实然"两个视角探讨了新时代高校网络思政教育话语权的本质内涵、生成逻辑，具有一定的理论意义。

新时代高校网络思政教育话语权研究具有一定的现实价值。一方面，描绘了新时代高校网络思政教育话语权的现实境遇。当前学者大多从理论层面总结高校网络思政教育话语权发展面临的机遇和挑战，其主观性较强，难以真实反映现阶段高校网络思政教育话语权发展的局部差异性。为了真实、准确地反映高校网络思政教育话语权的发展现状，本书采用理论与实践相结合的方法，设计了涵盖话语权各构成要素的调查问卷，利用列联表和卡方检验的分析方法，总结出现阶段高校网络思政教育话语权建设取得的成效和面临的问题，并找出存在问题的深层次原因。另一方面，提出了新时代高校网络思政教育话语权的提升对策。结合新时代高校网络思政教育话语权的新内涵、新特征，针对现阶段话语权建设取得的成效和面临的挑战，立足于对外和对内两个视角，从微观和宏观两个层面提出高校网络思政教育话语权的提升对策，对于牢牢掌握和提升高校网络思政教育话语权具有一定的现实价值。

总之，关于新时代高校网络思政教育话语权的研究是一个动态变化的过程，在具体实践中还将会面临新情况和新问题。由于笔者自身能力有限，研究过程中还存在一定的局限性和不足，有待进一步系统深入地钻研。在未来的学习和工作中，继续秉承与时俱进的理念，尽自己最大的努力来提升自己，通过搜集更多的资料来补充和完善相关研究，希望能为新时代高校网络思想教育话语权的理论研究与实践工作贡献自己的力量。